张居正 讲评

资治通鉴

陈生玺等 注评

皇家读本

上

上海世纪出版股份有限公司
上海古籍出版社

图书在版编目(CIP)数据

资治通鉴皇家读本/张居正讲评，陈生玺等注评
—上海：上海古籍出版社，2006.3（2024.3重印）
ISBN 978-7-5325-4279-6

Ⅰ.资… Ⅱ.①张…②陈… Ⅲ.中国-古代史-编年体-通俗读物 Ⅳ.K204.3-49

中国版本图书馆CIP数据核字(2005)第139281号

主　编：陈生玺
副主编：贾乃谦
编　者（按姓氏笔画为序）：
　　王淑艳　刘湘玲　何程远
　　陈生玺　贾乃谦　康　华

资治通鉴皇家读本
（全三册）

张居正　讲评　陈生玺　等注评
上海古籍出版社出版、发行
（上海市闵行区号景路159弄1-5号A座5F　邮政编码201101）
（1）网址：www.guji.com.cn
（2）E-mail: guji1@guji.com.cn
（3）易文网网址：www.ewen.co
商务印书馆上海印刷有限公司印刷
开本889×1194　1/20　印张31.4　插面9　字数854,000
2006年3月第1版　2024年3月第16次印刷
印数：54,301-56,600
ISBN 978-7-5325-4279-6
————————————————
K·802　定价：88.00元

如发生质量问题，读者可向工厂调换

前　言

中国自古以来就是一个很重视教育的国家，上至封建帝王，下至庶民百姓，无不如此。远在周代，就有"王太子年八岁出就外舍，学小艺焉，束发而就大学，学大艺焉"的规定（《大戴礼记·保傅》）。宋朝的大教育家朱熹也说"人生八岁，自王公至庶人之子弟，皆入小学"，"及十有五年……皆入大学"（《大学章句序》）。可见在中国古代，无论是王公贵族，还是庶民百姓，年至八岁，虽然各人条件不同，但按理都应该入学学习。对一般人来说，"学而优则仕"，可以做官。对于王公贵胄来说，可以修身、齐家、治国、平天下。而历代帝王，为了使自己的江山传至千秋万代，对以太子为代表的子嗣教育更是十分重视，专设保傅之官负责太子的教育。所谓"保，保其身体，傅，傅其德义"（《大戴礼记·保傅》）。太子对保傅官要执弟子之礼。唐代设有三师（太子太师、太傅、太保）、三少（太子少师、少傅、少保），执掌太子的教育事宜。由于教育太子的重要，三师、三少成为当时品级最高的官阶。宋代建有资善堂，专为皇太子、皇子肄业之所，规定每年春二月至五月端午、秋八月至冬至为固定讲读时间，所授之书有《论语》、《孟子》、《孝经》、《尚书》、《易经》、《诗经》、《礼记》、《春秋》、《贞观政要》、《唐鉴》、《陆贽奏议》等。明代设有詹事府，负责太子的生活和学习，由春坊大学士与翰林官轮流进讲经史，有《尚书》、《春秋》、《资治通鉴》、《大学衍义》等。

万历皇帝朱翊钧六岁时被立为皇太子，到八岁时，隆庆四年（1570），身为太子太傅的大学士张居正就上书明穆宗朱载垕，请求皇太子出阁讲学，明穆宗御批说"年十岁来奏"。所以到了隆庆六年三月，朱翊钧十岁时才正式出阁讲学。在封建帝王时代，太子出阁讲学是一件大事，有着隆重的仪式，三师、三少和东宫僚属都要参加，初讲时内阁大学士要连侍五日，以后每月三、八日一至。据《大明会典》卷52《礼部10》东宫出阁讲学每日讲读仪：

每日早朝退后，皇太子于文华殿出阁升座，内侍以书案进，不用侍卫、侍仪、执事等官。惟侍班、侍读、讲官入，行叩头礼毕，分班东西向立。内侍展书，先读"四书"，则东班侍读官向前伴读十数遍，退复原班。次读经书或史书，则西班侍读官向前伴读亦如之。务要字音正当，句读分明。读毕各官退。每日巳时，侍读、侍讲及侍书官，俟皇太子升座毕，入，东西向立。侍班内侍展书，先讲早所读"四书"，则东班侍讲官进讲一遍，退复原班，次讲早所读经史书，则西班侍讲官进讲亦然。务要直言解说，明白易晓。讲毕，内侍收书讫。侍书官向前侍习写字，务要开说笔法，点画端楷，写毕各官叩头而回。午膳后（时已回宫）从容游息，或习骑射。每日晚，读本日所授书各数遍，至熟而止。

凡读书,三日后一温,须背诵成熟。遇温书日免授新书,讲官通讲,须晓大义。凡写字,春夏秋月每日写一百字,冬月每日写五十字。凡遇朔望节假及大风雪,隆寒盛暑,暂停讲读写字。

这就是皇太子读书安排的全部过程,除了仪式繁琐,有展书官、有伴读的侍读、讲课的老师侍讲有两人(一人讲经,一人讲史)而外,学习的程序和普通人差不多,先熟读课文,然后讲解,而后习字,课余时间要熟读,还要背诵。一些帝王尽管自己耽于酒色,胡作非为,但他们也和常人一样,望子成龙,希望自己的儿子成为一个有作为的好皇帝,所以很重视教育,要选择一班品学兼优的人担任讲官。

据目前所知,朱翊钧开始就学时,读的是《三字经》,然后是《四书》中的《大学》和《尚书》中的《虞书》。当时负责太子学习为首的是大学士张居正,其次是东宫的辅导官高仪、张四维、余有丁、陈栋、陶大临、陈经邦、何洛文、沈鲤等十余人,都是内阁和翰林院的主要成员。对一个十岁的孩子来说,读《三字经》是比较容易的,而读《大学》和《虞书》,要听懂讲官的讲解,明了其大意,并不是一件很容易的事。但朱翊钧从小就很聪慧,据万历元年朝鲜来华祝贺万历帝登基的使者在北京所闻:"皇上年方十岁,圣资英睿,自四岁已能读书,以方在谅阴,未安于逐日视事,故礼部奏惟每旬内三、六、九日视朝,仍诣文华殿御经筵,《四书》及《近思录》、《性理大全》皆已读毕,自近日始讲《左传》。"(《李朝实录·仁祖六年》)可知朱翊钧在正式出阁听经筵之前,在内宫已经开始读书认字,也有了相当的基础。由此亦可见当时的皇家教育还是相当严格的,课程负担也不轻。

朱翊钧出阁就学刚三个月,隆庆六年(1572)五月廿六日,他的父亲穆宗朱载垕就死了。大学士高拱、张居正、高仪为顾命大臣,辅佐太子朱翊钧于六月初十日即皇帝位,明年改元万历。张居正乘新皇帝年幼无力独立处理朝政之机,联络宦官冯保驱逐了高拱,成为内阁首辅。张居正为了表示自己不负穆宗的重托,想把朱翊钧培养成自己理想中的皇帝,穆宗还没有安葬,就上书朱翊钧的生母李太后,于八月十三日便开始为小皇帝进行"日讲"。规定每旬逢三、六、九日视朝,一、二、四、五、七、八、十日到文华殿就读。早晨先读《大学》、《虞书》十遍后,由讲官进讲,讲毕休息,近午时又进讲《通鉴》节要,讲读后习字。根据万历元年十二月张居正的《进讲章疏》称:"臣等谨将今岁所进讲章重复校阅,或有训解未莹者,增改数语,支蔓不切者,即行删除,编成《大学》一本,《虞书》一本,《通鉴》四本,装潢进呈,伏望皇上万机有暇,时加温习。"

《通鉴直解》一书,就是隆庆六年下半年开始日讲至万历元年十二月期间给小皇帝讲解《通鉴》和进呈阅读的讲稿。此书最初二十五卷,以后陆续增至二十八卷。另外《大学》、《虞书》逐步增补成《四书直解》和《书经直解》两书。在此期间,隆庆六年十二月还曾进呈了《帝鉴图说》一书。这几部书都是由当时的讲官分头编写,最后由张居正修改删定,进呈给皇帝的,所以它反映了张居正的思想和观点。《资治通鉴》为北宋司马光所编,司马光编写此书的目的是为了给当时的宋英宗进讲之用,每编完一段,即进呈一段,给皇帝讲读,上起战国周威烈王二十三年(前403)韩、魏、赵三家分晋,终止五代末后周显德六年(959),共294卷。而《通鉴直解》一书则上起三皇、下至宋元,战国以前采摘自宋代刘恕的《通鉴外纪》,宋元部分则采摘自明薛应旂的《宋元通鉴》。所以《通鉴直解》一书涵盖的时代,远比《通鉴》为长。刘恕曾经参加司马光《资治通鉴》的编纂,负责南北朝和五代部分,他在修《通鉴》之余搜集资料,打算将宋代一祖四宗(从宋太祖到宋英宗)的各事修成《通鉴后纪》,战国以前史事修成《通鉴前纪》,刘恕只修成前纪就病倒了,故而定名《通鉴外纪》,共十卷,起自伏羲,终至周威烈王二十二年,《通鉴外纪》也是一部很有学术价值的著作。《宋元通鉴》乃明嘉靖年间,浙江按察司提学副使薛应旂采辑辽、宋、金、元四史及个人文集、笔记,花了十年时间撰成的,上起宋太祖下至元顺帝,凡482年,157卷,着重于义利与君子小人之辨,所以《通鉴直解》一书事实上是一部以《通鉴》为主,采摘其他史书而成的编年体通史。

当时皇帝读书是先经后史,认为经以载道,史以纪事。经是讲正心、修身、治国、平天下的大道理。经的道理要表现在事物上,才能见其长短,所以也要讲史,因为皇帝要亲自治理国家,相比较讲史就更有现实意义。宋代以前多讲《贞观政要》,宋代以后多讲朱熹的《通鉴纲目》。明孝宗朱祐樘(1407—1505)喜读《通鉴纲目》,但患其篇卷繁多,曾命李东阳等撮《纲目》之要,撰《历代通鉴纂要》(92卷)。《纲目》重视纪纲和正统,《通鉴》重事实,张居正不选《通鉴纲目》而选《通鉴》,说明他对这两部书持有不同的观点和倾向,他比较重视历史事实。

《资治通鉴》是我国古典的史学巨著,网罗宏丰,卷帙浩繁。《通鉴直解》一书则选取一些重要片段,加以通俗的讲解,一方面继续发扬中国传统政治的某些固有观念和优良传统,如重视道德修养,强调德治,崇尚节俭,反对奢侈,主张轻徭薄赋,善于用人等;一方面针对明代当时政治和社会的特点,重视历史上的各种改革,总结历史上的兴亡教训。同时,也对某些重大的治国策略和历史问题,提出了自己的独特见解。例如:

(1) 唐玄宗为什么先治而后乱。

唐玄宗初即位时先用姚崇(元之)、宋璟而治,后期用杨国忠、李林甫而乱。对此《直解》说:"玄宗之任元之,真可谓知大体矣。然需是真知宰相之贤,乃可以委任责成,不劳而治。若不择其人,而轻授以用舍之柄,将至于威权下移,奸邪得志,其危害又岂浅浅之哉。故以玄宗论之,开元之中,专任姚元之、宋璟而治;天宝之中,专任杨国忠、李林甫而乱,委任非不同,而治乱效如此,岂非万世之明鉴哉!"(卷17)这就是说,同样是用人,委以专责,信任不疑,但用了姚崇、宋璟就治,用了李林甫、杨国忠就乱,原因是选择不慎。所以用人,知人和选择是关键。元和十四年(819)唐宪宗与宰相崔群讨论唐玄宗何以先治而后乱,"上问宰相:'玄宗之政,先理而后乱,何也?'崔群对曰:'玄宗用姚崇、宋璟、卢怀慎、苏颋、韩休、张九龄则理,用宇文融、李林甫、杨国忠则乱,故用人得失,所系非轻?'"对此《直解》说:"夫古之英君,始未尝不用君子,然多不能保其终者,盖由天下已治,每厌勤劳而喜逸乐。厌勤劳,则但见君子之拘检,而势必见疏;喜逸乐,则但见小人之可狎,而情必相契。所以始治终乱,皆出于此,非独玄宗、宪宗为然也。"(卷21)正确地回答了为什么同一个玄宗,前期而用君子,后期而用小人,其根源在于贪图安逸,追求享乐,在心理上从喜欢君子而变为喜欢小人。

(2) 唐高祖李渊和唐睿宗李旦的建储问题。

唐睿宗即位后,要立太子。宋王李成器是嫡长子,本应先选,而第三子平王

李隆基诛除韦后乱政,中兴唐室有大功,究竟立谁好呢,睿宗犹豫不决。由于李成器主动提出让贤,才立了李隆基,成就了后来的"开元之治"。对此《直解》说:"高祖不能舍建成而立太宗,故建成不保首领,而太宗亦贻万世之讥;睿宗能舍成器而立玄宗,故成器得享富贵,而玄宗以全友爱之名,二事相类,而得失之效较然矣。"(卷17)张居正是主张太平时建储以长,非常时建储以功,谁有功就应立谁为太子,把皇位传给他。李世民有功,继位后成就了"贞观之治"。李隆基有功,继位后成就了"开元之治"。李旦的英明之处在于主动把皇位传给了李隆基,也保全了李成器;李渊的错误是不能舍弃长子建成,导致了后来的玄武门之变,建成被杀。这是古代拘泥于立长的重大历史教训。

(3)关于王安石变法。

宋神宗欲用王安石,群臣反对,神宗说:"人皆不知卿,以为卿但知经术,不知经世务。"安石对曰:"经术正所以经世务也。"帝曰:"卿所设施,以何为先?"安石对曰:"变风俗,立法度,正方今之所急也。"帝深纳之。《直解》对此解释说:"大抵天下之事,久则不能无弊,固宜通变,然须合乎人情。宜于土俗,从容改图,而后天下蒙其福。宋至神宗,国势颇不振矣,安石所谓变风俗、立法度,未为不是,但其不达事理,不识时宜,直任己见而专务更张,遂使天下嚣然丧其乐生之心,而君子为之一空。有才而无识,可胜惜哉!""若王安石,其初不可谓非君子也,特因性执而少容,好学而泥古,遂至引用小人,基宋室之祸。可见人之才,不能无偏,用其所偏,亦足以召乱,而与小人同归矣。"(卷26)认为一种制度,时间长了,自然要产生许多弊病,必须改革。神宗时,宋代的国势也急需变法,王安石变法的主张"变风俗、立法度"都是对的,之所以失败,是由于王安石操之过急,没有从当时的人情风土出发,逐步实施,使天下得到变法的好处后再逐步推广,而是急于求成,想一蹴而至,又不能容纳有不同意见的人一道工作,性格过于偏执,导致了任用非人,使朝政日益混乱。张居正以一个政治家的经验来评论王安石,有他独到的认识和体会,是比较公允的。张居正在万历初年的改革,之所以能获得成功,也由于他能借鉴于这种历史经验。

(4)崇尚法治。

张居正是明末的改革家,很崇尚法治。他针对明朝后期制度废弛,纪纲不振的情况,主张以法治国,治国从严。

汉桓帝元嘉元年(151),京师地震,诏百官举独行之士,涿郡崔寔撰《政论》一文曾说:"为天下者,自非上德,严之则治,宽之则乱。何以明其然也?近孝宣皇帝明于君人之道,审于为政之理,故严刑峻法,破奸宄之胆,海内清肃,天下密如,算计见效,优于孝文。及元帝即位,多行宽政卒以堕损,威权始夺,遂为汉室基祸之主。"认为汉宣帝治国以严,取得的效果,比汉文帝还要好。汉元帝多行宽政,是汉朝衰败的原因。对此《直解》解释说:"但看本朝孝宣皇帝,明于君人之道,审于为政之理,综核名实,责任考成。有功的必赏,而卑贱不遗,有罪的必罚,而贵势不免。故严刑峻法,警惕人心,内外奸宄,震慑破胆。"(卷12)在此张居正把自己在隆庆二年(1568)提出的改革主张"综核名实,责任考成"也加在了崔寔的头上。可见他是主张以严治国的。

建安十九年(214)诸葛亮随刘备入蜀,法制较严,法正曾提出反对说:"昔高祖入关，约法三章，秦民知德，今君假借威力，跨据一州，初有其国，未垂惠抚，且客主之义，宜相降下，愿缓刑弛禁，以慰其望。"诸葛亮回答说："刘璋暗弱，德政不举，威刑不肃，蜀土人士，专权自恣，君臣之道，渐以陵替……吾今威之以法，法行则知恩，限之以爵，爵加则知荣，荣恩并济，上下有节，为治之要，于斯而著矣。"（卷12）对此《直解》解释说："诸葛孔明此言，诚为识事务知政体者。然所以行之，则有本焉。夫水至平，而邪者取法，鉴至明，而丑者忘怒，孔明开诚心，布公道，集众思，广忠益，既有此平明之心，故其用法虽严，乃能使廖立垂泣，李平致死，贤愚佥亡其身，而人心无不服，真可为万世相天下者之法矣。"他认为治国就要像诸葛亮以法治蜀那样，法虽然很严，但执法很明，故人人畏服而无怨言。

(5) 严华夷之辨。

明代有严重的边患，北有蒙古，东北有女真，南有倭寇，所以他继承中国传统的内中华而外夷狄的思想，主张严华夷之辨。晋惠帝时江统撰《徙戎论》，他说："有道之君牧夷狄也，唯以待之有备，御之有常，虽稽颡执贽而边城不弛固守，强暴为寇而兵革不加远征，期令境内获安，疆埸不侵而已。""夫关中土沃物丰，帝王所居，未闻戎狄宜在此也。非我族类，其心必异。""此等皆可申谕发遣，还其本域。"（卷13）对此《直解》说："其后仅一再传，而胡酋刘渊，果以五部倡乱，羯则石勒，氐则苻洪，羌则姚弋仲，鲜卑则慕容廆，迭起乱华。终晋之世，海内纷扰，以至于亡。"至于西晋之亡，是八王之乱开其端，而少数民族"五胡"乘其虚。所以张居正认为对待边疆的少数民族或境外夷人，以防御为主，不使来犯，戎夷跑了也不要派兵远征。应该把居住在关中地区的夷人迁至塞外本土。

贞观四年（630）三月，太宗消灭突厥，威声远播，于是四夷酋长都来朝于阙下，请上太宗为天可汗。对此《直解》说："这虽是太宗抚御夷狄权宜，然以堂堂天子之尊，而甘同房酋之号，则陋莫甚矣。是以终唐之世，其治杂夷，至于中季，往往借夷兵以平内乱，遣宗女以嫁番虏，驯至五代，而中原之地，悉为戎马之场；然皆天子好大喜功之一念启之。故先王之制，内华外夷，正名辨类，不以夷狄乱我中国，亦不以中国变于夷狄，太宗此举，不足法也。"（卷15）认为唐末之乱，都是由于太宗允许夷狄居中国，并任用夷人为官所致，派宗女和亲也是错误的。他是主张边疆的少数民族与中原的华夏各居其地，互不相扰，要达到这一目的，必须严防其入侵，即使他们俯首称臣，可以进行贸易，但绝不许入居内地。隆庆年间，明朝与蒙古俺答汗的"封贡"议和，就是张居正本着这一主张而实施的。

从以上各端，可以看出张居正编纂《通鉴直解》一书的概况与特点。尽管万历皇帝当时还是一个十岁的小孩子，但张居正利用这一教育机会，灌输自己的政治思想，以期在执政中实现自己的政治主张。可喜的是，在万历元年到万历十年（1573—1582）张居正执政时期进行了若干改革，没有遇到来自万历皇帝方面的掣肘。但可悲的是，在张居正死后，人亡政息，万历还听信谗言，将张削官夺爵，满门查抄。但张居正执政时期，造成晚明一度的国家繁荣，却是不可否认的事实。由此可见，《通鉴直解》一书，有它特殊的文献价值，它一方面反映了当时皇家的教育情况，一方面也是万历初年君臣求治局面的产物。因为当时万历皇帝还是一个十岁的孩子，所以《通鉴直解》所选内容采取了量力的原则，以正面教育为主，是改编《通鉴》的一部代表作；今天我们把它整理出版，有助于普及历史

知识。为了便于读者对本书的内容一目了然,我们按其实际内容改定为今书名。本书1998年曾由上海古籍出版社印行,受到读者欢迎,本次重版我们又对注释、评议做了精简,不当之处,仍恳请读者指正。

陈生玺
2005 年 11 月

编 辑 凡 例

一、为了弘扬中华优秀文化，发掘古典文献，普及古典读物，我们整理了这部《通鉴直解》。该书是明代大学士张居正等人为了给万历皇帝讲述和阅读而编写的，以《资治通鉴》为蓝本，撮取重要段落，予以通俗的讲解，所以叫做《通鉴直解》，共二十八卷。因为万历皇帝当时还是一个十岁的小孩子，所以《直解》部分是用明代最通俗的白话文写成的，通俗易懂，而且很贴近生活，很有时代特色，整理此书，可以帮助我们了解当时皇家的教育情况，以及万历初年明廷的政情和大政治家张居正等人的改革思想。

二、《资治通鉴》纪事始于战国周威烈王二十三年（前403）三家分晋，终于五代末后周显德六年（959）。而《通鉴直解》则上起三皇下至宋元。一至四卷战国以前的上古部分，采摘宋代刘恕的《通鉴外纪》，二十四至二十八卷宋元部分，采摘明代薛应旂的《宋元通鉴》，所以《通鉴直解》一书的实际内容远比《资治通鉴》为多。此书虽是专为皇帝而编写，但编成之后即传至宫外，被广泛翻刻，成为当时社会上比较流行的一本历史读物。所以将此书整理出版，既有文献价值，也有助于我们普及历史知识。本次整理所依据的底本为明崇祯四年（1631）刻本。

三、随着时代的发展，对于大多数没有受过古汉语专业训练的读者来说，阅读古典文献日益困难，为了使更多读者能够顺利阅读此书，我们除了对该书全文进行新式标点外，另加了必要的注释和评议。注释是对该书所摘《通鉴》原文中重要的人和事、名物制度、难懂的字词进行解释；评议则试图以简短的语言总括大意，以现代意识关照历史事实，具有导读性质。

四、因为时代不同，人们的观念和理解也大不相同。所以我们对此书的整理也根据具体情况有简有繁。凡是《直解》中已经讲解清楚的问题，一律不再注释。原书每卷后有对一些生词的注解即是《音释》部分，删改并入注释之内，不再独立成篇。

五、我国古代典籍浩繁，传统的注释种类繁多，互有优劣。我们对《通鉴直解》的整理，只能根据现代一般读者的需要，着眼于普及，学术性的探讨和述评概不涉及。由于我们的水平有限，不当之处在所难免，恳请广大读者和大方之家批评指正，俟再版时予以修正。

资治通鉴

目 录

前　言 ……………………………………………… 陈生玺　1
编辑凡例 ………………………………………………………… 7

卷之一

三皇纪：　太昊伏羲氏·1　　炎帝神农氏·4
　　　　　黄帝有熊氏·6

五帝纪：　帝少昊·9　　　　帝颛顼·10
　　　　　帝喾·11　　　　帝尧·11
　　　　　帝舜·14

卷之二

夏　纪：　大禹·17　　　　帝启·23
　　　　　太康·23　　　　仲康·24
　　　　　帝相·24　　　　少康·26
　　　　　帝杼·27　　　　帝槐·27
　　　　　帝芒·27　　　　帝泄·27
　　　　　帝不降·27　　　帝扃·27
　　　　　帝廑·27　　　　孔甲·27
　　　　　帝皋·28　　　　帝发·28
　　　　　履癸·28

商　纪：　成汤·29　　　　太甲·33
　　　　　沃丁·34　　　　太庚·34
　　　　　小甲·34　　　　雍己·34
　　　　　大戊·34　　　　仲丁·35
　　　　　外壬·35　　　　河亶甲·35
　　　　　祖乙·35　　　　祖辛·35
　　　　　沃甲·35　　　　祖丁·35
　　　　　南庚·35　　　　阳甲·35

盘庚·35　　　小辛·36
小乙·36　　　武丁·36
祖庚·37　　　祖甲·37
廪辛·37　　　庚丁·37
武乙·37　　　太丁·38
帝乙·38　　　帝纣·38

卷之三
周　纪：　文王·42　　　武王·42
　　　　　成王·52

卷之四
周　纪：　康王·59　　　昭王·60
　　　　　穆王·60　　　共王·62
　　　　　懿王·62　　　孝王·62
　　　　　夷王·62　　　厉王·62
　　　　　宣王·64　　　幽王·66
　　　　　平王·67　　　桓王·69
　　　　　庄王·69　　　釐王·69
　　　　　惠王·70　　　襄王·70
　　　　　顷王·70　　　匡王·70
　　　　　定王·70　　　简王·71
　　　　　灵王·71　　　景王·73
　　　　　敬王·73　　　元王·74
　　　　　贞定王·75

卷之五
周　纪：　威烈王·77　　安王·82
　　　　　显王·86　　　赧王·88
秦　纪：　始皇帝·92　　二世皇帝·97

卷之六
汉　纪：　高帝·101　　惠帝·116

卷之七
汉　纪：　文帝·120

卷之八
　　汉　纪：　　景帝·135　　武帝·136

卷之九
　　汉　纪：　　昭帝·156　　宣帝·158

卷之十
　　汉　纪：　　元帝·170　　成帝·173
　　　　　　　　哀帝·175　　平帝·176

卷之十一
　　东汉纪：　　光武帝·184　明帝·198

卷之十二
　　东汉纪：　　章帝·205　　和帝·210
　　　　　　　　安帝·210　　顺帝·211
　　　　　　　　冲帝·213　　质帝·213
　　　　　　　　桓帝·214　　灵帝·216
　　　　　　　　献帝·216

　　后汉纪：　　昭烈帝·220　后帝·222

卷之十三
　　晋　纪：　　武帝·225　　惠帝·227
　　　　　　　　怀帝·232　　愍帝·234
　　　　　　　　元帝·235　　明帝·236
　　　　　　　　成帝·237　　康帝·237
　　　　　　　　穆帝·238　　哀帝·239
　　　　　　　　废帝·239　　简文帝·239
　　　　　　　　孝武帝·239　安帝·240
　　　　　　　　恭帝·241

　　宋　纪：　　武帝·241　　少帝·242
　　　　　　　　文帝·242　　孝武帝·244
　　　　　　　　明帝·245　　苍梧王·245
　　　　　　　　顺帝·246

　　齐　纪：　　高帝·246　　武帝·246
　　　　　　　　明帝·246　　东昏侯·247

		和帝·247	
梁　纪：	武帝·248	简文帝·251
	元帝·252	敬帝·252
陈　纪：	武帝·252	文帝·252
	废帝·253	宣帝·253
	后主·253	
隋　纪：	文帝·255	炀帝·256
	恭帝·258	

卷之十四
唐　纪：　高祖·262　　太宗·272

卷之十五
唐　纪：　太宗·287

卷之十六
唐　纪：　太宗·315　　高宗·331

卷之十七
唐　纪：　中宗 睿宗·336　　玄宗·343

卷之十八
唐　纪：　肃宗·360　　代宗·367
　　　　　德宗·371

卷之十九
唐　纪：　德宗·375

卷之二十
唐　纪：　德宗·392

卷之二十一
唐　纪：　宪宗·409

卷之二十二
唐　纪：　穆宗·433　　敬宗·436
　　　　　文宗·437　　武宗·440
　　　　　宣宗·441　　懿宗·443
　　　　　僖宗·443　　昭宗·443

卷之二十三
后梁纪：　太祖·450　　末帝·454
后唐纪：　庄宗·457　　明宗·460
　　　　　闵帝·464　　废帝·465
后晋纪：　高祖·466　　齐王·468
后汉纪：　高祖·469　　隐帝·470
后周纪：　太祖·471　　世宗·472
　　　　　恭帝·474

卷之二十四
宋　纪：　太祖·476　　太宗·485

卷之二十五
宋　纪：　真宗·495　　仁宗·511

卷之二十六
宋　纪：　神宗·527　　哲宗·538
　　　　　徽宗·546

卷之二十七
宋　纪：　高宗·551

卷之二十八
宋　纪：　孝宗·577　　光宗·583
　　　　　宁宗·584　　理宗·590
　　　　　度宗·598　　恭帝·598
　　　　　端宗·602　　帝昺·603
元　纪：　世祖·604　　成宗·605
　　　　　武宗·606　　仁宗·606

    英宗·607   文宗·608

    顺帝·608

附 录

  进讲章疏（张居正）·611

  通鉴直解叙（钟　惺）·611

  重刻通鉴直解序（高兆麟）·612

后　记

....613

卷之一

资治通鉴

三皇,是太昊伏羲氏、炎帝神农氏、黄帝有熊氏。这三个君,叫做三皇。德冒天下谓之皇。古人质朴,未有皇帝称号,后世以其有大德足以覆冒天下,故称之曰皇。纪,是记载其所行之事。三皇以前,还有君长,以其年代久远,无可考见,故作史者以三皇为始。

三皇: 传说中远古的帝王,其说不一。一说为天皇、地皇、泰皇;一说为天皇、地皇、人皇。一说为伏羲、女娲、神农;一说为伏羲、神农、共工。此据皇甫谧《帝王世纪》作伏羲、神农、黄帝。

太昊伏羲氏

太昊,是伏羲氏之帝号,氏以别族,帝姓风而以伏羲为氏,故称太昊伏羲氏。

太昊之母,居于华胥之渚,履巨人迹,意有所动,虹且绕之,因而始娠。生帝于成纪,以木德继天而王,故风姓。有圣德,像日月之明,故曰太昊。

华胥: 古地名,传说中的古代理想国。
成纪: 地名。汉始置县,属天水郡。今甘肃秦安县。

华胥,是地名。渚,是水中小洲。巨人,是大人。迹,是足迹。妇人怀孕叫做娠。昊,是光明的意思。史臣说,大凡帝王之生,皆天所命,故往往有非常之兆。当初太昊生时,其母居于华胥之渚。偶见一个大人的足迹,他踏着那足迹,意有感动,天上又有虹光环绕其身,因而怀孕,遂生太昊于成纪地方。其后以木德继天而王。木生风,故以风为姓;以其有圣人之德,合日月之明,故称曰"太昊"。

今评 用传说来说明英雄出身的非凡,是古人的惯常之笔。感孕而生是说太昊伏羲氏乃上天之子。

太昊伏羲氏

知有母而不知其父：古代母系氏族社会以女性为氏族首领，实行族外婚制，故民只知其母而不知其父。

牺牲：古代祭祀用的纯色完体牲畜。

神祇(qí)：天曰神，地曰祇；泛指天地之神。

人生之始也，与禽兽无异，知有母而不知其父，知有爱而不知其礼。卧则呿呿，起则吁吁，饥则求食，饱则弃余，茹毛饮血而衣皮革。太昊始作网罟，以佃以渔，以赡民用，故曰伏羲氏。养六畜以充庖厨，且以为牺牲，享神祇，故又曰庖羲氏。

张居正讲评

呿呿(qū)，是人睡时鼾声。吁吁，是舒缓自得的模样。佃，是取禽兽。渔，是取鱼。网罟，是取禽兽与鱼之器。上古之时，风气未开，民性颛朴，虽说人为万物之灵，实与禽兽之蠢然者无异。故其人但知有母，不知有父；但知相爱，不知礼体。卧则呿呿然鼾睡，起来则吁吁然行坐任意，再不知有一些念虑。饥时才去求食，饱则弃其所食之余，再不知有别样营求。吃的不过是地上草木，饮的不过是禽兽之血，就取禽兽的皮革遮蔽身体而已，不知有耕田凿井、布帛丝麻之利。至太昊王天下，才教民做网罟去取禽兽与鱼，以供饮食，而民皆便之。因此以伏羲为氏，又以其能畜养马牛羊豕鸡犬之六畜，以供庖宰厨膳，以为牺牲而祭享天地神祇，故又曰庖羲氏。

今评 人之所以异于禽兽者，在于能制造工具进行劳动。

卷之一 三皇纪

河图洛书：传说在伏羲时代，龙马从黄河出现，负有"河图"，神龟从洛水出现，负有"洛书"。最初的八卦就是从这里来的。

书制有六：古人创造汉字的方法，归纳起来有六种，即六书。

帝太昊伏羲氏，成纪人也，以木德继天而王，都宛丘。帝德合上下，天应以鸟兽文章，地应以河图洛书。于是仰观象于天，俯观法于地，中观万物于人，始画八卦。卦有三爻，因而重之，为卦六十有四，以通神明之德，以类万物之情。造书契以代结绳之政，书制有六：一曰象形，二曰假借，三曰指事，四曰会意，五曰转注，六曰谐声，使天下义理必归文字，天下文字必归六书。作甲历。

张居正讲评

成纪，即今陕西秦州地方，都是帝王所居的去处。宛丘，即今河南陈州。河图，是河中涌出的龙马，背上有自然奇耦之数，叫做河图。洛书，是洛水中出的灵龟，背上亦有自然奇耦之数。这河图洛书两件，都是天降生的神物。八卦，是乾、坎、艮、震、巽、离、坤、兑等卦。卦之一画为一爻，每卦三画，故说三爻。书契，书是写字，契是约信，盖写字为信，以记久远也。结绳，是把绳子打结。上古未有文字，大事则打个大结，小事则打个小结以记之。象形，是字象其物之形，如篆书日字作☉，月字作☽之类。假借，是本无其义，特借其声而用之，如韦本为韦背，而借为韦革之韦；豆本为俎(zǔ)豆，而借为麦豆之豆；商本为商度，而借为商贾之商，又借为宫商之商之类。指事，是直指其事，如木下一画是本字，木上一画是末字之类。会意，是晓会其意，如日月为明，人言为信，草生田上为苗之类。转注，是展转其声而注释为他字之用，如善恶之恶，转为好恶之恶，行走之行，转为德行之行之类。谐声，是取一字为主而附他字以调合其声，如松从木旁，以公为声；柏从木旁，以白为声之类。这六件都是造字的方

太昊伏羲氏 资治通鉴

法,叫做六书。甲历,是用甲乙丙丁戊己庚辛壬癸之十干,与子丑寅卯辰巳午未申酉戌亥之十二支相配,以纪年月昼夜、方位者。十干以甲为首,故叫做甲历。历,是古历字。帝太昊伏羲氏,乃始纪人也,以木德继天而王天下,建都于宛丘地方。其德合天地之德,故天应以鸟兽文章,盖鸟兽之形色粲然示人者,皆至文也。地应以河图洛书,盖图书之奇耦错然示人者,皆显数也。伏羲氏于鸟兽之文,图书之数,既已法则之。于是又仰观日月星辰之象于天,俯观刚柔高深之法于地,中观万物之变化于人,会合了三才的道理,创始画出八个卦来。每卦有三爻,以象天地人。因未尽其理,又重增三爻为六爻,一卦变做八卦,八卦变成六十四卦,以发泄神明幽微之德,以区别万物感应之情,定天下之吉凶,而成民之务焉。前此未有文字,只结绳而记事,于是又造书契,凡大小政事,皆有文字纪载,替了那结绳之政不用。其造书之法有六样:一曰象形,二曰假借,三曰指事,四曰会意,五曰转注,六曰谐声。以此六书制字,使天下的义理都包函于文字之中,天下的文字都不出乎六书之外。又作甲历,以明天道、授人时。若伏羲氏者,诚万世文字之祖也。

今评 由八卦而演变成的《易经》,是我国最早的一部经书。造文字以记事,使人类逐步进入文明时代。

上古男女无别,帝始制嫁娶,以俪皮为礼,正姓氏,通媒妁,以重人伦之本,而民始不渎。又因龙马负图出于河之瑞,以龙纪官,故为龙师而龙名。于是共工为上相,柏皇为下相,朱襄、昊英常居左右,栗陆居北,赫胥居南,昆吾居西,葛天居东,阴康居下,分理宇内,而政化大治。

姓氏: 姓是表示家族系统的称号,氏是区别身份贵贱的称号。三代以前,女人称姓,男子称氏。姓是为了别婚姻,如同姓不婚。三代以后,姓氏合而为一,都称姓。

以龙纪官: 用龙作为官和官长的名称。

共工: 一说为古代的天神,一说为官名,负责水利和工程。

俪皮,是两张皮。共工、柏皇、朱襄、昊英、栗陆、赫胥、昆吾、葛天、阴康都是臣名。上古之世男女混杂无别,伏羲氏始制为嫁娶之礼。时未有币帛,只用两张兽皮行礼。又正民之姓氏,使族类有分,通以媒妁之人,使合二姓之好,自是人始知夫妇为人伦之本,男女有别,不相渎乱矣。又因天降瑞物,龙马负图,出于孟河之中,遂以龙纪官,号曰龙师而龙名。如飞龙氏、潜龙氏、青龙氏、赤龙氏之类。于是命共工做上相,命柏皇做下相,朱襄、昊英两人常居左右,栗陆居北方,管北方事,赫胥居南方,管南方事,昆吾居西方,管西方事,葛天居东方,管东方事。这几个都是贤臣,分理着上下四方的事物。由是政成化行,而天下大治。夫伏羲古之神圣也,亦必赖贤臣分理而后成治道,此图治者之所当法也。

今评 制嫁娶,别姓氏,人民始知人伦;设官分职,管理百姓,社会有了秩序。这可以说是社会组织和制度的开始。

太昊伏羲氏　炎帝神农氏

帝作荒乐,歌扶徕,咏网罟,以镇天下之人,命曰立基。斫桐为琴,绳丝为弦,弦二十有七,命之曰离徽,以通神明之贶,以合天人之和,绠桑为三十六弦之瑟,以修身理性,反其天真,而乐音自是兴焉。在位一百一十五年崩。

张居正讲评　荒字,解做大字。扶徕、网罟都是乐章名。扶徕之义未详。伏羲初作网罟,教民佃渔,而天下享其利,故有网罟之歌。镇,是安定的意思。立基,是乐之总名。按《礼记》疏中说,伏羲之代,五运成立,甲历始基,画八卦以定阴阳,造琴瑟以谐律吕,继德之乐,故曰立基。离,是大琴名。徽,是琴上十三个星,弹时按以为节者。贶,是赐。绠,是绳索。伏羲知天地有自然之元声,人君当用之以和平天下,于是始作大乐。歌扶徕之曲,咏网罟之歌,劳来感动,以安定天下之人,名曰《立基》,盖用此为兴致太平之根本也。又见得桐桑二木,其材皆能发声,乃斫桐木为琴,绳蚕丝为弦,弦有二十七条,唤做离徽。奏之郊庙朝廷,用以感格神明,使其歆享降福;合和上下,使其欢欣交通。又绞丝作绳,被诸桑木,造为三十六弦之瑟,教民鼓之,以收敛身心,调养性情,使各得其本然之正,而声乐音律遂自此起。盖其神圣开创,实始泄天地太和之秘,而为万世乐律之祖也。在位一百一十五年,然后崩,其享国长久如此。

今评　我国从远古以来,就很重视音乐,礼乐并称;用礼来规范人们的行为,用乐来陶冶人们的性情,音乐同样能发挥治理社会的作用。

炎帝神农氏

炎帝,是帝号。神农,解见下文。

炎帝神农氏:传说中上古姜姓部族的首领。号列山氏,为少典之君娶有蟜(jiāo)氏女而生。后向东发展,与黄帝战于阪(bǎn)泉(今河北涿鹿),被打败。一说神农氏教民采集耕种,并曾亲尝百草,发现药材,教人治病,与炎帝为两人。

少典之君,娶于有蟜氏之女,曰安登,生二子焉。长曰石年,育于姜水,故以姜为姓,以火德代伏羲氏治天下,故曰炎帝。其起本于烈山,又号烈山氏,亦曰连山氏。其初国伊,继国耆,合而称之,故又号曰伊耆氏。

张居正讲评　少典,是诸侯国名。有蟜氏,是族名。姜水、烈山、伊、耆都是地名。初少典之君,娶有蟜氏的女为妻,名曰安[女]登。生二子,长子名石年,即是炎帝,因养育于姜水地方,遂以姜为姓。比先伏羲氏以木德王天下,帝继其后,取木能生火之义,以火德王,火性炎热,故号为炎帝,炎帝虽育于姜水,其起初本在烈山,故又称为烈山氏,亦称为连山氏,其祖上曾建国在伊地,后又建国在耆地,合两处而称之,故又号为伊耆氏。

炎帝神农氏

今评 姜地在今陕西渭水流域,为我国古代民族的发源地之一。

炎帝神农氏,以火德王,都于陈,迁曲阜。初蓺五谷、尝百草。古者民茹草木之实,食禽兽之肉,而未知耕稼。炎帝因天时,相地宜,斫木为耜,揉木为耒,始教民蓺五谷,而农事兴焉。民有疾病,未知药石。炎帝始味草木之滋,察其寒温平热之性,辨其君臣佐使之义,尝一日而遇七十毒,神而化之,遂作方书以疗民疾,而医道立矣。复察水泉甘苦,令人知所避就,由是民居安食力而无夭折之患,天下宜之,故号神农氏。

揉(róu):来回擦或搓。这里指弯曲木棒做柄。
药石:中医药物器具的总称。药,指方药;石,砭石,用石块磨成的医疗工具。
方书:论述医疗方剂的书,即医书。

张居正讲评 陈,即今陈州,已解,见前。曲阜,即今山东曲阜县。农,是治田上以种谷之名。蓺,就是种。五谷是稻、黍、稷、麦、菽五样粮食。耒耜,是种田的器具,耒,即是耜柄。石,是药中所用之石。炎帝神农氏以火德治天下,建都于陈,后又迁都于曲阜。初种植五谷、尝百草,盖上古之人都只采草木的果实,与取鸟兽之肉以为食,而未知耕种稼穑之事。至炎帝因天有春夏秋冬四时,生长收藏各有其候,又相度地势,高下燥湿各有所宜,于是斫削树木做个耜,又把木揉得弯曲了,做耜之把柄,叫做耒,教百姓每将这器具去耕田种谷,而务农之事由此兴起焉。上古民有疾病,不知用药石医治,至炎帝始将各样草木的滋味,件件都用口尝过,因审查其性,或寒凉、或温暖、或平和、或大热。又辨别那药味中,可为主以治病的,借名为君;可随着别药治病的,借名为臣;可帮助别药的,借名为佐;可引导别药的,借名为使。辏合将来,以为治病之法。炎帝因尝辨药味,曾于一日之内遇着七十样毒药,他有神圣之术,就把相制的药味去解化了,那毒不能为害。恐人不知这等法则,就造为治病的方书,以疗治百姓的疾病,而医药之道自此立矣。又审察地上的水泉,有味甘而养人者,有味苦而损人者,使人知避了那苦处,就那甘处。夫避苦就甘,则便于取汲,而民之居处得安;耕种以为食,则民得自食其力,免于饥饿;而又知医药以治病,则民得终其天年,而无有夭死之患,天下皆以为方便。因他造为耕种务农之事,以养活天下的人,这事从来无人想到,独是他制造出来,如通神的一般,故称为神农氏。

今评 从猎取野兽、茹毛饮血到进行耕种,是人类社会一大进步。神农尝百草的传说中所蕴含的大无畏精神千古传颂。

炎帝之世,其俗朴重端悫。不忿争而财足,无制令而民从,威厉而不杀,法省而不烦。始列廛于国,日中为市,致天下之民,聚天下之货,交易而退,各得其所。有火瑞,以火纪官,故为火师而火名。

制令:制度命令。
廛(chán):古代指一户人家所住的房子。后指街市上商店的房屋。
火瑞:以火为标志的祥瑞。

黄帝有熊氏

张居正讲评 廛，是市上民居。交易，是将货各相交换。炎帝神农氏在位之时，民间风俗质朴厚重，端正诚悫(què)。百姓每都不见忿争，而财用自然充足；朝廷上未有诏令，而百姓自然顺从。以德化民，虽威厉而不用刑杀，法度省简而不烦琐。先时未曾布市廛交易，到神农时，才教人布列店房于国都之中，每日中开市一遭，招致天下之人民，收聚天下的货物。如为农的有米谷，为工匠的有各样器皿，都把来交换买卖了，方才退去。人人各得其所欲，甚为方便，这是后世商贾之所由起。神农氏以火德王天下，当时适有火瑞，于是以火纪官，故为火师，而以火名官。如春官名大火，夏官名鹑火，秋官名西火，冬官名北火，中官名中火之类是也。

今评 这里把古代理想化了，那时人们物质匮乏，道德观念微弱，不可能那么悠闲自得。神农氏教民交易，促进了社会发展。

夙(sù)沙：在今山东胶东地区。

三危：山名。一说在甘肃敦煌；一说在甘肃岷山之西南。明代属陕西。

茶乡：今湖南茶陵县东。

炎帝之世，诸侯夙沙氏叛，不用帝命，其臣箕文谏而被杀。炎帝益修厥德，夙沙之民自攻其君而来归其地。于是南至交趾，北至幽都，东至旸谷，西至三危，莫不从其化也。在位一百四十年，崩于长沙之茶乡。

张居正讲评 夙沙氏是当时诸侯的名号。箕文，是夙沙氏之臣。交趾、幽都、旸谷、三危、长沙、茶乡都是地名。炎帝神农氏之世，诸侯有夙沙氏背叛，不奉行神农的命令。他有个贤臣叫做箕文，谏他，反被他杀了。夙沙氏之无道如此，神农也不去征他，只益修自己的德政以感化之。于是夙沙氏的百姓都恶夙沙氏之无道，而仰神农之德化，遂自攻杀其君夙沙氏，而以其地来归。于是南边至交趾，即安南国地方；北边至幽都，即今顺天府地方；东边至旸谷，即今东海边日出的地方；西边至三危，即今陕西沙州地方，莫不服从神农之教化也。在位一百四十年，因巡狩而崩于长沙之茶乡。

今评 炎帝是我们中华民族的祖先之一，在位时期，已经粗略地奠定了中原地区的疆土。

黄帝有熊氏

黄帝：传说中原各族的共同祖先。代神农而有天下，以土德兴，土色尚黄，故称黄帝。姓公孙，名轩辕，有熊氏少典之子，一说生于寿丘，本姓公孙，长于姬水，因之姓姬，居于轩辕之丘，因以为名。寿丘在今山东曲阜县东。

有熊：古国名，故地在今河南新郑县。

黄帝，是帝号；有熊，是国名。黄帝以国为氏，故称黄帝有熊氏。

姓公孙，讳轩辕，有熊国君之子也。生而神灵，长而聪

黄帝有熊氏

明。是时神农氏为天子，诸侯相侵伐，神农氏不能征。炎帝侵陵诸侯，蚩尤最为强暴。轩辕修德治兵，与炎帝战而胜之，又禽杀蚩尤于涿鹿。于是诸侯咸归轩辕，遂推轩辕代神农氏为天子，是为黄帝。

> 蚩尤：传说中东方九黎族首领。与黄帝战于涿鹿（今河北省涿鹿东南），失败被杀。

张居正讲评 讳，是名讳。禽，是拿获，与擒字一样。黄帝姓公孙，名轩辕，是有熊国君之子。他生下来就神圣灵异，不可窥测，到年纪长大，越发聪明过人，天命人心已有所归矣。此时炎帝神农氏的后代子孙衰弱，管不得天下，各国诸侯彼此相侵陵攻伐。炎帝既不能征讨，反去侵陵那诸侯。而其时诸侯中，有名蚩尤者，更为刚强暴虐，人受其害。轩辕不忍见天下之乱，因此内修德政，外振兵威，伐炎帝而胜之，又禽获蚩尤于涿鹿地方。于是四方诸侯怀德畏威，都来归附轩辕。遂推尊轩辕替神农氏为天子，是为黄帝。

今评 黄帝依靠自己的德行和能力，战胜炎帝，擒杀蚩尤，奠定了在中原地区的统治局面。

元年，黄帝既为天子，于是始立制度，天下不顺者，从而征之。其土地东至于海，西至于崆峒，南至于江，北逐薰鬻，邑于涿鹿之阿。迁徙无常，以师兵为营卫，以云纪官，有土德之瑞。举风后、力牧、大山、稽、常先、大鸿，得六相而天下治，神明至。

> 崆（kōng）峒：山名，亦作空桐、空同。在甘肃平凉市西，泾水发源于此。
> 薰鬻（xūn yù）：亦作猃狁，古代中国北方的少数民族，或以为就是后来的匈奴。

张居正讲评 崆峒是山名。薰鬻是北房名。邑，是帝王所居的去处，叫都，又叫邑。涿鹿，是地名，即今之涿州。阿，是地势弯曲处。风后、力牧、大山、稽、常先、大鸿，是六个臣名。黄帝即位之元年，既立为天子，于是创立治天下的法度。天下诸侯若有不顺从法度的，即用兵征讨之。其所管的地方，东边到于海，西边到于崆峒山，南边到于江，北边驱逐房人薰鬻，使之远遁，遂建都于北方涿鹿之阿。然虽建都于此，却迁移不定，或在这里住，或在那里住，所至无城郭，只以众兵周围摆列，如营垒一般护卫着。因受命有云瑞，遂以云纪官。如春官为青云氏，夏官为缙云氏，秋官为白云氏，冬官为黑云氏，中官为黄云氏。又有土德之瑞，举用风后、力牧、大山、稽、常先、大鸿。得了这六个贤人为相臣，于是治道通乎天地。上无日月星辰失度之变，下无山崩川竭水旱之灾，虽神明亦感而至。如河图献瑞之类是也。

今评 本节及下节叙黄帝的功劳，其传闻事实大体可信。

帝受河图，见日月星辰之象，于是始有星官之书。命大挠探五行之情，占斗纲所建，于是始作甲子。命容成造历，

> 星官：天星的总称。古代观测星象，命众星以百官的名称，故称星官。

命隶首作算数，命伶伦造律吕，命车区占星气，容成兼而总之。为文章以表贵贱，作舟车以济不通，画野分州，得百里之国万区。八家为井，井一为邻，邻三为朋，朋三为里，里五为邑，邑十为都，都十为师，师十为州。设左右大监，监于万国，举封禅之礼，作咸池之乐，远夷之国，莫不入贡。黄帝二十五子，得姓者十四人。正妃二子，一曰玄嚣，二曰昌意，皆为诸侯。黄帝崩，人以为仙去。子玄嚣立，是为少昊金天氏。

张居正讲评 斗纲，是北斗的柄。大挠、容成、隶首、伶伦、车区都是臣名。封禅，是祭名。咸池，是乐名。黄帝既受河图之瑞，仰观于天，见日月星辰之垂象，于是设灵台。立五官或占日、或占月、或占风，从此才有星官之书。初时伏羲作甲历，起于甲寅，以纪岁月昼夜方位而已。至是又命大挠因其法，探金木水火土五行之情，占斗柄所指之方，始作甲子，亦用支干相配以名日，而定之以纳音，如甲子乙丑属金，丙寅丁卯属火之类。命容成造历日以定四时，即今大统历便是。又命隶首作百十千万之算数，即今九章算法便是。又命伶伦取嶰谷之竹，截而吹之，造为六律六吕以正五音。又命车区占星气以验灾祥。仍命容成兼总其事。又染五采为文章，以表贵贱之分，如旗帜车服之类，各有等级是也。又作舟行水，作车行陆，济道路之不通者。既而俯察于地，画九野，分九州，得百里之国万区，乃合八家做一井，井一为邻，合三邻做一朋，合三朋做一里，合五里做一邑，合十邑做一都，合十都做一师，合十师做一州。设左右大监之官，使他监临万国，如今总督巡抚是也。又举封禅之礼以祭天地，作咸池之乐以和神人。时远方四夷之国都来进贡。帝生二十五子，得姓者一十有四人，正妃所出有二子，长名玄嚣，次名昌意，初皆为诸侯。及黄帝没，人以为仙去，玄嚣以长嗣立，是为少昊金天氏。

今评 这里叙述了黄帝后半生的功绩。

五帝:传说中的上古帝王。有多种说法：一说为黄帝、颛顼、帝喾、尧、舜；一说为太昊(伏羲氏)、炎帝(神农氏)、黄帝、少昊、颛顼；一说为少昊、颛顼、高辛(帝喾)、尧、舜，等等。此说据《帝王世纪》。

五帝，是少昊、颛顼、喾、尧、舜。按谥法，德象天地谓之帝。以上五君皆有配天地之德，故称五帝。这后面通是记五帝的事迹,故曰五帝纪。

帝 少 昊

少昊:传说中古代东夷族的首领,黄帝之子,名挚(zhì),己姓,一说姓姬。
嫘(léi)祖:一作累祖,黄帝之妻,传说她是养蚕的发明者。

少昊名挚,姓己,黄帝之子玄嚣也。母曰嫘祖,感大星如虹,下临华渚之祥而生帝。黄帝之世,降居江水,邑于穷桑,故号穷桑氏。国于青阳,因号青阳氏。以金德王天下,遂号金天氏。能修太昊之法,故曰少昊。都曲阜。

张居正讲评 华渚、穷桑、青阳、曲阜都是地名。史臣说,帝少昊名挚,姓己,即前面说的黄帝之子玄嚣也。其母是黄帝正妃,名叫做嫘祖。曾出游于华渚地方,适有大星光耀如虹霓一般,下临其地,嫘祖因感着这祥瑞,遂怀孕而生帝少昊。当黄帝在位之时,少昊初封为诸侯,降居江水地方,又迁邑于穷桑之地,故号穷桑氏。又曾建国于青阳之地,又号青阳氏。到后来继黄帝而即帝位。黄帝以土德王天下。土能生金,故少昊以金德王天下,遂改号为金天氏。以其能修举太昊伏羲氏治天下的法度,故称为少昊。少昊王天下之后,定国都于曲阜。

今评 少昊金天氏继承父亲黄帝而有天下,其活动地区以山东为中心,南至长江、安徽一带。

元年,少昊之立也,凤鸟适至,因以鸟纪官。帝之御世也,诸福之物毕至。爰书鸾凤,立建鼓,制浮磬,以通山川之风;作大渊之乐,以谐神人,和上下,是曰九渊。

浮磬:泗水岸边可作磬的石。石在水旁,水中见石,若在水中飘浮。用此石作磬,故名浮磬。

张居正讲评 书鸾凤,是图写鸾凤的形象。建鼓,是大鼓。浮磬,是采地上浮石做成的磬。大渊,是乐名。少昊之元年,凤鸟适然来至。这凤鸟是不常有的瑞物,其来又正当即位之初,少昊因此祥瑞,故以鸟纪官。如凤鸟氏历正、玄鸟氏司分之类是也。不但有此凤瑞而已,自他在位之时,凡飞潜动植,诸福之物,莫不尽至焉。少昊于是使人描写那鸾凤的形象于乐器上,又设立建鼓,制造浮磬。作《大渊之乐》,以通山川之风气;用之祭祀郊庙,以谐神人;用之宴享朝会,以和上下。乐有九成,是以名曰《九渊》。盖自伏羲、黄帝时皆已作乐,而至此又加备矣。

今评 少昊造乐器,制乐章,进一步发挥音乐在治理社会中的作用。

帝少昊　帝颛顼

> 九黎：古代南方的部落名。也有说是黎氏九人。

少昊氏衰，九黎乱德。天下之人，相惧以神，相惑以怪，家为巫史。民渎于祀，灾祸荐至。帝在位八十四年崩，寿一百岁，葬于云阳，故后世又曰云阳氏。兄昌意之子高阳立，是为帝颛顼。

张居正讲评　衰，是衰老。九黎，是黎氏九人，乃少昊时的诸侯。巫史，是祝祭祈禳的人。云阳，是地名，在今山东曲阜县东北。少昊氏至衰老之时，有诸侯黎氏九人，欲乱其德政，造为鬼神怪异之说，以愚天下之人。而人或信之，以鬼神相恐惧，以怪异相煽惑。于是人家都为巫史，烦渎于祭祀，以求禳灾免祸。如近世假降邪神之类，不知祭不可渎，渎则不敬，灾祸反荐至焉。盖九黎见帝衰老，欲民归己，故鼓惑如此。然帝素能修太昊之法，而彼又是邪说，故终不能改其历数也。帝在位八十四年崩，寿一百岁，葬于云阳地方，故后世又称为云阳氏。兄昌意之子高阳氏继立，下面所称帝颛顼的便是。此称昌意为兄，前后疑有一误，修史者仍而弗改，盖疑以传疑之意也。

今评　少昊死后由他哥哥的儿子高阳继位，这曲折地反映了古代兄终弟及的继承制度。

帝颛顼

> 颛顼（zhuān xū）：传说为黄帝之孙，姬姓，其父昌意降居若水（今四川雅砻江）为诸侯，生颛顼。因兴起于高阳地方，故号高阳氏。
>
> 蟠(fán)木：传说中的山名，在东海中。
> 流沙：甘肃张掖居延县。
> 幽陵：即幽州，今河北北部及辽宁一带。
> 帝喾(kù)：传说为黄帝之后，姬姓，名夋。

帝颛顼，号高阳氏，乃黄帝之孙，昌意之子，少昊之侄也。

元年，土地东至于蟠木，西至于流沙，南至于交趾，北至于幽陵。颛顼静渊以有谋，疏通而知事，动静之物，大小之神，莫不砥属。颛顼崩，玄嚣之孙高辛立，是为帝喾。

张居正讲评　动，是物之有知的。静，是物之无知的。砥，是平定的意思。属，是服属。颛顼承黄帝、少昊已成之业，而又圣德广被，为四海所归，故其即位之元年，所管的土地，就极其广大，东边到蟠木地方，西边到流沙地方，南边到交趾地方，北边到幽陵地方。颛顼之德沉静渊深而有谋虑，疏畅通达而知事理，足以通幽明之故，而为神人之主。于是明而万物，或动的，或静的；幽而百神，或小的，或大的。无不坦然安定而皆来归属。颛顼享年九十六岁而崩。于是玄嚣之孙高辛继立，号为帝喾。不立颛顼之后而立高辛者，必以高辛氏有圣德故也。

今评　颛顼继祖业，聪慧而有德行，所以统治时期，土地广大，社会

安定。

帝喾

高辛,是地名。帝喾起于高辛,因以为号,是帝玄嚣之孙,黄帝之曾孙也。

元年,帝聪以知远,明以察微,顺天之义,知民之急,仁而威,惠而信,修身而天下服,取地之财而节用之,抚教万民而利海之,历日月而迎送之,明鬼神而敬事之。其色郁郁,其德嶷嶷,其动也时,其服也士。帝喾既执中而遍天下,日月所照,风雨所至,莫不服从。帝喾崩,其子挚立。

鬼:指死去的先人。
执中:遵守中正之道,不偏不倚。

郁郁,是和穆的意思。嶷嶷,是凝重的意思。帝喾的资性聪察于事,能见到那深远的去处。又明睿,于理能穷到那精微的去处。行事则顺乎天之义理而不敢违越,治民则知其紧急,所在而不敢迟缓,以仁存心而宽严相济,是仁而有威,有惠及物,皆实心实政,是惠而能信,修身以化天下,而天下自然顺从不待以法度强之也。取材于地,而用之有节,安抚万民,而施以教诲。按黄帝时所造历书,以察日月之晦朔弦望而成岁时,日来则迎之,去则送之。又能明于鬼神之理,而敬以事之,其容色则郁郁和穆,有人君之容;其德性则嶷嶷凝重,有人君之德。凡百举动,务要合乎时宜,不肯任其私意。穿的衣服,只与士人一样,不肯过乎华靡。凡中皆中道所在,而帝能执之以遍施乎天下。是以天下之人,不止近者悦服,但凡日月照临的去处,风雨沾被的去处,亦无不悦服而顺从者。在位七十五年而崩,其子挚继立。

今评 帝喾正确处理了天意、人事以及鬼神的关系,实行中庸之道,成效显著。

帝尧

帝尧是帝喾之次子,挚之弟也。挚以长子继喾而立,封尧为唐侯,其后挚以荒淫见废,而崩,于是诸侯尊尧,立为天子。

尧:传说为父系氏族社会后期部落联盟的领袖。名放勋,祁姓。史称唐尧或陶唐氏。挚在位九年,政事微弱,群臣归心唐侯放勋,挚就禅位。

帝尧

黄收纯衣：黄收是黄冠，普通人戴的帽子。纯衣是黑色的衣服。古时士之祭服，均表示质朴无华。

元年，其仁如天，其智如神，就之如日，望之如云，富而不骄，贵而不舒，黄收纯衣，彤车白马，茅茨不剪。

张居正讲评

收是冕名，其色黄，故曰黄收。纯字读作缁字，是黑色，彤是赤色，茅茨是茅草，以之覆屋者。帝尧继帝挚而即位，始称元年。尧之德，其仁广大，如天之无所不覆。其智通微，如神之无所不知，近者莫不依就他，如向日之光华，远者莫不瞻望他，如仰云之覆渥。虽富有四海，能恭俭而不矜肆，虽贵为天子，能敬谨而不怠缓。所戴的是黄冕，所著的是黑衣，所乘的是赤车，所驾的是白马，所居的宫室上面是茅草覆盖的，不用剪裁修饰。

今评 尧被称为是我国古代最圣明的君主，他在位时为至治时代。"茅茨不剪"成为尧仁德的象征。

百姓：远古为百官的总称，指有身份爵位的人，而普通劳动人民则称黎民、庶民，春秋战国以后，逐渐并称。

存心于天下，加志于穷民。一民饥，曰我饥之也；一民寒，曰我寒之也；一民有罪，曰我陷之也。百姓戴之如日月，亲之如父母，仁昭而义立，德博而化广。故不赏而民劝，不罚而民治。

张居正讲评

帝尧之心，时常念着天下，尤加意于失所的穷民。一民无食而饥，就说是我不能足其食以饥之也。一民无衣而寒，就说是我不能足其衣以寒之也。一民犯法而有罪，也说是我平日不能教化他，使之陷于有罪也。把这几件百姓的事，都任以为己责，所以百姓仰戴他如日月一般，亲爱他如父母一般。仁昭而惠泽极其显著，义立而法制无所废弛。德之所施者博大，而化之所及者广远，当时之民，不待爵赏而自劝于善，不待刑罚而自顺其治。《书》所谓"黎民于变时雍"者是也。

今评 尧体谅百姓，勇于"罪己"，故历代称颂。

猰貐(yà yǔ)：亦称猰㺄，食人的怪兽。
封豨(xī)：大猪，古代楚地人把猪叫豨。
羿(yì)：亦称后羿，以善射闻名。一说夏代人，一说尧时人，一说为帝喾射师。缴：系有长绳的箭。

是时，十日并出，焦禾杀稼，又有大风、猰貐、封豨、修蛇，皆为民害，尧乃使羿缴大风于青丘之泽，上射十日，下杀猰貐，断修蛇于洞庭，擒封豨于桑林，万民欣悦，莫不向服，定天下道里远近广狭之名。

张居正讲评

猰貐，是兽名；封豨，是大豕；修蛇，是长蛇。羿，是人名，古之善射者。青丘、洞庭、桑林，都是地名。当尧即位之初，七政失缠，有妖日并出于天上，其光酷烈，把下面的禾稼都焦槁了。又有怪物能作大风，坏人屋舍，恶兽猰貐、大豕、长蛇，都为民害。帝尧乃使善射的人名羿者，以丝系矢，缴大风于青丘之泽。又上面射去十日，下面击杀了猰貐，斩长蛇于洞庭之滨，擒

卷之一 五帝纪

帝尧

大麓于桑林之野,一应害人之物,皆驱除了,由是万民得以全生,欣喜欢悦都来归服。然后将天下道里远近广狭,各定其东西南北方向之名。盖尧承帝挚之后,朝政荒乱,戾气充塞,故天象见异,物怪并兴,及七政既齐,帝德广运,则万邦协和,而天人交应矣。然此亦作史者传疑之言,固未足深信也。

今评 尧用各种办法战胜灾害,功莫大焉!

是时洪水为灾,尧问群臣,举能治水者。四岳举鲧,使之治水。鲧为人方命圮族,尧试用之,果然功绩弗成。

四岳:传说尧时四方部落的首领。一说为尧时掌管四方季节时令的官即羲仲、羲叔、和仲、和叔四人。

 尧时大水为灾,下民受害,尧问群臣,举善治水之人,四岳举崇伯鲧,然鲧之为人,违背上命,伤败族类,尧已知其不可用,但急于救民,又因四岳强举,姑试用之,鲧乃不知顺水之性,枉兴徒役,筑堤障塞,九载不能成功,尧遂废之。

今评 尧以四岳强举而用禹,九年无功,可见用人之难,连尧这样的"圣人",也有失误。

尧作乐,名曰《大章》。

 尧作一代之乐,以和神人,叫做《大章》。此时尧之政教大行,法度章明,故乐名大章,以象德也。

今评 所谓"以和神人",实际是调和和疏导人们之间的感情,以达到辅助治理社会的目的。

尧之子名丹朱,不肖。在位七十年,尧求贤德可以逊位,群臣咸举舜。舜为人贤明,尧亦闻之,于是以二女妻舜。舜以德化率二女,皆执妇道,尧以舜为贤,遂使之摄位。

丹朱:名朱,因居丹水,故名丹朱。
不肖:不像他父亲那样贤能。后泛指不贤。

 尧子丹朱,为人嚚(yín)讼,不能象尧之德,难以君临天下。尧在位已七十年,渐觉衰老,要求贤圣有德之人,托以天下,群臣乃同举虞舜。舜为人,极其贤孝聪明。尧亦素闻之,欲传以天下,先试他仪刑于家者何如,于是将二女娥皇、女英,与舜为妻。舜则以德化导二女,都恪执妇道,不敢以贵骄其夫子,慢其舅姑。又将难事历历试他,都随事有功,尧乃信舜果是贤圣,遂使权摄帝位,代行天子之事。

> **今评** 传贤不传子,这就是传说中我国古代的禅让制度,其主导思想和积极意义就是让贤者治国,公于天下而非私于天下。

又二十八年,尧崩,在位九十八年,寿一百九十八岁。舜避尧之子丹朱于河南,天下朝觐狱讼者,不归丹朱而归舜,舜于是即天子之位。

尧在位年代,据《帝王世纪》尧以甲申岁生,辛巳岁死,在位九十八年,寿一百一十八岁。亦有认为是一百七十八岁。

【张居正讲评】 舜摄位二十八年,尧乃弃世,计在位九十八年,享年一百九十八岁。舜仍要让位与尧之子丹朱,乃避处于河南地方。然帝尧付托有素,天下蒙舜德泽已久,都一心爱戴,故诸侯朝觐者,狱讼求平者,皆不归往丹朱,而归往于舜。舜见天命人心归向于己,不得复辞,于是即天子之位。

> **今评** 天下归舜,是后世"得民心者得天下"思想的反映;也隐隐透现了原始社会公举首领的情况。

帝 舜

舜:传说父系氏族社会后期部落联盟的领袖。据《帝王世纪》,其母握登见大虹意感而生舜于姚墟,故姓姚;目重瞳,故名重华;尧时封于虞,故曰有虞氏。

苦窳(yǔ):器物粗劣。

五典:此指五伦,亦指仁、义、礼、智、信五种道德。

百揆(kú):古代总领国政的长官。揆:管理。

黄帝八代孙也。黄帝生昌意,昌意生颛顼,颛顼生穷蝉,穷蝉生康敬,康敬生句芒,句芒生蛟牛,蛟牛生瞽叟,瞽叟生舜,姓姚氏。舜母死,继母生象。父母及象,皆下愚不移。瞽叟惑于后妻并少子,尝欲杀舜。舜尽孝悌之道,事父母,待其弟,每尤加恭顺。耕于历山,历山之人皆让畔;渔于雷泽,雷泽之人皆让居;陶于河滨,河滨之器不苦窳。所居成聚,二年成邑,三年成都。二十以孝闻,三十,尧之子丹朱不肖,求可以代己位者,四岳群臣皆举舜。尧乃召舜,舜至,尧将逊以位,先察试其才能,乃使之慎徽五典,五典克从;纳于百揆,百揆时序;宾于四门,四门穆穆,纳于大麓,烈风雷雨弗迷。

【张居正讲评】 帝舜,是黄帝第八代的孙。始初黄帝生昌意,昌意生帝颛顼,帝颛顼生穷蝉,穷蝉生康敬,康敬生句芒,句芒生蛟牛,蛟牛生瞽叟,瞽叟生舜,姓姚氏。舜的生母早故,瞽叟又娶后妻生个儿子,名叫做象。舜之父母与其弟象,都是下等极愚的人,不可以道理化改者。瞽叟因偏听了后妻与少子象之言,三个人尝谋要杀舜,舜知道了设法躲避,方才得免。然未尝以此怀怨,只尽自家孝悌的道理,事其父母,待其弟,每每愈加恭敬和顺。盖但知我为子为兄的道理当尽,而父母之不慈,与其弟之不善,所不计也。舜虽是黄帝之后,至其

父祖时衰微,身无爵禄,穷居畎亩之中,不免为耕稼陶渔之事以养父母。而其至圣之德,见者无不感化焉。尝耕田于历山,那历山之人都彼此逊让其所耕的田界;尝取鱼于雷泽,那雷泽之人,都彼此逊让其所居的屋地;曾烧造瓦器于河滨,那河滨的人都学他一般信实,做出来的器皿,个个完美中用,没有苦窳不堪的。凡舜所住的地方,人便都来归依他,成一个聚落,及至二年,日渐加多,就如一个县治,及至三年,愈加辏集,就如一个都会,其为人所信从如此。舜才二十岁时,人就都闻他的孝名。至三十岁时,帝尧因其子丹朱不肖,访求有德之人,可以代己位者,四岳与群臣众口一辞,都荐举他。尧乃使人召舜,舜既来到,尧欲传以天子之位,然犹未敢轻易,且先察试其才能。乃使舜为司徒之官,使之修明君臣、父子、夫妇、长幼、朋友之五典。舜则敬慎以美其教化,而人之具此五伦者,莫不克从。又使为百揆之官,统领众职。舜则及时以修举庶务,而事之总于百揆者,莫不时序。又使他兼管四岳,以宾礼四方诸侯。舜则能以礼辑和那来朝之诸侯,莫不穆穆然极其和顺。又因洪水为患,使舜到山林中相度形势。适遇猛风雷雨,人皆惊惧失常,舜则神气自如,略不迷乱。帝尧历历试舜,见其才德器量,无所不宜如此,然后决意付以大位也。

今评 舜以德服人,以实践服人;特举孝悌,则是后世孝悌为仁之根本思想的反映。

是时高阳氏有才子八人,天下谓之"八恺"。高辛氏有才子八人,天下谓之"八元"。世济其美,尧未及举,舜于是举"八恺",使主后土,举"八元",使布五教于四方,尧于是使舜摄位。又帝鸿氏有不才子,号曰浑沌;少皞氏有不才子,号曰穷奇;颛顼氏有不才子,号曰梼杌;缙云氏有不才子,号曰饕餮;谓之四凶。尧未能去,舜皆投之四裔,即共工、驩兜、三苗、鲧也。舜以鲧治水无成功,于是殛之于羽山,举其子禹,使之治水。舜摄位之后,二十八年,尧崩,舜避位于河南,天下朝觐讴歌讼狱者,不归尧之子而归舜,舜遂即天子之位。

五教:五种伦常道德,父义、母慈、兄友、弟恭、子孝。

高阳氏,高辛氏,帝鸿氏,少皞氏,颛顼氏,皆上古帝王的后代。缙云氏,是上古夏官的后代。四裔,是四方边远之地。当舜相尧之时,高阳氏有才子八人:苍舒、隤敳(tuí ái)、梼戭(táo yǎn)、大临、龙降、庭坚、仲容、叔达,这八个人都有和粹之德。天下之人,号他做"八恺"。高辛氏有才子八人:伯奋、仲堪、叔献、季仲、伯虎、仲熊、叔豹、季狸,这八个人,都有善良之德,天下之人,号他做"八元"。"八恺"、"八元",十六族,世世成其美德,帝尧未及举用他,舜于是荐举"八恺"于帝尧,使他为司空之官,主土地之事。又荐举"八元",使他为司徒之官,布五教于四方。那时帝鸿氏有不才子一人,号做浑沌,少皞氏有不才子一人,号做穷奇,颛顼氏有不才子一人,号做梼杌,缙云氏有

帝舜

不才子一人，号做饕餮(tāo tiè)。浑沌、穷奇、梼杌、饕餮四族，世世成其凶德，总名"四凶"。尧未及除去他，至舜则皆除去之，投弃于四方边远之地，即《书经》上所载共工、驩兜(huān dōu)、三苗、鲧四人也。舜既殛杀鲧于羽山，知鲧有贤子名禹，又举而用之，使他继其父以治水，而功绩果成。不以其父之恶而弃其子之善也。夫舜为天下举贤去凶，有功德于民甚多，所以摄位之后，到二十八年帝尧崩时，舜虽避位于河南，以让尧之子丹朱，而天下同心归之。凡来朝觐的、讴歌圣德的、求决狱讼的，都不肯归尧之子，而惟归舜。舜以人心归己，不得终辞，遂继帝尧而即天子之位。

今评 用贤人固不易，除害人更难，这是一个问题的两个方面，没有大智大勇是办不成的。

> 商均：舜之子。据《帝王世纪》，舜元妃娥皇无子，次妃女英生商均。
> 苍梧：又名九疑，在今湖南宁远县境。
> 阳城：山名，在今河南登封县北。

元年，舜既即位，号有虞氏。使禹为司空，弃为后稷，契为司徒，皋陶为士，垂为共工，益为朕虞，伯夷为秩宗，后夔为典乐，龙作纳言，是所谓九官也。舜作乐，名曰《九韶》之乐。舜之子商均，亦不肖，舜于是荐禹于天，使之代己位。舜在位五十年，南巡狩，崩于苍梧之野，在位五十年，寿一百一十岁。禹避商均之位于阳城，天下不归商均而归禹，禹遂即天子位。

张居正讲评 禹、弃、皋陶、垂、益、伯夷、夔、龙，俱人名。司空、后稷、司徒、士、共工、虞、秩宗、纳言，俱官名。舜既即天子之位，国号称有虞氏，以为治天下惟在任人，任人当量才擢用，于是使禹做司空之官，管治水土；弃做后稷，管教稼穑；契做司徒，掌教化；皋陶做士师，掌刑法；垂做共工，掌百工之事；益做虞官，掌山泽草木鸟兽；伯夷做秩宗，掌郊庙社稷之礼；夔主作乐，以和神人；龙做纳言，以宣上命，遂下情。古称舜时有九官，皆圣贤之佐，即此九人也。九官既命，各称其职，所以事事做得停当，而舜则恭己无为成四方风动之治。治功既成，乃象其功德作乐，以奏于祭祀燕飨，名为《九韶》之乐。韶字解做继字，以其继尧成功，故称为韶。乐有九奏，故曰《九韶》。舜的子叫做商均，亦如丹朱不肖，不可以治天下，看得群臣之中，可传天下，无过禹者，于是荐举于天，使代己即位。舜在位五十年，往南方巡狩，遂崩于苍梧地方，寿一百一十岁。禹不敢受舜之禅，还欲商均继立，避到阳城，其时天下之朝觐讼狱者，不归商均，都去归禹。禹知天命人心不可终辞，遂继舜即天子之位。三代以前，君天下者，禅继无常，而天命人心，惟归有德。自禹以后，父子相传，遂为定制，然祚之长短，亦系乎德之盛衰。则夫创业垂统，与继体守成之君，欲为传世无穷之计，皆不可不以德为务也。

今评 此节叙述舜即位以后的政绩。

卷之二

夏,是禹有天下之号。

大　禹

黄帝之玄孙也,姓姒氏。黄帝生昌意,昌意生颛顼,颛顼生鲧,鲧生禹。尧时洪水滔天,鲧治水无功,殛死。舜既摄位,举禹使续父业。禹为人克勤敏给,其德不违,其仁可亲,其言可信,声为律,身为度。禹伤父鲧功不成而受诛,乃劳身焦思,居外十三年,过家之门不入。陆行乘车,水行乘船,泥行乘橇,山行乘樏。左准绳,右规矩,以开九州,通九道,陂九泽,度九山。命益予众庶之稻,可种卑湿;命后稷予众庶难得之食,食少,调有余而均给诸侯。

> 大禹:传说古代部落联盟的领袖。据《帝王世纪》,尧命禹治水,有功,尧美其绩,赐姓姚氏。封为夏伯,故谓之伯禹。舜死后即位,谓之夏禹。

张居正讲评　史臣记,夏禹王乃黄帝第五代玄孙也,姓姒氏。起初黄帝生昌意,昌意生颛顼,颛顼生鲧,鲧生禹。当尧之时,洪水滔天,尧使鲧治水无功,舜既摄位,殛之于羽山。以禹圣智过人,就举他使继父鲧之职,以终其治水的事业。禹为人勤谨,才又敏捷,无有所为,件件速成;其德不违于理,其仁慈爱可亲,其言诚实可信。他的声音,洪亮中节,就可以为乐中之律吕,他的身体,长短有则,就可为量物丈尺,其圣质本于天成如此。禹痛父鲧功不成而受诛,于是劳苦其身体,急焦其心思,汲汲要成治水之功,在外十三年之久,虽便道经过家门,也不肯到家里一看。其子启才生数日,呱呱而泣,禹亦不顾,其为国忘家如此。当治水时,在平地上行,则乘车;在水中行,则乘船;在泥地里行,则乘橇,以板为之,其形如箕,擿行泥上,取其不滑也;在山上行,则乘樏(jú),以铁为之,其形如锥,长半寸,安在履下,以上山取其不蹉跌也。他一举一动,都合乎法则,左有所为,就是为平直的准绳;右有所为,就是为方圆的规矩。盖随他行出来的,或左或右,无不当也。前此天下,虽有冀、兖、青、徐、荆、扬、豫、梁、雍九州,被洪水昏垫,疆界不甚分明。至此水土既平,始分别开九州,通了九州的道路,陂障九州之泽,遍历九州之山。看那下湿之地,宜种稻子,命伯益与百姓稻子,使种于下湿的水田。水土初平,五谷难得,命后稷教之播种五谷,与百姓以难得的粒食。播种虽同,所收未免多寡不一,食有不足者,则调转那有余的以补之,均平给与诸侯,使无一国一民之饥者。夫大禹平水土,教稼穑,不惟终君之命,又且盖父之愆,泽溥九州,功被万世,此所以为有夏一代之圣王也。

今评 禹吸取了他父亲鲧治水失败的经验教训,用凿浚疏导的办法,把滔滔洪水引入江海。他以大公无私的献身精神,劳神苦思,胼手胝足,三过家门而不入,经过十三年的努力,终于将洪水平息了。他是中华民族的开辟者之一。

> **四隩(ào):** 四方可居住的边远地方。隩,水涯弯曲处。
> **司空:** 官名,主管工程。与司徒、司马为治事三卿。司徒主民,司马主兵,司空主土。
> **阳城:** 山名。今河南登封县北。

禹乃行相地所有以贡,及山川之便利。于是水害皆息,九州攸同,四隩可居。禹使章亥步自东极,至于西陲,二亿二万三千五百里,七十一步。又使坚亥步自南极,至于北陲,二亿三千五百里,七十五步。四海之内,东西二万八千里,南北二万六千里。尧于是赐禹以玄圭,告其成功。舜既即位,乃使禹为司空,以宅百揆。舜之子商均不肖,乃荐禹于天,使代己位。舜崩于苍梧,禹避之于阳城,天下之人,不归商均而归禹,遂即天子之位。

张居正讲评 相,是相度。贡,是贡献。九州是冀州、兖州、青州、徐州、扬州、荆州、豫州、梁州、雍州。隩,是水涯。章亥、坚亥,都是人名。玄圭,是黑玉造成的圭。苍梧、阳城,都是地名。禹既平水土,乃举行贡法,相度各处地土所有之物,以贡于天子。如兖州贡丝、青州贡盐、扬州贡金之类。又因道路未通,相度山川之便利,斩木以通之。向者洪水为灾,到这时节,水归故道,其害宁息,九州之域,皆就平治,无有不同,虽四海之隩,水涯之地,皆可居处。禹乃使章亥步算,自极东以至于极西的地方,得二亿二万三千五百里零七十一步。又使坚亥步算,自极南以抵于极北的地方,得二亿三千五百里零七十五步。除四海之外,荒服之远,不计外,其在四海之内,正朔所加,声教所及者,东西二万八千里,南北二万六千里。按《汉·地志》,三代之前,中国疆域东西计九千里,南北一万三千里。今章亥所算,盖开方之法,故里数之广如此,其实不过如《汉志》所云也。尧以禹治水功大,赐以玄玉之圭,以酬其劳绩,而以其成功告于上帝焉。及尧禅位于舜,舜既即帝位,乃命禹以司空之官,居百揆之任,使之统领百官,揆度庶政,故谓之百揆也。时舜之子商均不肖,不可以君临天下,舜于是荐禹于天,使代己位。后舜巡狩,崩于苍梧之野,禹仍以位让商均,避之于阳城地方。然天下朝见讼狱讴歌者,皆不归商均而归禹,禹以人心天命有在,不容终辞,遂及天子之位。

今评 划定疆域,透现出从夏禹开始,国家开始形成。

元年。禹既即位,国号夏,仍有虞以建寅月为岁首。色尚黑,牲用玄,以黑为徽号。作乐曰《大夏》。夏,大也,言能大尧舜之德也。悬钟、鼓、磬、铎、鞀,以待四方之士。曰:教寡人以道者,击鼓;谕以义者,击钟;告以事者,击铎;语以忧者,击磬;有狱讼者摇鞀。一馈而十起,一沐三握发,以劳天下之民。

夏:舜时禹封于夏,都安邑。今山西夏县北。
建寅:北斗星斗柄旋转所指的十二辰叫十二月建。建子为十一月,建丑为十二月,建寅为正月,夏承袭舜,仍以建寅为岁首。
铎(duó):形如大铃,宣布教令时用以警众者。鞀(táo):有柄的小鼓。

张居正讲评 禹继舜即位改元,因所封之国在夏,遂定天下之号为夏。前此有虞以建寅之月为岁首,以其得时令之正,遂因而不改。以水德王天下,水色黑,故以黑为尚。祭祀的牺牲,毛色用玄,凡章服旗帜之类,都用黑色,从其所尚也。禹既治定功成,作为一代之乐,叫做《大夏》。夏是广大的意思,言能广大尧舜之德也。禹又恐天下道理事务,不能周知,民情利病,无由上达,于是将钟、鼓、磬、铎、鞀五样乐器,挂在外面,以待四方之士。各刻字于其架上说:有来教诲寡人以道德者,则击鼓;晓谕以义理者,则撞钟;告以事务者,则振铎;语以忧患者,则敲磬;有狱讼求决断者,则振鞀。禹在里面听得那一件乐器声响,便知是那一项人求见,就着他进见,一一言之。是以每一饭时,尝起十次,一洗沐时,尝三绾其发,勤于接见咨访,不遑自爱其身,以劳天下之民,使之各得其所而后已。夫圣如大禹,犹不以成功自满,方且多方求言,勤于听纳如此,此智之所以为大,而成有夏配天之业也。

今评 禹又制定了初步的礼制,这是国家形成的又一重要因素。礼以仁义为本,故"从善如流"是治民者的首要品德,也是中华民族的优良传统。

出见罪人,下车问而泣之,左右曰:"罪人不顺道,君王何为痛之?"禹曰:"尧舜之人,皆以尧舜之心为心,寡人为君,百姓各自以其心为心,是以痛之。"

寡人:寡德之人。古代王侯自谦之词。

张居正讲评 大禹出外巡行,路上遇见一起犯罪的人,心中不忍,便下车来问其犯罪之由,因而伤痛垂泣。左右的人问说:"这犯罪之人所为不顺道理,正当加以刑罚,君王何故痛惜他?"禹说:"我想尧舜为君之时,能以德化人,天下的人都体着尧舜的心为心,守礼安分,自不犯刑法。今我为君,不能以德化人,这百姓每各以其心为心,不顺道理,所以犯罪,则犯罪者虽是百姓,其实由我之不德有以致之。故我所以伤痛者,痛我之德衰于尧舜也。"

今评 承认自己不如别人,这也是一种难能可贵的品德。

初舜分天下为十二州,禹复为九州。收天下美铜铸为九鼎,以象九州。

张居正讲评 初舜为天子时,把天下地方分为冀、兖、青、徐、荆、扬、豫、梁、雍、幽、并、营,十二州。至禹时将并、幽二州复合于冀州,营州复合于青州,仍前为九州。九州既定,于是将天下所贡方物之中,取其铜之美者,铸成九个大鼎,以象九州。又把九州山川所有怪物,都铸在鼎上,使民识其形象而避之也。

今评 自禹分天下为九州后,九州也就代表中华大地。自禹铸九鼎以后,九鼎从此成为统治中国最神圣权力的象征。

旌旗:缀牦牛尾于竿头,下有五采鸟羽,用以指挥或开道。

昔黄帝作车,少皞加牛,奚仲加马。禹命奚仲为车正,建旌旗斿旐,以别尊卑等级。

张居正讲评 车正,是官名。旌是干旄上插的雉羽。斿(yóu),是太常垂下的直幅,幅上画交龙的叫做旗,画龟蛇的叫做旐(zhào)。上古人不知乘车,至黄帝时,始造为车,至少皞时,始以牛驾之,至禹时,有臣叫做奚仲,又加以马,禹就命奚仲为车正之官,专管车驾之事。又制为旌旗斿旐等物,设于车上,自天子以至诸侯大夫,各有不同,于是尊卑等级,皆有分别。又所以辨上下,定民志也。

今评 "以别尊卑等级"一语,点出了礼制的根本目的。当然这或许是后人依礼制逆想的情况。

旨酒:美酒。旨,味美。

古有醴酪,禹时仪狄作酒,禹饮而甘之,遂疏仪狄,绝旨酒。曰:"后世必有以酒亡国者。"

张居正讲评 醴是薄甜酒。酪,是将牛马乳造成酒浆。古时只有醴酒酪浆,至禹时有个人叫做仪狄,始用曲蘖造酒,其味甚美,与醴酪不同,禹饮其酒,觉得甘美,有好之之意。恐因此妨了政事,就疏远仪狄,断绝旨酒,再不饮它。说道:"酒之可好如此,后世人君,必有以酒之故,流连迷乱而亡其国者。"夫酒之作,本为祭祀燕享之用,岂能遽亡人国,但好之无厌,其祸必至于此。圣人见事之始,而即虑其所终,故深恶而豫防之如此。其后禹之子孙名桀者,果以酒为池而亡天下,然则禹之为虑,岂不远哉。

今评 古代帝王荒废政事者,一是酒,二是色。大禹可谓有先见之明。另外夏时酒确与祭祀燕享有关。

禹任皋陶、益以国事。

> 皋陶、益,都是贤臣,先时与禹同事虞舜,至禹即位,遂委任二人以国政。

今评 任何一个君主的成功,都必须有贤臣辅佐。

是时,天雨金三日。

> 天雨金:可能是某种自然现象,人们不认识它,故附会为雨金。雨,这里作动词解。

> 是时,禹之德感格于天,天降以祥瑞,下金三日,如雨一般。这事经史上不载,只一见于子书,未知果否。

今评 古人所以把自然人格化,认为某些自然现象,是上天对人的指示。

禹娶涂山氏女,生子启。辛、壬、癸、甲。启呱呱而泣,禹弗子,惟荒度土功。

> 涂山氏:指居住在涂山的部落。涂山,一说在今浙江绍兴,一说在今四川重庆市巴县,一说在今安徽当涂山。

> 涂山,是国名;呱呱,是啼哭声;荒,是大;度,是经营。禹治水时,娶涂山氏之女为妻,生一子名启。成婚之后只在家住了辛、壬、癸、甲四日,就出去治水,不以妻为念。及启初生,呱呱而泣,禹也不以子为念。娶妻生子,皆不暇顾,惟以水土未平,奔走于外,大相度那平治水土之功,盖知有人民之忧,而不知有妻子之乐也。这是禹未即位的事,编《通鉴》者附见于此。

今评 这也就是后人所说的"先天下之忧而忧,后天下之乐而乐"。

禹南巡狩,会诸侯于涂山。承唐虞之盛,执玉帛者万国。禹济江,黄龙负舟,舟中人惧。禹仰天而叹曰:"吾受命于天,竭力以劳万民,生寄也,死归也,余何忧于龙焉。"视龙犹蝘蜓,禹颜色不变。须臾,龙俯首低尾而逝。禹致群臣于会稽,防风氏后至,禹戮之。

> 会(kuài)稽:山名,在今浙江绍兴东南。相传禹大会诸侯于江南计功,故名会稽。

> 防风氏:古部落酋长名。亦传防风氏身长三丈,死后其骨满载一车。

卷之二 夏纪

张居正讲评 涂山,会稽,都是地名。玉帛,就是《书经》上五玉三帛,乃诸侯所执以见天子者。寄,是寄寓。蝘蜓,是蜥蜴,形如蝎虎而稍大。防风氏是诸侯之国。禹为天子,遵虞舜五载巡狩之制,曾往南方巡狩,大会诸侯于涂山地方。禹之功德既足以感动人心,又接着那唐虞极盛之后,所以诸侯们无远无近,都来朝见,一时执玉帛而聚集于涂山者,有万国之多。当巡狩渡江之时,忽有一黄龙来负其船,船上的人都恐惧失色,独禹不怕。仰面向天叹说:"我受天之命,尽心力以勤劳万民,万民既安,吾事毕矣。至于人生在世,就是客中寄住的一般,死了便是回到家里一般。生乃其暂,死乃其常也。纵是龙能覆舟为害,我何惧焉。"当时禹看那龙,只如蝘蜓小虫一样,颜色略不变动。须臾间,那龙亦低头拖尾而去,恰似闻禹之言,而委顺驯扰,不敢为害也。禹又曾朝会群臣于会稽地方,诸侯皆依期而至,惟有防风氏恃其勇力,不恭王命,到的独迟,禹执而杀之,以徼诸侯。

今评 禹临危不惧,正气凛然,终于化险为夷。诛防风氏显帝王威严,也反映了刑法之初步成立。

有典则以贻子孙。

张居正讲评 典则,是一代的典章法度,如今时《大明会典》与律令条例之类。贻,是传流的意思。禹以为创业之君,不立下一代的典章法度,则后王何所遵守,于是以其治天下之大经大法,著为谟训,留与子孙,使世守之。以后禹之子孙,传世几五百年,实赖此以为之维持也。

今评 张居正解为"大经大法",体现了他礼法交相为用的观点。

箕(jī)山:山名。其说不一。一说在河南登封县东南;一说在山西和顺县东;一说在河南范县西南。等等。

禹尝荐益于天七年。禹崩,在位九年,寿一百岁。益避位于箕山,天下之人,不归益而归启,启乃即天子之位。

张居正讲评 益,是禹之贤相,禹以其可传天下,尝荐举于天者七年,禹崩。禹年老即位,所以在位止九年,寿一百岁。禹崩后,益不敢当禹之禅,避在箕山,让位于启。然天下臣民思禹之德,而知启之贤,皆不归益而归启,乃即天子位。

今评 大禹举益作为自己的继承人,但禹死后,人民由于怀念禹之德归启而不归益,这固然是说明夏禹之泽及后代,但是这件事更重要的是记录了远古时代所谓"禅让"制度的终结,从此进入君主之位传子(弟)的新时代。

帝 启

元年。启既即位,乃即钧台以享诸侯。时有扈氏无道,威侮五行,怠弃三正。启召六卿以征之,大战于甘,灭之。启在位九年,子太康立。

> 帝启:姒姓,禹之子,禹死后他继王位,确立传子制度。
> 钧台:在今河南禹县南。
> 有扈氏:反对启继承父位而伐启。其地在今陕西鄠县。
> 甘,即在鄠县南。

张居正讲评 钧台,是台名,在今河南钧州。有扈,是国名,即今陕西鄠县。甘,是地名。威,是作威。侮,是轻侮。五行是金、木、水、火、土,在天有五行之气,在地有五行之质,在人有五行之理。怠,是怠慢。弃,是废弃。三正是建子、建丑、建寅三个月。古人迭用以为岁首之正月也。六卿,是六乡之卿。古时每乡卿一人,六乡有六卿,平居无事则各掌其乡之政教禁令,而属于大司徒,有事出征,则各率其乡之一万二千五百人而属于大司马,与王朝六卿不同。夏启王即位之元年,四方诸侯来朝,启乃就钧台以朝享诸侯,那时诸侯中有个有扈氏,所为不顺道理,擅作威势,轻侮五行,凡所行事,都背了五常之理,拂生长收藏之宜,而暴殄天物,又恣行怠慢,废弃三正,不奉夏之正朔,其狂悖不臣如此。启于是命六乡之卿率六军亲去征讨,大战于其国之南郊,遂灭其国。启在位九年崩,子太康立。按孟子称启贤能敬承继禹之道,其德可纪述者必多。此只载享诸侯、征有扈二事,乃作史者未之详考也。

今评 夏启是家天下的创始者,至于他是否贤能,那又当别论了。

太 康

元年。太康即位,荒逸弗恤国事,畋猎于洛水之表,十旬弗归。有穷之君后羿,因民之怨,距之于河,弗许归国。厥弟五人作歌以怨之。太康既失国,不得归,在位三十年,后羿乃立太康之弟仲康。

> 洛水之表:表,外也。夏都阳城,洛水之表应指洛水北岸。
> 后羿:传说夏代东夷族首领,善于射箭,夺得王位,后因不理国事被寒浞所杀。故地在今山东德州市南,名穷石。

张居正讲评 畋猎,是取禽兽。穷,是国名。羿,是穷国君之名。太康既即帝位,不守其祖大禹之谟训,怠荒逸豫,全不忧念国家的政事,只好去畋猎,罗取禽兽,远至洛水之表,至于一百日尚不回还。时有穷之君后羿,因百姓之怨,阻距之于河北,不许归国。是太康自弃其国也。其弟五人,知社稷危亡之不可救,母子兄弟之不可保,乃述其皇祖之训,作歌以怨之,今《夏书》中所载《五子之歌》是也。太康既失了国,不得返归,计其在位三十年,后羿乃立太康之弟仲康为天子。尝观《五子之歌》有曰:"内作色荒,外作禽荒,甘酒嗜音,峻宇雕墙,有一于此,未或不亡。"太康一犯禽荒之戒,而遂以失国。祖宗之训,可不守哉。

今评 凡事成功难,失败却极易。

仲　康

六师:即六军,天子的军队。
羲和:指羲氏与和氏,世世为历官。

元年。仲康即位,羿为之相,仲康肇位四海,首命胤侯掌六师。惟时羲和,沈乱于酒,遐弃厥司,至于日食大变,尚罔闻知。王命胤侯往征之。在位十四年崩,子相立。

张居正讲评 胤侯,是胤国之侯。羲和,是司历象之官。仲康即位之元年,后羿为之辅相,于正位四海之初,首命胤侯掌六师以收兵权。那时诸侯羲和世掌天文历象之事,乃沉乱于酒,心志迷惑,远弃其所司之事,失占天象,至于日食的大变,尚不闻知,也不奏闻救护,其失职违制,法所不容者,王乃命胤侯往征之,以正其罪。仲康在位十四年而崩,子相立,是为帝相。夫当羿之废太康而立仲康也,社稷安危,在其掌握矣。仲康即位之始,即能命胤侯以掌六师,征羲和以讨有罪,犹为礼乐征伐之自天子出也。史臣录之,其有取于是欤?

今评 我国古代,所谓礼乐征伐自天子出,是天子具有真正权力的象征。

帝　相

斟(zhēn)灌、斟鄩氏:为夏同姓诸侯国名,斟灌故城在山东青州寿光县东。斟鄩在山东潍县西南。一说后来迁于河南巩县境内。

元年。帝相继立,时权归后羿,相为羿所逐,居商丘,依同姓诸侯斟灌、斟鄩氏。

张居正讲评 元年,帝相既立为天子,虽无失德,然大权已归后羿,帝相微弱,被其赶逐,迁居于商丘地方,依夏同姓诸侯斟灌与斟鄩氏居住,自是失国,不能为政于天下矣。

今评 后羿终于撕去假面具,驱逐帝相,自立为帝。

有穷后羿,因夏民以代夏政,羿恃其善射,不修民事,淫于原兽,弃武罗、伯囚[因]、熊髡、龙圉,而用寒浞。浞,伯明后寒之谗子弟也,使相己。浞行媚于内,施赂于外,愚弄其民,娱羿于畋,外内咸服,羿犹不悛,将归自畋,家众杀而烹之,以食其子,子不忍食,杀于穷门。夏遗臣靡,奔有鬲氏,浞自立。

寒浞(zhuó):寒国伯明氏之弃子。为后羿宠臣,后乘机杀后羿自立。

张居正讲评

羿,旧居穷石地方,故号有穷后羿,因夏民离心,代夏专政。既逐帝相,遂篡其位,倚恃善射,不理民事,专好田猎,就淫于原野禽兽。当时有武罗伯、熊、龙、圉,四人都是贤臣,羿乃废弃了武罗伯,将熊髡囚,将龙、圉削发奴辱,惟信用寒浞。寒浞原是伯明氏的逸侪子弟,为伯明后寒所弃,羿收之使为相。寒浞要固宠窃位,内则行媚悦于羿之官人,外则施贿赂于羿之左右,下则用智术愚弄百姓,以收人心。专以田猎之事娱乐后羿,使不暇他顾,外内的人,被寒浞诱惑,都归服他。羿犹不知改悔,将归自田猎之所,寒浞使家众逢蒙等杀而烹煮之,将他的肉与其子食,其子不忍食,又杀其子于穷之国门。夏有旧臣伯靡,素有兴复夏室之志,因见祸乱相寻,乃奔于有鬲氏,以图后举。浞复篡羿自立焉。

今评 后羿信任一个与自己相同的阴谋家寒浞,重蹈太康的覆辙。

寒浞因羿室,生浇及豷。浇长,浞使浇灭斟灌、斟郭氏,弑帝相。后缗方娠,逃出自窦,归于有仍。帝相在位二十七年崩。

张居正讲评

寒浞既立,不改有穷之号,就收了羿的妻室,生下二子,一个叫做浇,一个叫做豷(yì)。此时帝相尚在商丘,及浇年长,寒浞使之统兵灭斟灌及斟郭氏,遂弑帝相。相妃,有仍氏女,叫做后缗,方怀孕,自穴窦中逃出,归于有仍之国,后生少康。计帝相在位二十七年,遇弑而崩。夫夏自太康逸豫灭德,取怨于民,遂致羿与寒浞乱贼之臣,接迹而起,凡数十年,国统几绝,若非禹之功德深远,人不能忘,则夏将从此不祀矣。岂非万世之大戒哉!

今评 "逸豫灭德,取怨于民",是张居正对夏前期兴替起伏的历史总结。

少 康

其母帝相之后,有仍国君之女也。寒浞杀羿,灭夏氏。时少康方在怀妊,相后乃奔归有仍之国,而生少康。少康既长,为仍牧正。浇使椒求之,奔有虞,为之庖正。虞君思妻之二姚,而邑诸纶,有田一成,有众一旅。能布其德,而兆其谋,以收夏众,而抚其官。夏有旧臣靡,自有鬲氏收二国之烬,举兵灭浞,而立少康焉。

牧正: 掌管畜牧之官。
庖正: 掌管膳食之官。

张居正讲评 牧正、庖正,都是官名。虞是国名,乃帝舜之后。妻,是以女嫁之。二姚,是姚氏二女,有虞国姓姚,故叫做二姚。纶,是邑名。二国是灌、鄩二国。烬,是火焚之余,二国虽被寒浞所灭,犹有遗下的臣民,譬如火焚之后,尚有焦木也。少康之母,是帝相之后,乃有仍国君之女也。起初后羿篡国,逐帝相于外,羿之臣寒浞杀了后羿,并灭夏之社稷,那时少康方在相后的怀妊中,相后避乱,逃归其母家有仍之国,而生少康,及少康长大,就为有仍牧正之官。寒浞之子名浇者,知道相后生了孩子,使其臣名椒者,寻求少康所在,要杀害他,少康又逃避于有虞之国,为有虞庖正之官。那虞君名思,知道他是帝相之遗子,大禹之玄孙,就把两个女儿嫁他,使他居于纶邑,给与他田一成,计有十里,众一旅,计五百人。少康管此一成之田,一旅之众,即能布其德惠,而兆其中兴之谋,以收复夏氏之众,而抚绥其所遗之臣。于是夏之旧臣有名靡者,自有鬲之国,收召灌、鄩二国之遗民,举兵攻灭寒浞,而立少康以为君焉。

今评 少康中兴,乃夏代政权一大转机,说明"传子"制度已被接受。

故都: 夏禹曾都阳城(今河南登封县境),太康曾都斟鄩(今河南巩县境内),少康即位之处应是二地之一。

元年,少康使其臣女艾灭浇于过,使其子季杼灭豷于戈,乃归故都即位。于是夏道复兴,诸侯来朝,在位二十年崩,子杼立。

张居正讲评 过,戈,都是国名。少康即位之元年,使其臣名女艾者,领兵攻灭寒浇于过,使其子名季杼(shù)者,攻灭寒豷于戈。寒浞父子皆已诛灭,乃归于夏之旧都,而即天子之位。于是有夏之道复兴,诸侯都来朝觐。盖自太康以来,日就微灭,至此然后中兴也。少康在位二十年乃崩,子杼相继而立。夫太康荒于逸游,则虽承大禹帝启全盛之势,而亦至于失国。少康能布其德,则虽遭后羿寒浞篡灭之后,而亦得以复兴。然则盛衰之机,惟在人君之修德与否而已。

今评 张居正强调夏政的一失一复,一盛一衰,虽有各种机遇,但关键

卷之二 夏纪

是人君必须有德,才能掌握自己的命运。

帝杼　帝槐　帝芒

帝　泄

元年,既嗣立,是时六夷从服,始加爵命之制。帝泄在位凡十有七年而崩。子不降立,是为帝不降。

> 六夷:指东方的六种部落或民族。
> 爵命:爵,官位等级;命,帝王按等级给臣下的仪物和服装等。

张居正讲评　少康复国之后,传子帝杼,帝杼传帝槐,帝槐传帝芒,帝芒传帝泄。帝泄既继立,是时夏道中兴,六种之夷皆来从服。始加立百官爵命的制度,凡公卿大夫士之等级,皆因旧制而更定之。在位凡十有七年而崩,子不降继立,是为帝不降。

今评　帝泄开始制定了官爵等级和服饰的区别,这说明夏代社会已进入一个新阶段,有了明确的等级和阶级的区分。

帝不降　帝扃　帝廑

孔　甲

元年,既即位,好鬼神之事,不务修德,诸侯多叛。时天降乘龙,有雌雄,孔甲不能食,而未获豢龙氏。陶唐氏既衰,其后有刘累,学扰龙于豢龙氏,事孔甲,能饮食之,夏后嘉之,赐氏曰御龙,以更豕韦之后。龙一雌死,潜醢以食夏后,夏后飨之,既而使求之,累惧而迁于鲁县。在位三十二年崩,子皋立。

> 豢龙氏:指有饲养龙技术的氏族。传说虞舜时有董父,能畜龙,有功,舜赐之氏曰豢龙。
> 豕韦:上古部落名,彭姓。
> 醢:肉酱。
> 后:三代时天子、诸侯均可称"后"。
> 鲁县:汉时始置鲁阳县,在今河南省境内。

张居正讲评　自帝不降之后,传帝扃(jiōng)、帝廑(qín)、以至于帝孔甲。孔甲既即位,好鬼神祈祷之事,只去祀神求福,不务修其德政,所以诸侯多背叛之,不奉王命,而夏之德业遂衰。那时天降下四只龙来,二雌二雄,孔甲不知所以驯养之,又未得养龙之人。比先陶唐氏既衰,其后世有个子孙

孔甲　帝皋　帝发　履癸

叫做刘累，曾学养龙之术于豢龙氏，因孔甲要求养龙之人，遂以其术服事孔甲，能知龙之嗜好而与之饮食。久之，四龙都养得驯熟了，孔甲嘉美其能，赐以姓氏曰御龙，比古之豢龙氏焉。取已绝侯国豕韦之地封之，以代豕韦之后。其后有一只雌龙死，刘累不与孔甲说，私取其肉作醢，以进孔甲，孔甲不知而享受之，后又问刘累要那雌龙，刘累无可赔偿，恐怕得罪，遂逃移于鲁县地方。孔甲在位三十二年而崩，子皋继立。夫龙之为物，神变不测，非人之所能豢养。史臣传疑之言，恐不足信也。

今评 古人夏代政权到孔甲时已经腐朽，孔甲不理政事，专门崇信鬼神，追求一些稀奇古怪的事，导致诸侯背叛。

帝皋　帝发　履癸

卷之二 夏纪

桀(jié)：名履癸，暴虐无道，后被商汤所败，流放于南巢(今安徽巢县)而死。

妹(mò)喜：有施氏原为喜姓，故名妹喜，后与桀同被放逐而死。

倾宫瑶台：高大的宫殿和美玉砌成之台。

九夷：九种夷人。刘恕《通鉴外纪》卷二，"东夷有九种，曰畎夷、干夷、方夷、黄夷、白夷、赤夷、玄夷、风夷、阳夷。"

伊尹：名伊，尹是官名，一说名挚，古之贤臣。

三㚇(zōng)：其地在今山东定陶县境。

元年。自孔甲以来，诸侯多叛，桀尤为无道，暴戾顽狠，贪虐荒淫，残商百姓，天下颤怨而患之。桀有力，能申铁钩索，伐有施氏，有施人以妹喜女焉。喜有宠，所言皆从，为倾宫瑶台，殚百姓之财；肉山脯林，酒池可以运船，糟堤可以望十里，一鼓而牛饮者三千人，妹喜笑以为乐。殷汤修德，诸侯畏服，桀起九夷之师不至，伊尹佐汤帅师以伐桀，桀战不胜，奔于三㚇之国。汤又从而伐之，放于南巢而死。

张居正讲评 颤，是恐惧战动的模样。有施、三㚇，都是国名。殚，是尽。脯，是炙肉。南巢，是地名。夏自孔甲之后，传子帝皋，帝皋传帝发，帝发传履癸，是为桀。自孔甲以来，德政衰微，诸侯已多背叛。至于桀，尤为无道，其所为暴戾顽狠，贪虐荒淫，残害天下的百姓，天下百姓都颤兢怨愤，而忧其祸之将及己。盖不但诸侯背叛，而万民亦离心矣。桀有膂力，能伸直铁打的钩索。他恃其勇力，用兵征伐有施氏之国，有施氏进一美女，叫做妹喜，得免于祸。桀宠爱妹喜，但凡他的言语，无不听从，因要取他欢喜，遂造为倾宫瑶台，极其华丽，竭尽了百姓的财力。又将各样禽兽之肉，堆积如山，炙干为脯，悬挂如林，凿个大池注酒，池中可以行船，积下酒糟为堤，其高可望十里。招集人众来饮，约以鼓声为号，击鼓一通，齐到池边低头就饮，如牛饮水的一般。当时同饮者有三千多人，妹喜观之欢笑，以此为乐。是时殷成汤修德，诸侯畏服，桀忌汤强盛，起九夷之师以伐之，九夷都违命不至。汤有贤臣伊尹，见桀无道已极，天命人心已去，乃辅相成汤，帅师伐桀，为民除害。桀与汤战不胜，逃奔于三㚇之国，汤又从而伐

之，放于南巢地方，禁锢而死。夫桀之始祖大禹，卑宫室、恶衣服，竭力以劳万民，因饮酒而甘，遂疏造酒之仪狄，其仁爱勤俭、创业艰难如此。桀乃不念祖德，荒淫暴虐，举祖宗四百年之天下，一旦而覆亡之，岂不深可痛哉！

今评 夏桀是中国历史上第一个暴君。尽管当时社会生产力低下，国家还在初期阶段，夏桀的所作所为，已经表现了一个暴君所具有的特点。他自恃某些威势，肆无忌惮，酒色无度，最后被商汤灭掉。《汤誓》篇说："时日曷丧，予及汝偕亡。"可见夏桀的暴政已经达到使人民忍无可忍的地步。直解在本节之末追述夏禹"仁爱勤俭，创业艰难"，与桀之"不念祖德，荒淫暴虐"相对照，是张居正对于夏朝历史经验教训的总结。

商　纪

商是地名，以其始封于此，遂以为有天下之号。

成　汤

黄帝之后也，姓子氏。初帝喾次妃简狄，见玄鸟堕卵而吞之，遂生契。契事唐虞为司徒，教民有功，封于商，赐姓子氏。契生昭明，昭明生相土，相土生昌若，昌若生曹圉，曹圉生冥，冥生振，振生微，微生报丁，报丁生报乙，报乙生报丙，报丙生主壬，主壬生主癸，主癸生天乙，是为成汤。是时伊尹耕于有莘之野，汤使人以币聘之，因说汤以伐夏救民之事，汤进伊尹于桀，桀不能用，伊尹复归汤。

> 汤：商族的部落领袖，帝喾之后，其祖先契助禹治水有功，封于商，赐姓子氏。灭夏后建立商朝。故称商汤。谥曰成，亦称成汤。

成汤

【张居正讲评】 成汤，是商家创业之君。简狄，是妃名。玄鸟，是燕子，以其黑色，故称玄鸟。天乙，是成汤名。伊尹是臣名。有莘，是地名。史臣说，成汤是五帝时黄帝的后裔，姓子氏。起初黄帝之曾孙帝喾，有个次妃叫做简狄，偶见飞的燕子，坠下一个卵来，拾而吞之，遂感而怀妊。后乃生契，事唐尧虞舜二帝，为司徒之官，职专教民，教得百姓都相亲，五品都逊顺。帝舜美之，乃封之以商丘之地，而赐姓子氏。其后契生昭明，昭明生相土，相土生昌若，昌若生曹圉，曹圉生冥，冥生振，振生微，微生报丁，报丁生报乙，报乙生报丙，报丙生主壬，主壬生主癸，主癸生天乙，是为成汤。那时有个贤人叫做伊尹，乐尧舜之道，不肯出仕，隐于有莘地方，以耕田为业。汤闻其贤，三次使人以币帛为礼，征聘他。伊尹感汤诚意恳切，遂委质为臣。见夏桀无道，残害得百姓苦极了，因说汤以伐夏救民之事，汤不忍伐夏，乃进伊尹于桀，着劝他悔过迁善，桀乃执迷不悟，不用伊尹之言，于是伊尹复归而事汤。夫以伊尹之贤，使桀能用之，则化暴虐为宽仁，夏道可复兴也，乃不能用，而卒底灭亡。可见天下不患无贤，患有而人君不能用耳。桀不能用而亡，汤能用之而王，贤人之为国重轻也如是夫。

【今评】 本节叙述汤的家世与不凡的出身，而着意处在伊尹，强调了同样一个国家，用贤人则兴，不用贤人则亡。

桀杀直臣龙逄，众莫敢直言，汤使人哭之。桀怒，囚汤于夏台，已而得释。桀将亡，贤臣费昌归汤。汤出见人张网四面，而祝之曰："从天坠者，从地出者，从四方来者，皆罹吾网。"汤解其三面，止置一面，更祝曰："欲左者左，欲右者右，欲高者高，欲下者下，不用命者，乃入吾网。"汉南诸侯闻之，曰："汤德及禽兽。"归之者四十余国。

夏台：夏代的监狱。其地在阳翟地方。今河南禹县，本为夏都。
汉南：指汉水以南。

【张居正讲评】 龙逄，是臣名，姓关。夏桀无道，不受忠言，当时有个贤臣叫做关龙逄，直言谏诤，桀怒而诛之，由是举朝再无一人敢言其过者。是时殷成汤为诸侯，悲龙逄以忠谏受祸，使人吊而哭之。桀闻之大怒，遂将成汤拘囚于夏台之狱中，良久乃得释放。是时两日斗、众星陨、伊洛竭、泰山崩，桀有贤臣名费昌者，知夏之必亡，汤之必兴，遂去桀而归汤。汤一日出行于野，见有人四面张着罗网，打取禽兽，口里又祷祝说："凡一切禽兽，上而从天上坠者，下而从地上出者，中而从东西南北四方来者，愿都入吾网中。"汤闻其言心中不忍，说道鸟兽虽微，也是生命，奈何一网都要打尽，残害不仁如此。乃使人将那网解去三面，止存一面，又替他更祝说："凡禽兽之欲左者左，欲右者右，欲高者高，欲下者下，任从你飞走自在，各遂其生，止是舍命不顾的，乃入吾网中。"夫汤之不忍于害物如此，则其不忍于害民可知。所以，那时汉南地方的诸侯闻汤这件事，都称颂说："汤好生之德，可谓至矣。虽禽兽且被其泽，而况于人乎。"自是归顺者，四十余国。

今评 一暴一仁，便决定了夏朝的灭亡和商朝的兴起。

桀无道，暴戾残虐万姓，伊尹相汤伐桀，费昌为御，与桀战于鸣条，桀师败绩，汤遂放桀于南巢。诸侯大会，汤退而就诸侯之位，曰："天子唯有道者可以处之，可以治之。"三让，诸侯皆推汤，于是即天子之位，都于亳。

> 鸣条：在今山西夏县（古安邑）西北。
> 亳：在今河南商丘县北。明代为归德府治所属。

张居正讲评 夏桀无道，所行暴戾，残害万姓，伊尹见得民不堪命，乃相汤帅师伐桀，以除暴救民，那时夏有贤臣费昌，奔归于汤，汤就用他为戎车之御，与桀战于鸣条之野。桀众离心，其兵大败，奔于南巢，汤遂因而放之。当时诸侯因汤此举顺天应人，都来会集，要尊汤为天子，汤不肯当，仍退就诸侯之位，说道："我之伐桀，本为百姓除害而已，若是天子之尊，惟有道德者，才可以居其位而行其治，非我所能堪也。"如此让于众诸侯者凡三次，诸侯以有道者莫过于汤，天子之位非汤莫能居，都一心推戴汤为君，不肯听其让。汤既累辞不得，然后即天子之位，定都于亳，即今河南归德府地方。

今评 汤伐桀，按照传统的观点，是以有道伐无道。汤代桀的重大意义在于树立了"革命"的意识。

元年。汤既即位，反夏桀之事，以宽治民。除其邪虐，顺民所喜，远近归之。乃改正朔，自夏之前，皆是建寅之月为正月，汤既革夏命，乃以建丑之月为正月，色尚白，牲用白，以白为徽号，服冔冠而缟衣。

> 改正朔：即改历法。

张居正讲评 正月，是岁首之月，至秦始皇名政，始避讳读做正（zhēng）字，自秦以前原读做正（zhèng）字。建丑之月即如今的十二月，这月初昏戌时，北斗柄指着丑方，故说建丑之月。至次月斗柄指着寅方，是建寅之月。冔冠，是成汤制造的冠名。成汤之元年，既即天子之位，悉反夏桀所行之事，以宽仁治百姓，除去夏桀的邪僻暴虐，凡民之所喜者，如轻徭役、薄税敛等事，汤皆从而顺之，远近之民，莫不归戴他，无复有思夏者。成汤于是乃改夏之正朔，自夏以前，皆以建寅之月为岁首之正月。汤既革除了夏命，乃以建丑之月为正月，其所用的颜色，以白为尚。凡祭郊庙之牺牲，都用白的，凡旗帜车服之类，一切皆以白为号。其服饰则戴冔冠，而衣缟白之衣。盖皆以白为贵也。

今评 汤武革命，这是我国最早发生的革命，所谓革命，就是革除王命。紧接着则是改正朔，易服色，用此以作为区别与旧王朝的不同。从此，"改正朔"成为历史上改朝换代的标志，而奉用某王朝的"正朔"，则表示对该王朝的臣服。

成汤

初置二相,以伊尹、仲虺为之。

张居正讲评 成汤既为天子,初设置两个辅相之臣,以伊尹为右相,仲虺为左相。盖宰相上辅君德,下统百官,其职甚重,而当时人才,莫贤于二臣,故举而任之。

今评 左右宰相之设由此始。张居正特别指出"其职甚重",当是有为而发,圣君贤相是历代文人的理想政治。

> **斋戒**:古人在祭祀前沐浴更衣,不饮酒,不吃荤,不与妻妾同寝,整洁身心,以示谦诚。
> **女谒**:通过宫廷嬖宠的女子进行干求请托。
> **庄山**:在四川荣经县北,其地产铜可铸钱。

大旱七年,太史占之曰:"当以人祷。"汤曰:"吾所为请雨者,民也,若以人祷,吾请自当。"遂斋戒、剪发、断爪、素车白马、身婴白茅,以身为牺,祷于桑林之野。祝曰:"无以余一人之不敏,伤民之命。"以六事自责曰:"政不节欤?民失职欤?宫室崇欤?女谒盛欤?苞苴行欤?谗夫昌欤?"言未已,大雨方数千里。又以庄山之金铸币,救民之命,作乐曰《大濩》。

张居正讲评 太史,是占候天文的官。苞苴,古人以果谷等物相送,必用草包裹着,或用草承着,叫做苞苴。成汤之时,曾七年少雨,天下大旱。太史奏说:"天灾流行,气运厄数,须是杀个人祈祷,乃可得雨。"成汤说:"我所以求雨者,正为救济生民也,又岂忍杀人以为祷乎?若必要人祷,宁可我自当之。"遂斋戒身心,剪去头发,断了指爪,只乘素车白马,身上披着白茅草,就如祭祀的牺牲模样,出祷于桑林之野,祝天说道:"我不能事天,以致天怒,其不敏甚矣。但天只当降罚我身,无以我一人不敏之故,降此灾异,以伤害万民之命。"乃以六件事自责说道:"天变不虚生,必我有以致之,或者是我政令之出,不能中节欤?或使民无道,失其职业欤?或所居的宫室,过于崇高欤?或宫闱中妇女过于繁盛欤?或苞苴之贿赂,得行其营求欤?或造言生事的谗人,昌炽而害政欤?有一于此,愿以身自当其罚。"成汤当时为此言,一念至诚,感动上天,说犹未了,大雨即降,四方数千里,处处沾足,感应之速,至于如此。当那大旱时,万民穷困,无可赈济,成汤又发庄山所生之金,铸造钱币,给与民间行使,以救民之命。因此虽有七年之旱,而民不甚病,到后来雨降年丰,天下欢乐,成汤遂作一代之乐,名叫《大濩》,以其能救护万民,使之复得其所也。即此观之,可见水旱灾异,虽盛世亦不能无,但为君者须当遇灾知惧,既诚心以责己,又设法以救民,才可转灾为祥,转危为安,如成汤之事是也。使忽天变而不畏,视民穷而不恤,则未有能免于祸乱者矣。

今评 汤为救大旱,把自己当作牺牲,结果至诚格天。讲评强调一个"诚"字,末句是画龙点睛之句。

在位十三年崩,寿一百岁。太子太丁早卒,汤崩,次子外丙二年,仲壬四年,太丁之子太甲立。

> 【张居正讲评】成汤在位,凡十三年而崩,寿一百岁。太子名叫太丁,先已早丧。至汤崩之后,次子外丙立二年而崩,又次子仲壬立四年而崩。于是太丁之子太甲,以嫡孙继立,遂为商之贤君,而享国长久焉。

> 【今评】据近人研究,商代行兄终弟及的继承制度,故汤死后,太子早死,便由他的弟外丙、仲壬相继为王。

太 甲

元年,既即位,不明厥德,颠覆汤之典刑,伊尹放之于桐宫,乃自摄政当国,以朝诸侯。太甲居桐三年,自怨自艾,处仁迁义。伊尹乃以冕服奉太甲复归于亳。太甲增加修德,诸侯咸归,保惠庶民,不敢侮鳏寡,号为太宗。在位三十三年崩,子沃丁立。

> 桐宫:相传为商汤墓地。故地在今河北临漳县。一说在河南偃师县东。
>
> 冕服:古代统治者的礼服,举行吉礼时用。

> 【张居正讲评】颠,是颠倒。覆,是倾坏。典,是常。刑,是法。创业之君,立下一代的法度,传之子孙,可常行而不变,所以叫做典刑。桐宫是地名,汤墓所在。摄是权摄其事而兼总之也。艾是艾草,人之改过自新者,与剪草除根者相似,故以自治为艾。鳏,是年老无妻的,寡,是年老无夫的。成汤之孙太甲,既即天子之位,不能修明君德,把成汤立下的规矩法度,都颠覆坏乱了。伊尹原是成汤佐命之臣,见太甲所为违背祖训,恐至于亡国,则已不得辞其责也。于是自亳放太甲于桐宫,使其居守成汤的陵墓或生悔心,且以见今日之放亦以奉成汤之意耳。伊尹乃权管着国事,以朝诸侯,欲待太甲之改过,而后以国政返之。太甲在桐住了三年,果知怨悔前日的不是,痛加省改,去其不仁者而处于仁,去其不义者而徙于义,可以为天下君矣。伊尹于是奉天子的冠冕朝服,往桐宫迎太甲来,还居亳都,仍做天子。太甲复位之后,增修仁义,整顿典刑,诸侯之叛者复归。而又施恩德,以保爱百姓,其间有鳏寡可怜者,更加存恤,不肯凌侮,自是商道复兴,称太甲为太宗。太甲在位三十三年崩,子沃丁立,夫太甲始而失德,几于败亡,既而改图,犹为令主,可见无过维圣,而改过则贤,善始非难,而克终为贵也。

> 【今评】伊尹放太甲,这是殷代历史上一件大事,在讲评中强调太甲的改过从善,由颠覆典刑,到整顿典刑,这是关键之笔。

卷之二 商纪

沃丁　太庚　小甲　雍己　大戊

沃　丁

咎(gāo)单：汤时贤臣，曾任司空，曾作《明居》篇，已佚。又作《沃丁》，以示训戒。

元年。沃丁嗣位，委任贤臣咎单，咎单一顺伊尹所行之事。在位二十九年而崩，弟太庚立。

【张居正讲评】沃丁嗣位之初，能委任贤臣咎单，凡国家的政事，都付托与他。咎单承沃丁之委任，凡事不执己见，取先朝贤相伊尹所行的事迹，件件都依着他的行。计沃丁在位凡二十九年而崩，后传之太庚。

【今评】沃丁是一个平常君主，但他能任用贤臣，还是得以平安渡过二十九年。

太庚　小甲　雍己

大　戊

祥桑榖：怪异的桑树和楮树。祥，妖怪、变异，有时可视作"福"。榖：楮树。

巫咸：事大戊之大臣，相传他发明了鼓，是用筮占卜的创造者。

元年，亳有祥桑榖共生于朝，七日大拱。大戊问于伊陟，伊陟曰：妖不胜德，君之政其有阙欤？大戊于是修先王之政，明养老之礼，早朝晏退，问疾吊丧，三日而祥桑枯死。三年，远方重译而至者七十六国。有贤臣巫咸、臣扈等，共辅佐之，商道复兴，号称中宗。在位七十五年崩。子仲丁立。

【张居正讲评】大戊即位之初，亳都忽然有一物异。桑榖两木，共生于朝堂之中，生了七日，即长得大如合抱。大戊见之而惧，问于宰相伊陟，伊陟对说："此木妖也，惟修德可以胜之，妖必不能胜德，虽然变不虚生，惟人所召，意者吾君之政事其有阙失未修者欤？"大戊从伊陟之言，于是修举先王成汤之政，讲明国家养老之礼，早朝晚罢，厉精图治，问疾吊丧，通达民情，及至三日，而祥桑遂枯死。此妖不胜德之明验也。前此雍己之世，诸侯有不至者，及大戊修德二年，远方蛮夷，皆来贡献，经过几处的通事译审，才得达于中国者计有七十六国。时又有贤臣叫做巫咸及臣扈等，共辅佐之。前此商道寖(jìn)衰，至此又复中兴。然大戊严恭寅畏，不敢荒宁，是有德之君，故商人宗之，庙号中宗。计在位七十五年而崩，后传之子是为仲丁。夫野木生于朝堂本社稷丘墟之象，故大戊见之而惧，然一闻伊陟之言，反身修德而妖怪自灭，西夷来宾。可见人君遇有

灾变之事，不必徒为忧惧，但能省躬修德，尽人事以应之，自可转灾为祥，化凶为吉，乃理之必然者也。

今评 祥即不祥，不祥又可变为祥（福）。张居正把这段大戊修德兴国，化祥为福的政治佳话，选给小皇帝阅读，真谓用心良苦。

仲丁　外壬　河亶甲　祖乙　祖辛
沃甲　祖丁　南庚　阳甲

盘　庚

元年。时商道寖衰，耿都又有河决之患。乃自耿都迁于亳，臣民皆安土重迁，盘庚作书以告谕臣民，遂迁于亳，从汤所都。盘庚行汤之政，商道复兴，诸侯来朝，在位二十九年而崩，弟小辛立。

耿都：一说山东定陶，一说河南温县东。

亳：指盘庚迁殷之亳，亦称殷，在今河南安阳。一说为河南偃师。

张居正讲评 大戊之后，传子仲丁，仲丁传外壬，外壬传河亶甲，河亶甲传祖乙，祖乙传祖辛，祖辛传沃甲，沃甲传祖丁，祖丁传南庚，南庚传阳甲，阳甲传盘庚。商自仲丁以来，继嗣不定，子弟争立，乱者九世，至盘庚继立之时，商道已渐衰了。商之初兴本建都于亳，至仲丁始迁于嚣，嚣有河决之患，河亶甲又迁于相。相又有河决之害，祖乙又迁于耿。至盘庚时，耿都又有河决之害，盘庚以累世迁都地皆近河，故常遭水患，不若亳都去河为远，又是先王创业根本之地，乃欲自耿迁都于亳。那时群臣庶民，居耿已久，又贪这河滨之地，土沃物饶，都恋着旧土不乐迁移。盘庚不忍臣民之昏愚陷溺，乃作书以告谕臣民，将迁都之利不迁都之害，反覆辩论极其恳至，即今《书经》上所载《盘庚》三篇便是。于是臣民渐渐晓悟，竟听盘庚之命，遂迁于亳，以从成汤之旧都，自此子孙相继，二百余年，无复水患，盘庚之功也。然盘庚不但居成汤之旧都，又能行成汤之旧政，举九世衰乱之政，一切更张之，以复于古。于商道重兴，诸侯来朝，在位凡二十九年而崩，弟小辛继立。

今评 自此商代再没有迁都，直到商纣之亡。盘庚迁殷之后，商朝国势上升，到武丁继位时，经济和文化达到了鼎盛阶段。

小 辛
小 乙

小乙：据《史记·殷本纪》："帝盘庚崩,弟小辛立。……帝小辛崩,弟小乙立,是为帝小乙。帝小乙崩,子武丁立。"

元年。小乙自为太子时,备知民事艰难,时又不竞,享国在位二十八年而崩。小乙崩,子武丁立。

张居正讲评 竞,是强盛。盘庚传小辛,小辛传小乙。小乙自为太子时,曾出居民间,备知小民生事之艰难。所以他为君,亦能怜恤小民,只是承小辛中衰之后,无扶衰拨乱之才,当时商道又不竞,享国在位二十八年而崩,子武丁继立。

今评 小乙本是一个平庸君主,又遇到不好的形势,也就很难有什么作为了。

武 丁

武丁：商代第二十三代君主。少年时曾生活在民间,重用傅说、甘盘为大臣,先后对北方的舌方、土方、鬼方,西方的羌,东方的夷,南方的虎方用兵,对羌用兵一次出兵一万三千人至三万人,在位五十九年。

元年,武丁嗣立,恭默思道。小乙崩,武丁居丧三年不言。既免丧,亦不言,梦上帝赉以良弼,乃使人以形旁求于天下,得傅说于版筑之间,命以为相,进谏论列天下之事,君臣道合,政事修举。

张居正讲评 版筑,凡筑墙之法,必用版夹在两边,乃填土中间,舂之,叫做版筑。武丁既继立,有志中兴之业,恭敬沉默,想那治天下的道理,居小乙之丧,三年并不出一言语号令,既除了丧还不肯言,惟恭默思道而已。他至诚感动天地,忽然梦见上帝赐他一个好辅弼大臣,醒来惊异,就想那梦中所见的形象,使人描绘出来,把这画图广求于天下。到傅岩地方,有个人叫做傅说,正在那里舂土筑墙,其容貌宛然与画图相似,武丁聘他来见,果然是个贤人,就命他做宰相。傅说既作相,因进谏武丁,条陈天下之事,如宪天、法祖、从谏、典学等事,一一切于治道,详见《书经》上《说命》三篇。君臣之间,志同道合,朝廷政事无不修举,而商道复中兴焉。看这武丁得傅说事甚奇。盖天生一代之圣君,必与之以一代之贤佐,朋良相逢,其机不偶,况武丁求贤图治之心,如彼其切,精神所通,天实鉴之,则良弼之赉,形诸梦寐,亦不足怪也。

【今评】 傅说起自版筑之间,是同类故事中最为著名的一则,名扬千古。

武丁祭成汤,有飞雉升鼎耳而雊,祖己训诸王。武丁内反诸己,以思王道。三年,蛮夷编发重译来朝者六国,自是章服多用翟羽。鬼方无道,武丁伐而三年克之,殷道复兴,号为高宗,在位五十九年而崩,子祖庚立。

> 编发:把头发结成辫。当时南方少数民族多有此俗。
>
> 鬼方:古代少数民族名称,一说为西北部族名。又说在南方或北方。

【张居正讲评】 雉,是野鸡。雊,是鸣。翟羽即是雉羽。鬼方,是南夷国名,其俗多巫祝信鬼神,故叫做鬼方。武丁祭于成汤之庙,忽有飞雉升于鼎耳,其兆不祥。盖黩于祭祀,故有此异也。于是臣祖己乃作书训王说道:"王之所职在于之民,不可但谄渎鬼神以徼福庇。"即《书经》上《高宗肜日》篇是也。武丁感此物异,深纳祖己之训,乃反己自责,侧身修行,以思先王之道。旧史记其有兴灭国、继绝世、举逸民、明养老之礼等事。如此者三年,不但中国治安,当时远方蛮夷编发之国,言语与中国不通,须经过几番通事译审然后得达者也都慕义来朝,凡有六国。自是,朝廷的章服多用雉羽为饰,盖因见飞雉之异而反身修德以致太平也。惟鬼方之国,恃其险阻扰害中国,武丁用兵征伐三年乃克之。从此内外无患,殷道衰而复兴,号称高宗,为殷家一代之贤君,在位五十九年而崩,子祖庚继立。

【今评】 武丁法先王、重修行而致"中兴",这样的记载,应该让小皇帝多读读才好。

祖庚　祖甲　廪辛　庚丁

武　乙

元年,时东夷寖盛,分迁海岱,武乙无道,为偶人谓之天神,与博不胜而僇之。为革囊盛血,仰射之谓之射天。在位五年,猎于河渭之间,暴雷震死,子太丁立。

> 海岱:指东海与泰山之间地方。《禹贡》九州之中的青、徐二州。

【张居正讲评】 博,是局戏。商自武丁中兴之后,历祖庚至武乙,俱不修德政,商道寖衰。武乙之时,东方诸夷渐加繁盛,分迁散处于海岱之地,武乙当此夷狄强盛之时,不知自强修德,却乃放纵无道,把木雕成人形,叫做天神,与之对局而博,使人代为行筹,若是偶人输了,就将他斫碎,恰似杀戮那天神的一般。又将皮革为囊,里面盛着生血,高悬于空中,仰而射之,叫

做射天。其慢神亵天如此。在位五年，出猎于河渭之间，着暴雷霹死，天之降罚亦甚明矣。

今评 古人认为贤君必须敬天、爱民，武乙可谓"反其道而行之"，故其败也速。

太丁　帝乙

帝　纣

帝纣：即殷纣，名辛，亦名受。死后谥曰纣。谥法：残义捐善曰纣。被周武王所灭，兵败自焚而死。

张居正讲评　纣，是帝乙之少子，其母帝乙之嫡后也，有贤德。帝乙生三子，长曰微子启，次曰仲衍，次曰纣。后以微子贤，欲舍己子而立之，大臣咸谏以为立子以嫡乃理之常，故帝乙遂以纣为嗣。

今评 我国古代帝王继承制度是传子不传贤，在传子时则是立嫡不立庶。暴虐无道的纣由此继承了王位。

手格禽兽：格，格斗。
《帝王世纪》："帝纣能倒曳九牛，抚梁易柱。"

元年。纣资辩捷疾，闻见甚敏，材力过人，手格禽兽，智足以拒谏，言足以饰非，以为天下皆出己之下。

张居正讲评　纣为人资质明辩，行事捷疾，但闻着见着的就晓得，甚是明敏，其材能气力过于常人，能亲手捉获禽兽。其智足以拒人之谏，使不敢言，其言足以饰己之非，不见有过。恃其强辩小智，看着天下的人，都不如他，以为出己之下。观此一段，则纣本是强敏有才之人，使能勉于为善，岂不足为有道之主。奈何不善用其材智，而用之以拒谏饰非，究其病根，全在以天下皆出己下。夫以尧舜之圣，天下岂有能过之者，尚且每事咨询，未尝自用，又孳孳求谏，惟恐有差，故能成其盛治。纣小有材智，遂以为天下皆不如己，所以做出许多不好的事来，以至亡国，皆此一念自满之心所致也。故仲虺之告成汤，有曰："志自满，九族乃离。"又曰："能自得师者王，谓人莫己若者亡。"真至言也。

今评 纵观历史上的暴君，大多小有才智，或略有一技之长，便认为天下人都不如自己，为所欲为，拒谏饰非。借助于自己手中的权力，草菅人命，荒淫无度，最后导致国家的灭亡，或身首异处，还不觉悟，甚至于认为这是天亡他，非己之罪。商纣如此，秦始皇如此，隋炀帝也是如此。"以为天下人皆出己下"，是他们思想上的病根。这是张居正选给小皇帝的最大反面教材。

始为象箸。箕子叹曰:"彼为象箸,必不盛以土簋,将作犀玉之杯;玉杯象箸,必不羹菽藿、衣短褐而舍于茅茨之下,则锦衣九重,高台广室,称此以求天下不足矣。远方珍怪之物,舆马宫室之渐,自此而始,故吾畏其卒也。"是时有苏氏以妲己女焉,妲己有宠,其言是从,所好者贵之,所憎者诛之。

箕子:纣的叔父,官太师,封于箕(今山西太谷东北)。曾劝谏纣,纣把他囚禁,武王灭商后封于朝鲜。
有苏氏:己姓,故地在今河南武陟县。

【张居正讲评】箕子,是纣之贤臣。象箸是象牙箸。簋(guǐ)是盛黍稷的器,犀是犀角,菽是大豆,藿是豆叶。短字当作裋(shù)字,裋褐是毛布的衣服。茅茨是编茅草盖房。卒字解做终字。有苏氏是国名。纣初用象牙做箸子,其贤臣箕子闻之叹说:"物之可好无穷,而人之侈心无节,其源一开,末流无所不至。手里既持着象牙的箸子,岂肯用泥土烧造的簠(fǔ)簋去盛饭?其势必至于用犀角玉石的杯碗,方才与象箸相称。既用玉杯象箸,又岂肯食菽藿之羹,衣毛布之服,而住于茅茨小屋之下?其势必至于以锦绣为衣,九重为宫,筑高台,起大屋,方才与箸杯相称。件件都要华美,事事都要相称,则用度日侈,而其欲无厌,虽尽天下之财,不足以供其费矣。他日征求远方珍怪之物,修治车马宫室之渐,都自此箸而始,故我深虑其所终耳。"夫一箸之侈似不足惜,而箕子辄见始知终,形之忧叹如此。其后,纣果作瑶台琼室、酒池肉林,竭万民的财力。可见人君当崇尚俭德,事事朴素,不可少萌侈心以启无穷之害也。此时纣欲伐有苏氏之国,有苏氏恐惧,乃求一美女名叫妲己,进之于纣,纣甚宠爱,他但有言语,无不听从。所喜好的人,纣便为他贵显之,不问有功;所憎恶的人,纣便为他诛杀之,不问有罪;刑政紊乱,人心怨愤,而商家之亡自是益决矣。其后周武王伐纣数其罪曰:"今商王受,惟妇人之言是用。"又曰:"作奇技淫巧以悦妇人。"盖纣之背常逆理,罪状固多,而其荒淫昏乱之由,只为惑于妲己所致,女宠之亡人国如此,可不戒哉!

【今评】一个君主,由于他掌握着国家的最高权力,不受制约,容易犯两个错误:一是追求物质上的奢侈,一是追求女色。箕子可谓见微知著。张居正亦着重讲防微杜渐,慎始克终。

使师延作朝歌北鄙之音,《北里》之舞,靡靡之乐。

朝歌:殷纣的都城,武乙时所建。故址在今河南淇县。

【张居正讲评】师,是乐官,延是乐官之名。朝歌是地名。北鄙,是北方边鄙天地之气。南主生育,北主肃杀,故北鄙之音,乃杀伐之音也。《北里》是乐舞名。靡靡,是淫侈颓靡的意思。纣好荒淫,不喜闻其祖成汤《大濩》之乐,而使师延作为朝歌北鄙之音,《北里》之舞,靡靡之乐。夫乐以养性情,好淫乐者,其性情未有不荒而施之政事,亦鲜有不乱者。所以说亡国之声淫。

今评 靡靡之乐助长颓废淫荡的倾向,是亡国之音,应该以之为戒。

鹿台:古台名。殷纣所筑,故址在今河南汤阴朝歌镇南。
钜桥:商代粮仓所在地。在今河北曲周县东北。
沙丘:在今河北广宗县境。纣在此筑苑台。
什一取民:以十分之一的比例征税。

造鹿台,为琼室玉门,其大三里,高千尺,七年乃成。厚赋税以实鹿台之财,盈钜桥之粟,燎焚天下之财,罢(pí)苦万民之力。收狗马奇物,充牣宫室,以人食兽;广沙丘苑台,以酒为池,悬肉为林,男女裸相逐于其间;宫中九市,为长夜之饮。百姓怨望。

张居正讲评 纣又起造鹿台,以琼为室,以玉为门,其大三里,其高千尺,造了七年,方才成就。其营建之侈如此。什一取民,商之定制,纣却横征暴敛,厚取民间的赋税,积财货充于鹿台,积米粟满于钜桥。人情莫不欲富,而纣则糜费天下之财,如火燎焚,悉为灰烬,人情莫不欲安,而纣则疲苦万民之力,终岁勤动,不得休息,其征役无轻如此。又收畜狗马奇异之物,充满宫室,甚至以人为猛兽之食,盖不但竭民财力,而且视人命如草芥矣。鹿台虽已壮丽,纣还以为未足也,又充广沙丘苑台,聚乐大戏,注酒为池,悬肉为林,令男女裸体相逐于其间,观以为乐。宫禁本清肃之地,却开设九市交易,与外面市廛一般,饮酒以百二十日为一夜,称为长夜之饮,其荒淫无度如此。自是百姓困苦,嗷嗷怨望,有去暴归仁之念矣。孟子说:"乐民之乐者,民亦乐其乐。"纣只要适一己之快乐,不顾百姓之怨咨,终至众叛亲离,国亡身丧,虽有台池鸟兽,岂能独乐哉。此万世所当鉴戒也。

今评 张居正的评述,通篇贯彻《孟子》与民同乐的思想。

诸侯有叛者,妲己以为罚轻诛薄,威不立。于是重为刑辟,为熨斗,以火烧燃,使人举之手烂;更为铜柱,以膏涂之,加于炭火之上,使有罪缘之。纣与妲己以为大乐,名曰炮烙之刑。

张居正讲评 纣既无道,天下离心,当时诸侯多有背叛不臣者,妲己说道:这诸侯们离叛,皆因朝廷的刑罚太轻,诛杀太薄,威严不立,所以人不惧怕。纣从妲己之言,因而为严刑峻罚,把铜铁铸成熨斗,用火烧热了,使人将手举起来,人手登时烧烂。又铸铜为柱,以脂油涂抹之,加于炭火之上,使有罪的人在上边行,铜柱既滑又热,如何行得,就都堕在火里烧死。时纣与妲己观看,见人手烂与烧死的,以为大乐,这个叫做炮烙之刑。尝观虞舜惟刑之恤,大禹下车泣罪,古之帝王,惟务修德,不务立威者,所以体天地生物之心,而立生民之命也。纣乃听妲己之言,肆炮烙之虐,反以为乐,残忍甚矣。厥后身衣宝衣,自焚而

死。天道好还，岂不昭然哉。

今评 民不畏死，奈何以死惧之。

卷之三

周 纪

文王　武王

周是国号。

周至武王始受命为天子，然其创造王业，实由于文王，故并记之。

> 周：据《史记正义》，因其祖太王所居周原，故号曰周。周原故地在今陕西凤翔县境，旧属岐山县。

其先祖后稷，名弃，其母有邰氏女，曰姜原。姜原为帝喾元妃，出野见巨人迹，心欣然悦而践之，践之而身动如孕者，居期而生子，以为不祥，弃之隘巷，马牛过者皆避不践，徙置之林中，适会山林多人，迁之。又弃之渠中冰上，飞鸟以翼覆之。姜原以为神，遂收养长之。初欲弃之，因名曰弃。弃为儿时，屹如巨人之志。其游戏，好种树麻菽。及为成人，遂好耕农，相地之宜，宜谷者稼穑焉，民皆则之。帝尧闻之，举为农师，天下得其利，有功，封于邰，号曰后稷，别姓姬氏。后稷卒，子不窋立，不窋卒，子鞠立，鞠卒，子公刘立。

> 有邰氏：古国名，炎帝的后裔，姜姓。故地在今陕西武功县西南。周后稷母曰姜原，姓姜，名原。

【张居正讲评】 史臣叙说，周之始祖，即尧时后稷之官，名弃者也。他的母，是有邰国君的女，姓姜，名原，为帝喾高辛氏第一妃。一日因跟随帝喾出去祭祀郊禖之神，以祈子嗣。忽见路上有个大人的足迹，心里欣然喜悦，以足践踏之，遂觉身上感动，如怀孕然。满足十月之期，忽生一子。不由男女配合，履迹而生，乃天所赐也。姜原不知，反以为不祥，不肯乳养他。丢弃之于狭隘路口，那牛马走来过去的，都回避不敢践踏；又移而弃之于山林无人之处，适会有许多人入山伐木，看见了移将出来；又举而弃之于沟渠之中，寒冰之上，那飞的鸟雀，都下来把羽翼蔽护他。姜原惊异，以为神灵，乃取回乳养，长大成人。因其初

欲弃之，就取名叫做弃。弃为小儿时，已屹然有大人的志气，寻常戏耍，只好种植麻子菽豆，可见是出于天性。及长而成人，遂好耕田务农，视地土高下所宜，辨五谷种类，凡地之宜谷处，便去稼穑种植，种的五谷茂盛，收获得多，百姓们都以为法。当尧之时，洪水为灾，黎民阻饥。尧闻他善于耕稼，乃举为农师，着他教百姓们稼穑，天下都得其利。尧以其有功，封之于邰，使即其母家而居之，号曰后稷。后稷虽是帝喾之后，却因生赐姓，别为姬氏。后稷卒，子不窋立。不窋末年，夏后氏政衰，不务民事，不窋失其官，窜居戎狄之间。传子鞠，至孙公刘，而旧业复振焉。周自后稷以来，历唐虞夏商，为诸侯者千余年，至于文、武有天下，子孙为天子者八百余年，享国最为长久。乃其创造基业，实起于稼穑。到后来他家子孙，虽富有天下，犹惓惓以此为念。观《七月》之诗，与《无逸》之书，都是说稼穑艰难的事。所以国祚绵远，天命悠长。可见农事为王业所基，而有天下者，当时时以祖宗创业之艰难为念可也。

今评 周族以重视农业而发展起来，后建立王朝，也是以农立国；基础牢固，所以历时最久，它开创了我国古代社会的主流形态，影响极为深远。

　　公刘虽在戎狄之间，复修后稷之业，百姓怀之，多徙而保焉。周道之兴，实自此始。公刘卒，子庆节立，国于豳。庆节卒，子皇仆立。皇仆卒，子差弗立。差弗卒，子毁隃立。毁隃卒，子公非立。公非卒，子高圉立。高圉卒，子亚圉立。亚圉卒，子公叔祖立。公叔祖卒，子古公亶父立。古公亶父复修后稷公刘之业，积德行义，国人皆戴之。薰鬻戎狄攻之，古公遂去豳，渡漆沮，逾梁山，止于岐山之下，豳人举国扶老携弱，尽归古公于岐下。及他旁国，闻古公贤，亦多归之。

豳(bīn)：同邠，今改为彬，陕西彬县。

漆沮：漆水和沮水。按漆水和沮水在陕西彬县之东二百里。

梁山：在今陕西乾县之北。

张居正讲评 豳，是地名，在今陕西西安府邠州。薰鬻，是古北狄名。漆是漆水，沮是沮水，都在西安府。梁山在西安府乾州。岐山在今陕西凤翔府岐山县。周自后稷以来，世为农官，至于公刘，虽承其祖不窋失官之后，窜居戎狄，然能守其旧职，复修后稷耕种之业，以教百姓。百姓感怀其德，多迁徙而往归，以相保守焉。后来周道之兴，实自公刘得民为始。公刘卒，子庆节立，迁国于豳地。庆节卒，子皇仆立。皇仆卒，子差弗立。差弗卒，子毁隃立。毁隃卒，子公非立。公非卒，子高圉立。高圉卒，子亚圉立。亚圉卒，子公叔祖立。公叔祖卒，子古公亶父立。古公亶父复修其先世后稷、公刘之业，积累其德，力行仁义，国人皆爱戴他。薰鬻戎狄，恃强来侵伐，古公亶父国小力弱，势不能敌，遂去豳，渡漆沮二水，逾过梁山，住止于岐山之下。豳人见古公之去，不忍相离，举一国之众，都扶着那衰老的，携着那幼弱的，尽归古公于岐山下。不但豳人来归，其他旁国闻知古公之贤，亦多有归之者。夫公刘、古公在戎狄之间，当播迁之际,势甚微弱,乃能得民以基,有周之业如此。则民心之归,惟在有德,而大小强弱所不论也。

今评 古公亶父是周人又一创业先祖,故详记其事,讲评末句是本节主旨。

> 荆蛮:古代南方楚地。秦灭楚后改称荆,以避庄襄王子楚之讳。蛮,北方对南方荒远地方之蔑称。太伯,仲雍后建立吴国。
> 文身断发:在身上刺以花纹,截短头发。原是吴越地方的风俗。据传,常在水中,断发文身好像龙的儿子,不受伤害。

古公有长子曰太伯,次曰虞仲,其妃太姜生少子季历,季历娶太任,皆贤妇人。太任生子昌,有圣瑞。太伯、虞仲知古公欲立季历以传昌,二人乃亡如荆蛮,文身断发,以让季历。古公卒,季历立,是为王季,修古公遗道,笃于仁义,诸侯顺之。王季卒,子昌立,是为西伯,即文王也。

张居正讲评 如字解做往字。文身,是刺其身为文理,而以青涂之,盖古时水国之俗如此。周古公亶父之妃太姜,生三子,长的是太伯,其次是虞仲,少的是季历。季历娶太任,这太姜、太任都有贤德。太任生子名昌,当[生]昌之时,有赤雀衔丹书入社,此圣王之祥瑞,可以卜周道之将昌也。太伯、虞仲知道古公的意思,欲立季历而因以传昌,他两人顺亲之意,遂逃避在荆蛮地方,文身截发,毁形自废,让与季历。及古公没,季历辞免不得,遂立为君,称为王季。王季修明古公遗下的法治,笃行仁义,四方诸侯皆顺从之。既卒,而子昌立,是为西伯,即文王也。周家八百年王业,自文王始。则夫太伯虞仲之让,王季之受,皆天意也,其孰能违之。

今评 太伯、虞仲让贤的做法,从"传贤"角度看是一种美德,从"传子传嫡"来看是一种反动。有人因此认为僻处西方的周族,在社会文化上落后于中原诸族。

> 孤竹:故址在今河北卢龙县南二十里。姓墨胎氏。
> 太颠:亦作泰颠,周初功臣,曾佐周武王姬发灭商,与闳夭、散宜生为"十乱"之一,即十个平定乱世的人。

文王既立,伯夷、叔齐,孤竹君之子也。让国不仕,闻西伯善养老,盍往归之。太颠、闳夭、散宜生、鬻子、辛甲之徒,皆往归之。

张居正讲评 周文王既立为西伯,修其祖后稷、公刘之业,遵古公、王季之法,敬老慈幼,礼下贤者,至于日中,犹不暇食,以待天下贤士,士以此多归之。当时有两个贤人,叫做伯夷、叔齐,是孤竹君之二子,兄弟让国,隐居不仕,闻文王是个圣君,兄弟相与说,吾闻今西伯善养老者,何不往归之。又有太颠、闳夭、散宜生、鬻熊、辛甲,都是一时贤人,亦皆往归而为之臣焉。夫国家之兴替,系于贤臣之去留,是时商纣无道,天下贤士皆弃商而归周,虽欲不王,其可得乎。

今评 周文王很懂得争夺人才的重要,所以他取得了成功。张居正记伯夷、叔齐互让,当是针对后世皇室争位互残而有感而发。

吕望,已年八十余。钓于渭水,西伯出猎,载之以归,尊为太公。崇侯虎谮西伯于殷纣,纣乃囚西伯于羑里,闳夭之徒患之,乃求有莘氏美女、骊戎之文马、有熊之九驷,及奇怪之物,因殷嬖臣费仲而献之。纣大悦曰:"此一物足以释西伯,况其多乎。"乃赦西伯,赐之弓矢斧钺,使西伯得征伐。西伯阴行善,诸侯皆来决平。

崇:在今陕西户县东。
羑里:纣时的监狱,在今河南汤阴县北。
有莘氏:莘,一作娰,姒姓,夏禹之后。居今陕西郃阳县东南。
骊戎:西戎的一支,姬姓,居今陕西临潼县东南。
有熊:居今河南新郑县。

张居正讲评 吕望,姓姜氏,名尚,是上古四岳之后,受封于吕,故又叫做吕望。有莘、有熊,都是国名。骊戎,是西夷名。文马,是各样毛色的马。凡马四匹为驷,九驷是三十六匹也。吕望当商之末年,已八十余岁,老不遇时,钓于渭水。一日西伯出去打猎,遇于渭水之上,与之语,知其有王佐之才,乃载之后车以归,尊为太公,以师礼事之。其后纣杀九侯、鄂侯,西伯知此二人无辜,闻而叹息。当时有个谗臣崇侯虎,对纣说道,西伯在背后毁谤。纣闻之怒,乃拘囚西伯于羑里狱中,将杀之。西伯之臣闳夭等,日夜忧惧,设计救主,不令西伯知道。私自求有莘氏之美女、骊戎之文马、有熊之九驷,及诸般珍奇玩好之物,因纣之幸臣名费仲者,进献与纣,以赎西伯。纣果大悦,说道:"只这美女一件,就可以释西伯之罪,何况又有许多好物。"乃赦西伯放他归国,更赐以弓矢斧钺,凡天下诸侯有罪的,都许他径自征伐。西伯既归本国,益修德行善,如发政施仁、泽及枯骨之类皆是。诸侯见西伯有仁德,都倾心归服,凡有不平的事,都就西伯而取决焉。盖人心至是已去商而归周矣。然史所谓"阴行善者",盖言文王积德行仁,不求人知,而人心自然感愧,非如后世所谓阴谋夺国者也。孔子说,文王"三分天下有其二,以服事殷"。其深知文王之心者哉。

今评 此段所述周文王的发迹史,为人们所熟知,但是其中一句"西伯阴行善",引起张居正的高度重视,还引用了孔子的话来证明周文王没有"阴谋夺国"。

于是虞、芮之人,有狱不能决,乃如周。入界,耕者皆让畔,民俗皆让长。虞芮之人未见西伯,皆惭,相谓曰:"吾所争,周人所耻,何往焉,只取辱耳。"遂还,俱让其田而不取。汉南诸侯归者四十国。诸侯以西伯为受命之君,以是年为受命之年。受命凡九年,寿九十七,西伯崩,太子发立,是为武王。

虞、芮:虞,古诸侯国名,居地在今山西平陆县。芮,古诸侯国名,居地在今陕西大荔县东南;一说在山西芮城县境。

张居正讲评 虞、芮,是二国名。文王为西伯,修德行仁,四方诸侯,但有争讼不平的事,都来取决于他。那时有虞、芮二国的人,相与争地土疆界,久而不决,乃适周以求平。及入周之境,见其国中耕田的相与让畔,行路的相与让长,两国之人未见西伯,心各惭愧,相向说:"周人之俗,怡怡相让如此,我等争竞之事,乃其所深耻而不为者,何以往哉!见了西伯,只自取羞辱耳,我等小人,不可以履君子之庭。"遂相与还国,皆让其田而不取,以其所争为闲田而退。汉南诸侯闻之,相率而归向者,四十余国。当是时,三分天下,文王有其二矣。诸侯以文王之德,天与人归,宜受天命而为君,因以是年为受命之年。计文王受命凡九年,寿九十七而崩。太子发嗣立,是为武王。当是时,纣为天子,文王为西伯,乃虞、芮之人,不质成于纣而质成于周,汉南之国,不归附于纣而归附于周,何耶?盖纣唯暴虐是作,文王视民如伤,仁与暴之分,而民心之去留所由判也,有天下者可以观矣。

今评 所谓争者不足,让者有余,可见树立良好社会风俗的重要。

武王既立,以太公望为师,周公旦为辅。旦,武王之弟也。召公奭、毕公高之徒,皆左右武王,率修文王绪业。时商纣无道,九年,武王东观兵,至于盟津,渡河中流,白鱼跃入王舟中,武王俯取以祭。既渡,有火自上复于下,至于王屋,流为乌,其色赤,其声魄。

盟津:古地名,即孟津。今河南孟津县东。武王伐纣,东观兵于此,诸侯不期而会者八百,故称盟津。

张居正讲评 左右是扶助。观兵是陈兵。盟津是地名,在今河南府地方。王屋,是武王所居之屋。魄,是安定的意思。武王既继立为西伯,仍尊用文王之旧臣,以太公望为师,周公旦为辅佐。周公旦,乃武王之亲弟也。又有召公奭、毕公高之辈,许多贤臣,都左右扶助武王,以率修文王之统绪功业,而成其未竟之志。那时商纣淫虐无道,武王即位之九年,欲伐纣,乃陈兵而东,到孟津地方,渡黄河正及中流,忽然有个白鱼跳入武王船中,武王低身拾起,就把这鱼去祭天。既过河了,又有一块火光自天而下,落在武王所居屋上,化而为乌鸟,其色赤,其声魄(bó)然安定而不惊噪。夫鱼者,鳞介之物,有甲兵之象,白者商家所尚之色,白鱼为武王所取,乃纣兵为武王所胜之兆也。乌者,有孝之名,又赤者周家所尚之色。火化赤乌,乃武王善继文王之业,而以火德王天下之兆也。是时,武王之师始出,而灵瑞叠见如此,则天命之归周,已昭然可知矣。

今评 周武王孟津观兵,是伐纣的预演,他预感这时条件还不成熟,便把某种客观现象附会为天命,为自己的行为做解释。

是时,诸侯不期而会盟津者八百。诸侯皆曰:"纣可伐矣。"武王曰:"汝未知天命未可也。"乃还师而归。居二年,

闻纣暴虐滋甚,杀王子比干,囚箕子,纣兄微子乃抱其乐器而奔周。于是遍告诸侯曰:"殷有罪重,不可以不伐。"乃东伐纣。

张居正讲评 　　纣为暴虐,天下离心,当武王观兵盟津之时,天下的诸侯,不待期约而来会者,有八百国,都说纣恶已盈,宜兴兵伐之,以诛暴救民。武王见得此时纣虽无道,他家祖宗德泽积累甚厚,天命尚未绝他,纣的左右尚有几个贤臣,足以系属民心。遂对那众诸侯说:"你们不晓得天命尚未可也。"乃收兵回去。此时纣若知天下人怨他,惧而修德,改其所为,则武王亦必终守臣节,戴之以为君矣。纣乃长恶不悛,暴虐如故。武王既归周,居二年,闻纣暴虐日甚一日,王子比干与箕子,这两人是纣的伯叔,都直言极谏他,纣不唯不听,反把王子比干杀了,剖其心;把箕子囚了,以为奴。于是纣的庶兄微子知纣之必不可谏,恐一旦国家灭亡,宗祀覆绝,已为殷王元子,乃抱着宗庙中的乐器,奔归于周,冀存宗祀。此时殷家众叛亲离,民望既绝,无复可为。于是武王始遍告诸侯说:"如今商王受,杀戮贤臣,流毒海内,百姓如在水火之中,天命诛之,不可不伐。"乃率诸侯兴兵伐纣,以除暴救民。古来国家兴亡,视天命的去留,天命去留视人心的叛服,人心叛服,视贤才的用舍。使比干、箕子、微子尚在,武王必不伐纣,商亦必不亡。及其既诛,然后东伐,贤才之为国重轻如此,人君为宗社计者,可不思所以爱惜之哉。

今评 《尚书·泰誓》谓"天视自我民视,天听自我民听。"本节可为之作注。

　　十一年,十二月,戊午。师毕渡盟津,诸侯咸会,陈师牧野。帝纣闻武王来,亦发兵七十万人拒武王。武王使师尚父与百夫致师,以大卒驰帝师。纣师虽众,皆无战心。武王亟入,纣师皆倒兵不战,以开武王。武王驰之,纣兵皆崩叛。纣走反入,登鹿台之上,衣其珠玉,自燔于火而死。武王斩纣头,悬太白之旗,于是诸侯尊武王为天子。

牧野:地名。在今河南淇县南。《尚书·牧誓》:"武王戎车三百辆,虎贲三千人,与受战于牧野。"

张居正讲评 　　牧野,是地名,在今河南卫辉府汲县。师尚父即太公吕望。太白,是旗名。武王既立之十一年十二月戊午日,率师伐纣,渡过盟津,那时诸侯恶纣暴虐,都领兵来会,于是合诸侯之师,陈列于商郊牧野地方。帝纣闻知武王来伐,亦发兵七十万人以拒敌武王。武王使师尚父与勇力之士百人,先驱挑战,随后以大众驰击帝纣之师。纣兵虽多,皆怨纣暴虐,幸其速败,无有战心。武王亟入纣师,纣师皆回戈反走,不来迎战,以开武王。武王遂乘此势率众驰之,纣兵皆崩摧叛散。纣见大众离叛,自知不免,乃走回,登鹿台之上,把平素所积珍珠宝玉,披着在身,自焚于火中而死。武王乃使人斩纣头悬于太白之旗,以泄万民之恨。诸侯以武王有除暴救民之功,代天理物之德,咸尊武王为天子,而继商以有天下焉。按纣尝筑鹿台以聚珍宝,乃今衣之以死;尝为炮烙之刑以残民命,乃今竟致自焚,岂非万世贪暴之戒哉!纣既焚死,武王不必复斩其头,考之《周书·武成篇》不载,想无此事,或作史者传闻之讹也。

今评 "倒戈"一词和这一战争现象,就是从这牧野之战开始的。所以牧野之战在历史上具有某种典型意义,凡是非正义的战争,不愿意作战的士兵,往往用临阵倒戈的方式来帮助对方,反对自己的统治者,使之一败涂地。

> 首阳山:在今山西永济县南。即雷首山,又名首山。相传为伯夷叔齐饿死处。

初武王伐纣,伯夷、叔齐叩马谏曰:"父死不葬,爰即干戈,可谓孝乎?以臣弑君,可谓仁乎?"左右欲杀之,太公曰:"义人也。"扶而去之。及武王定天下,天下宗周,伯夷、叔齐耻之,不食周粟,饿死于首阳山。

张居正讲评 首阳山,在今山西蒲州地方。初武王伐纣之时,文王尚未葬,于是伯夷、叔齐二人叩着武王的马,谏他说道:"父死未葬,就兴动干戈,可以谓之孝乎?纣虽无道,君也,以臣弑君,可谓之仁乎?"武王左右的人,听他这等说话,恶其无状,遂欲杀之。太公吕望说道:"此人乃忠义之士也,不可杀他。"扶而去之。及武王克商而定天下,天下之人莫不归周,伯夷、叔齐自以商家臣子,耻复仕周,食其俸禄,兄弟二人退隐于首阳山,采薇而食之,穷饿而死。当此之时,天命人心皆去殷而归周,则纣乃天下之独夫,而武王为天下之共主也。而夷齐乃独非其所为者,盖君臣大义凛不可犯;孔子称伯夷叔齐饿于首阳之下,民到今称之,其言武王,则谓其尽美而未尽善,亦此意也。后世为君,当以桀纣为鉴,而为臣者当以夷齐为法。

今评 既要肯定武王之顺天吊民,诛伐暴纣,又要肯定夷、齐之不食周粟,岂非矛盾?在孟子说:"闻诛一夫纣矣,未闻弑君者。"暴君不能算君,杀了他不能说是不仁。

> 宗祝:管祭祀的官。
> 焦:在今河南省陕县。
> 祝:亦称祝其,春秋时名夹谷,在今山东莱芜县东南。
> 蓟:今北京大兴县西南,非今日之蓟县。
> 陈:今河南省淮阳县。
> 杞:今河南杞县。

元年,武王为殷初定未集,乃使其弟管叔鲜、蔡叔度相纣之子武庚治殷。已而,命召公释箕子之囚,命毕公释百姓之囚、表商容之闾,命南宫括散鹿台之财、发巨桥之粟以振贫弱氓隶,命南宫括、史佚展九鼎宝玉,命闳夭封比干之墓,命宗祝飨祠于军。乃罢兵西归。武王追思元圣,乃褒封神农之后于焦,黄帝之后于祝,帝尧之后于蓟,帝舜之后于陈,大禹之后于杞。

张居正讲评 氓，是田野之民，隶，是微贱的人。武王即位之元年，以殷邦初定，人心尚未安集，恐复为乱，乃封纣子武庚于殷之旧都，而使其弟管叔鲜、蔡叔度辅相而监之，既以存殷之后，且用安定人心。先是纣把箕子囚了为奴，那无罪的百姓，亦多被囚系，又将贤人商容废弃不用。至是武王命召公释放箕子之囚，命毕公释放百姓之囚，旌表商容的门闾，以开释无辜，优礼贤者。先是纣又厚赋税以实鹿台之财，盈巨桥之粟，不恤百姓的困苦。至是武王命南宫括散鹿台的财货，发巨桥的米粟，以赈济贫穷孤弱的百姓。与凡那微贱的人，都使各得其所。又以历代相传的九鼎宝玉，是国家的重器，恐遭乱损失，乃命南宫括、史佚陈而观之，以慎典守。又伤比干直谏而死，命闳夭封筑其墓以表忠臣。又以武功告成，当修祀礼，乃命宗祝之官，飨祭于军中，然后罢兵西归，复还镐京。武王又追思古先大圣，功德在人，不可无后，乃褒封神农氏之后于焦，即今河南陕州；黄帝之后于祝，即今山东淄川县；帝尧之后于蓟，即今直隶蓟州；帝舜之后于陈，即今河南陈州；大禹之后于杞，即今河南杞县是也。以上都是记武王即位的新政，一一反商之暴虐，行己之宽仁，所以《书经》上说："武王反商政，政犹旧。"孔子说："武王兴灭国，继绝世，举逸民，天下之民归心焉。"即此事也，其能培周家八百年之基业，有由然哉！

今评 孔子曾总结武王政绩说："兴灭国，继绝世，天下之民归心焉。"评价最为中肯。张居正以这些举措作为周朝八百年基业的根本，是有一定道理的。

于是封功臣谋士，而师尚父为首，封于营丘曰齐，封周公于曲阜曰鲁，召公奭于北燕，毕公高于毕，弟叔鲜于管，叔度于蔡，叔振铎于曹，叔武于郕，叔处于霍，康叔封、聃季载皆少未封。兼制天下，立七十一国。封兄弟之国十五人，姬姓之国四十人。周之子孙不狂惑者，皆为诸侯。

营丘：今山东临淄西北。
曹：今山东荷泽、定陶、曹县一带，春秋哀公八年，为宋所灭。
郕（chéng）：今山东旧临濮（今范县）一带。
霍：今山西霍县，春秋时为晋所灭。
康叔封：后封于卫，为卫国始祖。

张居正讲评 武王克商之初，既封圣贤之后，于是又分封功臣谋士，以师尚父吕望为开国元勋，乃封于营丘之地，国号曰齐。以周公旦、召公奭、毕公高皆佐命之臣，于是封周公旦于曲阜，国号鲁，封召公奭于北燕，封毕公高于毕。一时左右戮力之臣，无不分土赐爵者。当时武王有同母弟数人，又笃于亲亲，分封弟叔鲜于管，封叔度于蔡，封弟叔振铎于曹，封弟叔武于郕，封弟叔处于霍。若康叔封、若聃季载，皆以年少未受封。是时大统初集，武王兼制天下，乃建立七十一国，计兄弟之国，凡十有五人，同姓之国凡四十人。周之子孙除暴戾昏愚者，不与封国，其不狂惑者，皆得建为诸侯。夫武王既封功臣，又封同姓，则为藩为翰，翼戴之者众矣。周之所以享国长久者，虽其守之以仁致然，抑亦封建之力欤？

今评 分封制是周王朝的一项基本制度，而且对后代影响极大，即所谓"封侯建国"。受封者即为诸侯，在他的封地内就是一个独立的国家，可以世代相传，对中央朝廷负有保卫和朝贡的臣属义务。周王朝就是依靠这一制度来维持的。它促进了周初中央王权的巩固与加强，以及各地区政治、经济和文化的发展，但随着时间的推移，封国势力的日益壮大，又使王权遭到削弱，形成了尾大不掉的列国局面。张居正以"亲亲"论封侯建国的本质，以"为藩为翰"论其作用，概括还是很简明扼要的。

武王既胜殷，乃改正朔，以建子月为正月，色尚青，服以冕。王虚己问箕子殷所以亡，曰："吾杀纣是欤非欤？"箕子不忍言殷恶，而王亦丑之，乃问以天道，作《洪范》，封箕子于朝鲜而不臣也。余各以次受封，班赐宗彝，分殷之器物于诸侯，惟周公留周佐王。

洪范：《尚书》篇名。旧说为箕子向周武王陈述天地之大法。近人疑为战国人假托之作。

【张居正讲评】 建子月是十一月。这月斗柄指北方子位，所以叫做建子之月。青字当作赤字。《洪范》是《周书》篇名，以其所载皆治天下之大法，所以叫做《洪范》。宗彝是宗庙中的彝尊。武王既胜殷而有天下，以为创业之初，当定为一代之制度。于是始改正朔，殷家以建丑之月为正月，今则以建子之月为正月。又易服色，殷家色尚白，服冔冠，今则色尚赤，服用冕。然武王不但变殷之制而已，又欲鉴殷之所以亡而反其政，于是虚心屈己，访问殷之贤臣箕子以纣所以亡天下者何故，又问他说："我杀纣是欤非欤？"夫武王之杀纣，本为除暴救民，岂有不是处，但箕子元是纣的臣子，不忍言殷之恶，所以不对。武王也自念以臣伐君，不免有惭愧之意，乃不复穷问殷事，而遂问箕子以上天阴骘下民，所以能叙彝伦的道理，盖欲访道以图治也。箕子以天道不可以不传，乃举人君治天下之大法，如天降夏禹的九畴，一一为武王陈之，因作《洪范》之书，即今《周书》上所载的便是。然箕子只要传道于武王，却不肯为周之臣。武王亦欲曲成其志，乃封之于朝鲜国，使他自为君长于荒服之外，而不强臣之也。其余诸侯，各以次第受封，武王各颁赐他宗彝，以为宗庙之祭器，又分殷家所遗的器物与诸侯，以为世守之宝。如分鲁以夏后之璜、封父之繁弱，分卫以大路大吕之类。封赏既行，于是诸侯各就其国。惟周公仍留周，辅佐武王，终其身不复至鲁焉。盖是时，天下初定，周公以元圣懿亲，不得不留辅王室也。夫武王一即位，而改正朔，易服色，行封赏，其规模固已宏远矣。至若访道于箕子，而万世之治法以明；委政于周公，而八百年之王业以定，此尤武王治天下之急务，有不专恃于法制者，然则为人君者可不以重道任贤为急哉！

【今评】 本段所述恐怕是本书中颇可玩味的文字之一。张居正竭力声言武王杀纣之后，"访道于箕子"，是求万世之治的"急务"，固然是符合当时的政治实情，然而，读者总不免要被箕子的"不忍言"和武王的"亦丑之"的微妙神情所吸引。看来，"武王伐纣"

并不如当年"成汤革命"那样为人们所心悦诚服。联系前面提到的文王"阴行善"和伯夷、叔齐的叩马而谏，令人感到那时的统治者取天下时，对"天命"、"民意"已不那么看重，只是在传统习惯下，稍稍感到有些尴尬而已。张居正真正要小皇帝记住的是，不要忘记殷商覆灭的经验教训，亦即所谓"殷鉴"。

王谓周公曰："自洛汭延于伊之汭，居易无固，其有夏之居，我南望三涂，北望岳鄙，顾瞻有河，粤瞻伊洛，毋远天室，将营周居于洛邑，纵马于华山之阳，放牛于桃林之野，偃干戈，振兵释旅，祔鼓旗甲兵，藏之府库，示天下不复用，通道于九夷八蛮，各以其方贿来贡，使无忘职业。"

三涂：指河南嵩县西南的太行、轩辕、崤渑三山。
洛邑：西周的陪都，即今洛阳。
桃林：地名，又名桃林塞、桃原、桃园，其地在今河南灵宝以西，陕西潼关以东地区。

张居正讲评　洛、伊，是二水名，汭，是水涯。易，是平易。固，是险固。三涂，是山名，岳鄙，是太行山下的都鄙。周家旧都丰镐，在今陕西地方，武王既克商而有天下，以旧都偏在一隅，四方诸侯朝贡不便，乃对周公说："自那洛水之涯，延及于伊水，这地方平坦，无有险阻，原是有夏氏所居，我就这里四面观看，南望三涂，北望岳鄙，回顾大河，前瞻伊洛，其山川形势阔大，居天下正中，四方道理均平，乃是天作之室，不可舍去，我将营周京于此洛邑，因有夏之居，以待诸侯朝贡焉。"今之河南府，即其地也。又以天下既定，宜偃武修文，以开太平，乃纵马于华山之阳，放牛于桃林之野，偃武干戈，罢散兵旅，用牲血涂祔鼓旗甲兵，收藏在府库中，示天下不复用，以与万民休息。于是周家声教广被，不但中国诸侯，相率来朝贡，那九州之外蛮夷戎狄，一向与中国隔绝的，如今都梯山航海而来。各奉其地方所产的货物，将来贡献，遂定为常例，使世世守之以为职业，无敢忘焉。这是史臣记武王克商后，定都、偃武、绥怀四夷的事。周家八百年治平之规模，于此定矣。然武王虽营洛邑，而仍居丰镐，未尝弃根本而不顾也。虽偃兵甲，而犹寓兵于农，四时讲武，未尝废武备而不修也。虽通道蛮夷而以抚安中国为本，未尝要功于荒服之外也。虽使四夷各修职贡，而惟责以土地之所有，未尝靡敝中国以事外夷，而求难得之货也。图治者尚鉴兹哉！

今评　此记武王定都、偃武、绥怀四夷三项治平大计，讲评最后一段论三事之实质与尺度，最有识见，足见宰相之器。

肃慎氏贡楛矢石砮，其长尺有咫，王欲昭其令德之致远，以示后人，使永监焉。故铭其括曰："肃慎氏之贡矢。"分同姓以珍玉，展亲也；分异姓以远方之职贡，使无忘厥服也。

肃慎：古部族名，居住在长白山北，和黑龙江中下游。亦作息慎、稷慎。即后来女真族的前身。
展亲：尽亲亲之道。

文王　武王　成王

> **张居正讲评**　肃慎氏，是远夷国名。楛矢，是以楛木做成的箭。石砮是以坚利之石为箭镞。咫是八寸，括是箭尾受弦处。武王既定天下，通道于九夷八蛮，那时有远方之夷，名肃慎氏者，贡其国中所造的楛矢，那矢以石为镞，其长一尺有八寸。武王欲昭著令美之德，能致远夷之来，以传示后人，使永远观法，故刻字于其矢之括曰："肃慎氏之贡矢。"以见当时致治之盛，四夷咸宾，虽肃慎氏之远，亦以其方物来献也。武王既得天下的重宝，受外夷的贡献，不以自私，于是分同姓之国以珍珠宝玉，使益厚其亲，如分鲁以夏后氏之璜之类是也。分异姓之国以远方所贡的器物，使无忘其所服之职，如分陈以肃慎氏之矢之类是也。盖王者以其德之所致而赐于诸侯，诸侯宝其所赐而永怀其德；乃所以联属天下而成其仁也。

> **今评**　肃慎氏之贡矢，在当时具有象征意义，因肃慎氏当时距周王朝最远。

二年，王有疾，周公为坛告太王、王季、文王，请代武王之死。周公乃以卜书藏于金縢柜中。王疾瘳，武王迁都于镐，而文王之庙乃在丰。武王乐曰《大武》。武王崩，寿九十三，太子诵立。

> **张居正讲评**　金縢，是以金缄束柜子，使其谨密。瘳，是病愈。周武王即位之二年，偶有疾病，周公是武王的亲弟，以周家基业初定，武王有疾，成王尚幼，恐一日有不测之事，致宗庙社稷之无主，乃设为坛场，祷告其祖父太王、王季、文王之神，愿以己身替武王死，使宗社生灵，永有所赖。乃卜于神以祈保佑。既祷之后，遂以占卜之书，藏在金縢柜中。既而王疾果瘳，是可见周公忠爱之至，精诚之极，感格于天地祖宗矣。初时文王建都在丰，后来武王以丰都狭小，不能容众，乃迁都于镐。而文王之庙，仍旧在丰。凡有封赏，必告于庙。武王治定功成，作为一代之乐，名曰：《大武》。武王崩，寿九十三岁，子诵立，是为成王。

> **今评**　有人考证《尚书·金縢篇》是后人伪托之作，三代之事，太久远了，传闻有异，在所难免。

成　王

成王：周武王之子，名诵。武王死后，成王年幼，由周公摄政。既冠，周公还政，并营东都，在位三十七年。

冢宰：周代官名，为六卿之首，一称大宰，掌邦治，统百官。

元年。周公居冢宰，以王年幼，恐天下叛，乃摄政代王当国，南面负扆以朝诸侯。成王将冠，周公命史雍颂曰："近

成王

于民,远于佞,近于义,啬于时,任贤使能,朝于祖以见诸侯。"管叔、蔡叔、霍叔流言曰:"公将不利于孺子。"奄君谓武庚请举事,武庚从之,与管叔、蔡叔等同反。周公乃作《大诰》,奉王命以讨之,曰:"天降威,知我国有疵。"

> 负扆(yǐ):天子朝诸侯,背靠着屏风南面而立,故称负扆。
> 奄:奄国在淮夷的北面,今山东曲阜东南有奄里,即古奄国地。

张居正讲评

负,是背。扆,是屏风上画,为斧形。啬,是爱惜的意思。孺子,指成王说。奄君,是奄国之君。《大诰》是《周书》篇名。疵是瑕衅。成王即位之元年,周公位冢宰,总百官。以周家初定天下,而武王新丧,成王年幼,恐天下人心未服,或至离叛,且念己为王室至亲,又受武王付托,不得不把天下安危任在一身。乃权且摄行政事,代王当国,南面背着御屏,辅佐成王临朝,以见诸侯而裁决庶务焉。及至成王将行冠礼,周公命太史之官名雍者,作颂以戒于王,说道:"王今君临天下,既冠为成人矣。一日二日万机,凡事固须兢兢业业以图之。然尤当近于民,而爱养百姓,视如赤子。远于佞,而屏斥逸邪,勿使害治。近于义,而言动政事,务求合理。啬于时,而爱惜农功,无妨耕作。凡贤而有德者则任之在位,能而有才者则使之在职。王能如此,则君道之大庶几克尽,而天命祖业亦可常保矣,王其念哉。"成王冠礼既成,周公乃奉之朝于祖庙,接见诸侯。那时管叔、蔡叔、霍叔三人心怀忌嫉,意谓我与周公同是弟兄,彼如何得居中专政,我三人却在外监殷,遂生怨望,造为流言,说道:"周公欺成王年幼,将谋篡夺之事。"用此以鼓惑朝廷,动摇周公,使不得安于其位。当时有奄君者,正是纣子武庚之党,遂嗾武庚说:"武王既崩,今王年尚幼,周公见疑,此正殷家复兴之时也,机不可失,请举兵以图大事。"武庚本纣之遗孽,素怀不轨之心,听得奄君这等引诱,即从其说,与管叔、蔡叔同为叛乱,此王法之所必诛者,周公乃作《大诰》,晓谕众诸侯臣民,奉王命兴兵以征讨之。说道:"今武庚不靖,敢肆叛逆,虽是天降威于殷,使其有速亡之祸,然亦由武庚知我国有三叔疵隙,流言动众,民心因之不安,故乘机生变,不可不举兵往正其罪,以安天下也。"观史臣所记,可见周公居摄,惟欲抚安国家,成就君德,其鞠躬尽瘁如此,乃有至亲如三叔者,倡乱以危社稷,使成王不察而信之,则周公不得安其位,而周之王业将倾矣。所赖成王虽在幼冲之年,然能深鉴周公之忠,而不为所惑,洞烛三叔武庚之诈,而天讨必行,所能定人心于反侧之际,奠国祚于泰山之安也。其为周家守成之令主,宜哉!

今评 幼主登基,历来是中国政治史上的一种危机。张居正浓墨重彩对小皇帝述说之,是否有以周公自任之意呢?又谆谆告诫曰:"所赖成王虽在幼冲之年,然能深鉴周公之忠,而不为所惑,洞烛三叔武庚之诈",则更是意味深长。

二年,周公居东,讨武庚管叔诛之,放蔡叔于郭邻,降霍叔为庶人,遂定奄,及淮夷,东土以宁。方流言之初,成王亦疑周公,及开金縢,见请代武王之事,乃感泣迎周公归。既

> 庶人:普通民众。
> 淮夷:古代居于淮河流域的少数民族。

诛武庚，乃封微子以代殷后，国号宋，用殷之礼乐，于周为客而不臣。

张居正讲评 先是周公遭流言之变，不知这言语起于何人，退居东都以避之。至此二年，始知兴造流言，罪由二叔，乃奉王命，讨武庚、管叔诛之，安置蔡叔于郭邻地方，革去霍叔的封爵，降为庶人，因定奄国，南伐淮夷，诸为恶者皆已正法，然后人心始定，东土始宁。方流言初起之时，虽成王亦疑周公有不利于王室之心。及开金縢柜中，见册文上有周公请以身代武王的说话，王乃感悟，知周公之忠，执书而泣，亲自出郊迎周公归国。周公既诛纣子武庚，又以成汤之祀不可遂绝，乃封纣之庶兄微子启以代殷后，使奉其祭祀，建国号曰宋，使他仍用殷之礼乐，如用辂尚白之类，以存一王之法，于周为客而不臣。盖以其为先王之后，故以宾礼待之，而不以臣礼屈之也。夫周公以成王之叔父，有大功于国家，其心忠于王室，岂待开金縢而后知，设若此时王心不悟，流言得行，则周之社稷，岂不危哉！以是知成王虽贤，尚不及汉昭帝能辨之早也。

今评 唐李白曾有诗云："周公恐惧流言日，王莽谦恭未篡时，向使当年身便死，一生真伪复谁知？"亦颇耐人寻味。

> 叔虞：武王少子，成王之弟，名虞，封于唐。今山西翼城县西有古唐城，故称唐叔虞。

五年，王与其弟叔虞削桐叶为珪，戏曰："吾以此封若。"史佚命择日，王曰："吾与之戏耳。"史佚曰："天子无戏言，言则史书之，礼成之，乐歌之。"遂封叔虞于尧之故墟，曰唐侯。

张居正讲评 成王即位之五年，偶一日与他少弟叔虞在宫苑中闲游，将桐树叶剪削做诸侯所执的珪，戏与叔虞说，我把这珪封你为侯。这是成王兄弟友爱戏耍的说话。那时有臣史佚在旁，就请命官择日行册封礼。成王说，我只与他相戏尔，岂真欲封之耶？史佚对说："天子口中无戏言，一言既出，史官就记在书册上，行之于政事之间，有大礼以成之，有大乐以歌之，如何戏得，今王之言既出，则亦因而封之以践其言可也。"成王遂封叔虞于唐尧之旧都，号他为唐侯。成王自此一言不敢轻易，一事不敢苟且，竟成周家令主，固是史佚匡救之功，而王亦可谓善于从谏矣。

今评 周成王桐叶封弟，是一桩关于诚信的历史佳话。

> 勺：通酌。

六年。周公朝诸侯于明堂，制礼作乐，颁度量而天下大服。乐曰《勺》，言能勺先祖之道也。又作乐曰《武》，以象武王伐纣之武功。

成王

张居正讲评 　明堂,是朝会诸侯以出政令之所,以其向明而治,故叫做明堂。成王之六年,适当诸侯来朝之年,周公辅佐成王以朝见诸侯于明堂,自九州万国之君,以至九夷八蛮之长,内外尊卑,皆各有定位。此时功成治定,礼乐可兴,乃制为一代之礼,作为一代之乐,用之于朝廷邦国,以昭太平。又定为丈尺斗斛等器的规式,颁之于诸侯,以立民信。于是礼乐备,制度同,天下之人皆大悦服,无有不尊其政令者矣。其所作的乐,名叫做《勺》,言成王能斟酌先王之治道而合乎时宜也。又作乐,名叫做《武》,以形容武王伐纣之武功。今《周颂》之诗所载《酌》、《武》二篇,即其乐歌也。当此之时,礼备乐和,民安国泰,周家虽新造之邦,成王虽幼冲之主,而天下帖然安之,诸侯宗周,维持至于数百年而不废,周公辅相之功大矣。

今评 这就是儒家所说的周公"制礼作乐"。张居正总结为"功成治定,礼乐可兴",是不刊之论。

　　交趾南有越裳氏,重译而献。曰:"道路悠远,山川阻深,恐一使不通,故重三译而来朝。"周公曰:"德泽不加,君子不飨其质,政令不施,君子不臣其人。"译曰:"吾受命吾国之黄耇(gǒu)曰,天之无烈风淫雨,海不扬波,三年矣。意者中国有圣人乎,盍往朝之。"周公归之于王,称先王灵神,致荐于宫[宗]庙。使者迷其归路,周公赐以軿车五乘,皆为向[司]南之制。越裳使者载之,由扶南、林邑海际期年而至其国。故指南车常为先导,示有以服远人而正四方。

交趾:古地名,本指五岭以南地方。汉代曾设交趾郡。相传其地人卧时头向外,足向里而相交,故称交趾。越裳氏:古南海国名。被称为南蛮之一。

軿(píng)车:四周有屏障的车。

扶南、林邑:扶南,南海古国名,强盛时奄有湄公、湄南二河下游诸地。林邑,南海古国名。秦时为林邑,五代后称占城。

张居正讲评 　交趾,是今安南地方。越裳、扶南、林邑,都是海中蛮夷国名。译,是通各国语言的。质,是朝见的礼物。黄耇,是黄发的老人。軿车,是有障蔽的车子。成王继文武之后,又有周公为之辅相,当是时,中国治安,四夷宾服,交趾之南,有越裳氏,从来与中国不相通,至是乃忽然遣使重译来献方物。说道:"自我国到此,道路悠远,山川阻深,经过许多地方,只一个译使,恐不能通,故重用三译而来朝,方才得达。"周公辞他说:"吾闻君子德泽所不到的地方,不受其贡献;政教所不及的人民,不责其臣服:何劳使者远来。"译使对说:"吾受教于国中的老者说,如今天无疾风苦雨,海水不起波涛,已三年矣。想是中国有圣人为主,所以风调雨顺,海晏波恬如此。我远方也赖其余庇,何不往朝之。"于是周公以太平之功,归之于成王,又称先王灵神,将所献方物,祭告宗庙,见得这远人宾服,皆是宗庙神灵,天子明圣之所感召,人臣无所与其功也。及使者辞归,迷失了向来的道路,周公以其国在南方,乃赐他軿车五辆,车上各安一个木人,运以机巧,车虽回转不定,而木人之手尝指方向,叫做指南车。越裳使者乘此车,随所指而行,由扶南、林邑二国海边,行了一年,方至其国。因此天子大驾前面,尝设个指南车,以为引导,盖本越裳氏之故,示有以服远人而正四方也。夫圣人在位,宇宙太和,周家虽谢质却贡,而中国既安,四夷自至,汉世通西南夷,

成王

发兵护使者赍(jī)金帛,诱之使来,威之使服,而竟不可得,由是观之,服四夷者,在德不在力,明矣。

今评 一个国家的强盛在于实行德政,远夷之人会自然感德而来,若专恃武力,可能适得其反。

七年。初武王作邑于镐京,谓之宗周,是为西都。将营成周,居于洛邑而未果。至是成王欲如武王之志,定鼎于郏鄏,卜曰,传世三十,历年七百。

张居正讲评 鼎,是夏禹以来有天下者相传的九鼎。郏鄏,地名,在今河南府。成王即位之七年,定鼎于洛邑。初时武王承先世之旧封,自丰迁镐,作邑于镐京,叫做宗周,以其为天下所宗也。镐京在西方,是为西都。其后有天下,又以洛邑居四方正中,可为朝会诸侯之所,叫做成周。以周成于此也。将营成周,东居于洛邑,而武王遂终,有志未就,至是成王欲成武王之志,乃定所迁九鼎于郏鄏地方,郏鄏即洛邑也。询谋既同,乃卜之于龟,其卜兆之辞,说居此地后来当传世三十,历年七百,然其后传三十七君,历八百余年,乃过于所卜。盖周家深仁厚泽,历世相继,固结人心,以保天命,有非数之所能拘也。然周家营洛,居易无固,旦夕兢兢,若天命之不克保,而享国最久。秦据关中之固,金城千里,自以为子孙帝王万世之业,而二世以亡。由是观之,绵国祚者,在德不在险,明矣。

今评 事实上,西周还是一直以镐京为王都,到周平王东迁,才居住到洛邑。当时营建成周于洛阳,直接目的是为了加强对东方的控制。

王城:成王七年,周公所建,是为东都。故址在今洛阳市西。
郊甸:郊野。邑外为郊,郊外为甸。古代即为王城之畿内。
鄼:古代行政区划单位,周制,五家为邻,五邻为里,四里为鄼(zǎn),五鄼为鄙,小邑。
成周:在瀍水之东,与王城相去十八里。故址在今洛阳市东郊白马寺之东。

是年二月,使召公先相宅,三月,周公至洛,兴工营筑,谓之王城。是为东都,方千七百二十丈,郭方十七里。南系于洛水,北因于郏山,以为天下之所凑。制为郊甸,方六百里,因西土为千里,分为百县,县为四都,都有鄙。曰:"此天下之中,四方入贡,道里均也。"周公又营成周。成王居洛邑,迁殷顽民于成周,复还归西都。成王长能听政,十二月,周公归政于成王。成王临朝,周公北面就臣位。

张居正讲评 郭,是外城。顽民,是梗化未服者。成王即位之七年,二月,欲继武王居洛之志,使召公先往相度其所居之地,相度既定,至三月,周公到洛邑,兴工营筑,所筑之城名为王城,表其为天子之居,非他城比也。那时镐京在西,故以洛为东都。王城之广,方一千七百二十丈,其外城方十七里,

南面联着洛水,北首依着郏山,其形胜如此,乃天下所凑聚之处。就此制为郊甸,其地方六百里,接连西土岐周之地,通共为千里,遵古王畿千里之制也。内分为百县,每县分为四都,每都之中,又各有鄙,随地广狭,以为鄙之多寡,而不限以一定之数。其营建洛邑之意,盖以此地居天下正中,四方诸侯朝贡者,道里适均,皆不至远涉,乃武王之本意也。这洛邑在瀍水之西,周公又于瀍水之东,营造一城,通名成周。奉成王居于洛邑,以莅中国抚四方,而迁徙殷家所遗之顽民,编管于成周,使近而易制也。二城既毕,周公复还归于西都。是时成王年纪渐长,阅历既熟,能主断天下的政务了。十二月,周公乃将朝政归于成王,成王临朝,亲决庶政,周公辞了摄政之任,而北面就人臣之位焉。盖至是而武王付托之重,成王倚毗之隆,皆可以报称而无歉矣。天下后世,莫不仰武成知人之哲,而美周公笃棐之忠,宜哉!

今评 此节叙述了周公营建洛邑的过程,以及王畿的范围和行政制度。东都建成以后,周公便归政成王,北面而居于臣子之位。周公的心迹和功业也就不言自明了。

初虞夏商之世,币、金有三品,或黄、或白、或赤,或钱、或布、或刀、或龟贝。至是太公望乃立九府圜法,钱圜函方,轻重以铢。布帛广二尺二寸为幅,长四丈为匹。故货,宝于金,利于刀,流于泉,布于布,束于帛。

> 铢:古代货币衡量单位,一两之二十四分之一。亦云十黍为一铢。

张居正讲评 币,是财货的总名。龟贝,俱宝货,龟可占卜,故以其壳为宝。贝,是海虫之有文理者。九府,是太府、玉府、内府、外府、泉府、天府、职内、职金、职币之九府。皆收藏财货的库藏。圜法,是均匀通融之法。十黍重为一铢。刀与布是人间常通用的。古时称钱为泉,以其形如泉字,又以其通行不滞,如水泉之流也。比先虞、夏、商之时,通行的货币在金类便有三等。上等是黄金,中等是白金,下等是赤金。金之外又有钱,有布、有刀、有龟、有贝,这几样财宝,通行天下,民皆便之。及周而法制大备,则以商通货,以贾易物。其时太公望乃设立九府,收贮财货而各有职掌之官,为均匀通融之术,使上不病国,下不病民。钱之形圆,而其孔则方,分量轻重,以铢起算。布帛宽二尺二寸为幅,长四丈为匹。周家理财之制,大概如此。然亦各有取义,盖金为天地间的宝气,故货宝于金。刀能断物,其用最利,故货利于刀。泉流而不竭,故货流于泉。布则无所不遍,故布于布。帛可以束,故束于帛。当时之制为钱币,不徒有圆融之法,又多取流通之义如此。无非欲导利于民,散财于下,而后世乃专之以为己私,敛而不散,非先王设法命名之意矣。

今评 周代商品经济极不发达,经济往来自然简单而朴实。张居正崇敬古代而轻非当世,显然是不合实情。

成王

周公留辅成王，召公奭不说，周公作书告之，以明本意。

张居正讲评 奭，是召公的名。成王幼时，周公恐天下有变，既摄行天子之事，及至成王稍长，周公乃归政成王，退就臣位，然犹以王业初定人心未安，不忍遽去，留而辅相之。其时召公奭为周太保，自以盛满难居，不乐在位，意欲告老而归，周公乃作书一篇以留召公，名曰《君奭》，中间反覆言大臣当辅君德以延天命，固人臣不可求去。其后召公既相成王，又相康王，盖有悟于周公之言矣。

今评 周公作《君奭》说服了召公，两人继续共同辅政，成就了周初的成康之治。

王尝问于史佚曰："何德而民亲其上？"对曰："使之以时而敬顺之，忠而爱之，布令信而不食言，如临深渊，如履薄冰。"王曰："惧哉！"对曰："天地之间，四海之内，善之则臣，不善则仇也。夏殷之民，仇桀纣而臣汤武，若之何其不惧也。"在位三十七年崩，太子钊立。

如临深渊，如履薄冰：句见《诗经·小雅·小旻》。

张居正讲评 食言，是行的与说的相背。如言出于口，而反吞之一般，故叫做食言。成王尝问其傅史佚说："人君修何德，而后能使天下之民亲爱其主。"史佚对说："人君要民亲己，在先自尽其所以亲民者而已，如知民事之不可缓，则使之以时，凡有兴作，无妨农功。知民情之不可拂，则敬顺所欲，而好恶利病，不违其愿。知民生之不可伤，则至诚保爱，而生养安全，无不尽心。知民心之不可欺，则颁布政令，务着实举行，而不爽其言。虽尊居兆庶之上，惟恐民心易失，天命难保，夙夜忧勤惕厉，就如临不测之渊，恐致失坠，行薄冰之上，恐致倾陷的一般。诚能如是，则上无失政，下皆得所，而天下之民，自然亲爱之如父母矣。"成王深有味于史佚之言，说道："崇高之位，人但见其可乐，如汝所言，可惧也哉！"史佚对说："天地之间，四海之内，人虽至众，而好仁、恶暴，心无不同。人君若抚驭得其道而善，则心悦诚服而臣之，若抚驭失其道而不善，则众叛亲离而仇之，何常之有。昔桀为暴虐，而成汤宽仁，则夏之民即仇桀而归成汤。纣为无道，而武王有德，则商之民即仇纣而归武王，民心之叛服，天命之去留，只在仁与暴之间而已，若之何其可以不惧哉！"成王敬纳其言，常佩服之。在位三十七年而崩，太子钊立，是为康王。夫成王之时，周公既陈《无逸》三篇，史佚又进渊水之戒，是以王自幼冲为君，以至享国之久，惓惓敬天勤民之念，夙夜不息，以致天下太平，民和睦而颂声作，故诗人美之，说："成王不敢康，夙夜基命宥密，于缉熙，亶厥心，肆其靖之。"后世称守成令主，必曰成王焉。岂无自哉！

今评 史佚的论说要言之即"诚"、"敬"二字。周初文武成康所取得的治绩，被历代帝王作为效法的楷模，大概与此有关。

卷之四

周纪

康 王

元年。初，王即位，诸侯来朝，王作《康诰》以告之，由是诸侯率服。十二年，命毕公保厘成周。初，召公治西方，甚得民和，有司请召民，召公曰："不劳一身而劳百姓，非吾先君文王之志也。"乃巡行乡邑，听断于陇陌阡亩之间，庐于棠树之下，以蚕桑耕种之时，乃弛狱出居民，使得反业，自侯伯至庶人无失职者。及召公卒，人思其政，怀棠树不忍伐，作《甘棠》之诗歌咏之。王朝诸侯于丰宫。成康之际，天下太平，刑措四十余年不用，在位二十六年崩，子瑕立。

> 周康王：周成王子，名钊，作《康诰》，遍告诸侯以文武之业，在位期间，刑错不用者四十余年，被称为成康之治。
> 保厘：治理安定。厘，治理、改正。
> 丰宫：文王建都于丰，有文王庙。
> 刑措：刑法搁置不用。措，搁置。

张居正讲评

周康王元年。即位之初，四方诸侯皆来朝觐，王作诰文以训诫之，即周书所载《康王之诰》是也，由是诸侯莫不服从。至十二年，王以成周之众，皆殷之顽民，尚未帖服，乃策命毕公保安而厘治之。保之，则不至于激乱，厘之，则不至于容奸，即周书所载《毕命》篇是也。成王之时，自陕以西，召公治之。召公之治西方，加意抚恤，甚得百姓之欢心。凡有公事该处者，有司请叫百姓们来官府中听候处分，召公说："我先君文王勤于政事，不遑暇食，怀保小民，视之如伤，今我一身自图安逸，却着百姓们舍其农业，奔走道路，岂我先君文王爱民之意乎。"于是亲自巡行于穷乡下邑，问民疾苦，凡民有争讼不决的事，就在那陇陌阡亩之间，替他处断，自家也不居官府，就栖止于田间棠梨树下，其心只是怕劳着百姓。每到蚕桑耕种的时候，就禁止词讼，把狱中轻罪的犯人都放出去，着他务农桑的本业，恐致失时，其惓惓于爱民如此。由是上自侯伯，下至庶人，各得其所，无失职者。召公生时，有这等恩德及民，所以殁后，百姓们犹追思之而不能忘，见他平日所尝栖止的棠树，也不忍砍伐，因作《甘棠》之诗歌咏之，即《诗经》上所载"蔽芾甘棠，勿剪勿伐"是也。是时周道方隆，诸侯奉贡，都来朝会于丰宫。又自成王以来，至于康王，两朝相继，海内晏然，太平无事，民不犯法,以此刑罚置而不用者,四十余年,真泰和之景象也。王在位计二十有六年而崩,子瑕立,是为昭王。

今评 成康盛世是在周公、召公、毕公的辅佐下,继承了文王武王的政策而取得的。文武政策的实质就是爱护百姓,使人民不失农时。

昭 王

紫微:星座名。即紫微垣,在北斗星之北,古以紫微垣比喻皇帝的居处。

元年。周道渐衰,月有光五色贯紫微,井水溢,王巡狩返济汉,汉滨人以胶胶船,王至中流,胶液,王及祭公皆溺死。在位五十一年崩,子满立。

张居正讲评 昭王既立,不能自强于政治,周道渐渐衰微。那时月有光芒五色,贯入大中紫微垣。又井水涌溢而出,月光水都是阴象,紫微垣乃帝座所在。今月光五色,井水上溢,皆是阴气太盛,而紫微为月光所贯,是阴气侵犯至尊之位,此皆下陵上替,阴谋将作之兆。而昭王不悟,犹巡狩南方,至于楚地,回时过汉水,汉水边的人恶王巡游劳扰,乃为王造船,不用钉灰合缝,只用胶粘了,王不知,径乘此船过水,到中流,那胶被水浸开,其船解裂,王与其臣祭公皆溺水而死。祭公,是王畿内的诸侯,从驾同行故俱及于难。其后周家以溺死为讳,竟不能讨汉人之罪,而王室自此遂卑矣。王在位五十一年崩,子满立,是为穆王。

今评 事实上昭王南征荆楚失败,全军覆没,才发生了乘船被淹死的事。

穆 王

穆王:周昭王子,名满,即位时年已五十。他东征徐夷,西征犬戎,《穆天子传》因以演述穆王乘八骏马西行见西王母的故事。

徐夷:亦称徐戎,古部族名,夏商周时期,分布于淮河中下游(今江苏西北和安徽东北)。春秋时先为楚所灭,后为吴所并。

元年。王立之后,徐夷作乱,率九夷以伐宗周,西至河上。穆王畏其逼,分命东方诸侯徐子主之。徐子嬴姓,地方五百里,行仁义,得朱弓矢,自以为天瑞,乃称偃王,陆地而朝者三十六国。王正西巡狩,乐而忘返,闻徐子僭号,乃命造父为御而归,以救偃王之乱。

穆王

【张居正讲评】 穆王既立之后,不监昭王之覆辙,而专以周游天下为乐,因此诸侯多叛之者,东方徐夷作乱,率九种之夷以伐宗周,其兵西至河上。穆王畏他侵逼,乃分命东方诸侯徐子管领东夷以防其乱。徐子姓嬴,所管之地,四方五百里,徐子见得自己国势强大,而穆王又荒乱,遂阴有不轨之志,假行仁义,以收拾人心,曾因开通沟渠,偶得个朱色的弓箭,自以为天降兴王之瑞,就僭号自称偃王,诸侯从陆地来朝于徐者,三十六国。穆王那时正在西边巡狩,乐极忘归,闻徐子僭称王号,恐他夺了天下,乃命其臣造父御八骏马,急忙回还起兵伐徐,以救偃王之乱,幸然胜之,而周得不亡,然亦危矣。夫昭王穆王,才承文武成康四王之后,以天命则未改,以人心则未离,但德政一衰,诸侯即叛,昭王南征,而遂丧其身,穆王西巡,而几亡其国。由此观之,为人君者,岂可矜崇高之势,恃祖宗之业,以为天下莫敢有谋我者,而遂肆然无恐哉!

【今评】 据下文徐偃王倒也是真"行仁义"的,他不愿伤害百姓而退避到彭城,百姓追随而去的竟有万家之多,此前诸侯来朝见的又有三十六国。这和商、周的先王的德行实在也差不多。

命楚伐徐,徐子爱民无权,不忍斗,乃北走彭城,百姓随之以万数。徐子将死,曰:"吾赖于文德,而不明武备,故至此。"穆王乃以赵城封造父,其族由此为赵氏。穆王将征犬戎,祭公谋父谏不听,王征之,得四白狼四白鹿以归,自是荒服者不至。王又命吕侯作祥刑之书,作刑以告四方,在位五十五年崩,子繄(yī)扈立。

楚:芈(mǐ)姓,周成王时封熊绎于楚蛮,子爵,称楚子,居丹阳,故地在今湖北秭归县东。后建都于郢,故址在今湖北江陵县西北。
彭城:治所在今江苏铜山县。
赵城:今山西洪洞县。
犬戎:古部族名,亦称畎戎、畎夷、昆夷等,殷周之际,游牧于泾渭流域,今陕西邠县岐山以北一带。为殷周西边的劲敌。
祥刑:指详审谨慎。祥通详。

【张居正讲评】 穆王闻徐偃王之乱,既使造父御车而归,以江淮之国,惟楚为大,而近于徐,乃命楚伐徐。徐子假借仁义以收民心,名为爱民而无权谋,不忍与楚战斗,乃北走彭城地方,百姓怀其私恩随之而走者,万有余家。徐子既败将死,自悔说道:"吾平日专靠着仁义之德,不讲明武备,所以至此。"其实篡窃之臣,何知文德,徒自夸耳。徐乱既平,穆王乃以赵城之地封造父,使世世居之,其宗族由此为赵氏。盖赏其为御而归以救乱也。夫穆王远游无度,自弃其百姓,故奸宄窃发,天下几亡,然则人君之于巡游,可不慎哉!后三十五年穆王又将西征犬戎之国,责他贡物。当时畿内诸侯有祭公谋父者,为王卿士,谏说先王耀德不观兵,犬戎本是荒服,惟继世一来朝见,不在宾贡之列,征之无名。穆王不听,发兵征之,止得四白狼四白鹿以归,自是荒远的属国,都不复来王,盖以征之非其职也。夫威亵而不震,故戎玩而不服,徒以一异物之故,遂失远方戎狄之心,然则人君之于征伐,可不慎哉!后五十年,王又命司寇吕侯,作祥刑之书,以告四方,即今《书经》上《吕刑》篇是也。其书专训赎刑,盖穆王巡游征伐,财匮民劳,晚年耄荒,乃为此一切权宜之术,以敛民财耳。然其篇中,反覆晓告,曲尽典狱情状。故刑,凶器也,而谓之祥,其哀矜恻怛之意,亦可想矣。此孔子叙书所以有取也。然则人君之于刑狱,可不慎哉!在位五十五年崩,子繄扈立，是为共王。

今评 西周昭王、穆王时期，与四周少数民族的关系相当紧张，不时受侵犯。周穆王西征犬戎，得"四白狼四白鹿以归"，据近人研究可能是犬戎个别部落的名号。周穆王晚年制《吕刑》，提出了一些初期的刑律思想，对后代影响很大。

共王　懿王　孝王

夷　王

夷王：周夷王名燮，周懿王子。周孝王在位十五年，死后由懿王太子夷王继位。据《竹书纪年》伐太原之戎为夷王七年。

俞泉：在今太原西北。

元年。觐礼不明，王始下堂而见诸侯。荒服不朝，命虢公帅六师伐太原之戎，至于俞泉，获马千匹。在位十六年崩，年六十，子胡立。

张居正讲评 周自昭王以来，历共王、懿王、孝王，都不修德政，周道浸衰。至于夷王之时，王室日益微弱，诸侯日益强大，朝见之礼不明，夷王始以天子之尊，下殿堂而见诸侯，盖亵其居尊之体矣。于是朝政不纲，四夷背叛，荒服之国，皆不来朝。夷王不思增修德政，乃命虢公帅六师以伐太原之戎，至于俞泉地方，仅获马千匹而已。在位十六年而崩，年六十，子胡立，是为厉王。

今评 只有王室自己振兴修德，单纯使用武力，起不了作用。

厉　王

厉王：（？—前828年），周穆王四世孙，名胡，以好利闻名，命令卫巫监视"国人"，杀死议论他的人，公元前841年"国人"发难，他逃到彘（今山西霍县），死在那里。

元年。王为人暴虐无道，淮夷入寇，王命虢仲征之，不克，王好任荣夷公。大夫芮良夫谏曰："夫利，百物之所生也，天地之所载也，而或专之，其害多矣。匹夫专利，犹谓之盗，王而行之，其归鲜矣。荣公若用，周必败。"既荣公为卿士，诸侯不享。

厉王

张居正讲评

厉王即位之元年（前857），因见他父夷王懦弱，诸侯背叛，欲振之以威强，然其为人，暴虐无道，好利不仁，故周道愈衰。东方淮夷入境寇掠，厉王命虢仲为将，领兵征之，不能攻克，盖王既无道，兵不用命，故师出而无功也。那时有臣名荣夷公者，专务谋利，以媚于王，王喜好信任他。大夫芮良夫谏说："夫利，乃百物之所生，天地之所载，当与天下共之，不可专也。若专利于己，则害及于人者必多矣。故虽匹夫而专利，犹且叫他做盗，为其夺人之利，与盗贼无异也。况王者为天下之主，当布利于下，而乃行专利之事，则民心不服，归者不亦鲜乎。王若不将这荣公疏远了他，周之王业，必至败坏。"王不听，专任荣公，及荣公为卿士之官，诸侯果皆离心，不来朝享，恶其好利而不好义也。《大学·平天下章》有曰："小人之使为国家，灾害并至，虽有善者，无如之何矣。"其厉王之谓哉！

今评 利益是支撑社会存在和发展的杠杆，国家的任务就是调节均衡社会各阶级、各阶层人们的利益，使之不致冲突，维持社会正常发展的秩序。君王也谋利，那就是利用手中的权力夺取人民的利益。所以厉王好利，弄得人心解体，诸侯也不来朝贡，加速了国家的败亡。

王行侈傲，国人谤王，召公告曰："民不堪命矣。"王怒，得卫巫，使监谤者，以告则杀之，国人莫敢言，道路以目。王喜，告召公曰："吾能弭谤矣。"召公曰："是障之也。夫民虑之于心，而宣之于口，成而行之，胡可雍也。今王塞下之口，而遂上之过，恐为社稷忧。"王不听，于是国莫敢出言。王心戾虐，万民弗忍，后三年乃相与叛袭王，王出奔于彘。王在彘，不敢归，二相周公、召公以太子静尚幼，乃相与和协，共理国事，故称共和。王崩于彘，在位十七年，并共和三十七年。

> 国人：指居住在国都城内的人。谤：批评指责。
> 彘(zhì)：地名，厉王流于此，故地在今山西霍县东北。明属平阳。
> 共和：周厉王奔彘后，一说由共伯和摄行事，号共和元年；一说由召公、周公共同执政，号共和行政，共十四年。中国从此年（前841年）有了准确的纪年。

张居正讲评

弭，是止。障，是作堤防以御水。厉王奢侈傲慢，暴虐其民，国人嗟怨，都出谤讪之言，召公谏厉王说道："今百姓被上之虐害，苦不聊生，故谤言日闻，王不可不改图之也。"厉王不听召公之言，反嗔怒百姓谤他，乃寻得卫国中一个降神的师巫，着他监视国中的人，说这巫能通神，但有造言兴谤的，他就知道，奏闻于王，拿来杀了。自是国人不敢声言，在道路上彼此以目相视，盖口不言而心实非之也。厉王不知民怨愈甚，方自喜其得计，告召公说："我今设此二法，果能止谤矣。"召公对说："王以刑杀止谤，如筑堤堵水一般，水势大了，强去堵截，冲决愈甚；民心怨了，强去禁制，为祸愈深。大凡人的言语，都从心上发将出来，心里念虑已成，自然要发于言语之间，如何止得他不说，纵能止得百姓的口，止不得他心里怨嗟。王今用法以塞下之口，执迷以成己之过，切恐民怨日增，祸乱将作，为社稷忧矣。"王不听，于是国人莫敢出言，而王之暴虐愈甚，百姓忍他不过，到后三年，遂相率作乱，乘其无备而攻之。王避祸，逃走于彘，不敢回京。彘即山西平阳县地方。周、召是天子畿内之地，那时王之卿士有食邑于周、召者，也称做周公、召公。二公并相，见得国有大变，而太子静年幼，未能治国，乃相与同心协力，共理国事，以定祸乱，故号称共和，待太子长而后立之。王毕竟居彘而崩，在位十七年，通共和为三十七年。夫盛明之世，颂声四作，足以自安矣。而乃悬闻谤之令，昏乱之世，怨谤朋兴，可以为戒矣。而乃为弭谤之刑，此兴亡治乱之所以悬殊，而有国家者之不可不鉴也。

今评 周厉王以监视、杀戮来止谤，既愚蠢又残酷，终致失家，但后世不少君主往往仍以不同的方式重蹈其覆辙。

宣　王

宣王名静，是厉王之子。厉王奔彘，静年尚幼，周公、召公共摄国事。至是厉王崩，静年亦长，周、召二相，乃共立之为王。

<small>淮夷：古部族名。夏至周时分布于今淮河下游一带。西周时曾与徐戎数次联合抗周，春秋以后附于楚。</small>

元年，召公、周公辅王修政，法文、武、成、康之遗风。王命召公伐平淮夷，申伯、仲山甫顺天下，更失理，喻德教，举遗士，海内翕然向风，诸侯复宗周，尹吉甫作诗美之。

宣王既立，召公、周公辅王内修政事，外攘夷狄，法文武成康之遗风。于是狎狁蛮荆，次第剪伐。时淮上之夷亦叛，王命召公虎帅师讨平之，又委任申伯、仲山甫，内则辅养君德，外则统领诸侯；入则典司政本，出则经营四方。由是顺抚天下的人民，更补朝政的阙失，宣布天王的德教，搜举隐遗的贤士，一时纪纲振肃，中外清明。海内之人，皆欣然仰德向风，诸侯也都复尊周室，而修朝贡之礼。故贤臣尹吉甫作诗以美之，即今《诗经》上《崧高》、《烝民》诸篇是已。盖宣王有志拨乱反正，而又能推心任用众多贤臣，此其赫然中兴也。

今评 周宣王被认为是周代的中兴之主。但由于周朝的国势已衰，诸侯日益强大，宣王又不能善始善终，晚年又一意孤行，对外战争连连失败，这种中兴也只能昙花一现。

<small>藉：古时帝王于春天亲耕农田，谓之藉田。藉者借也，实际上是借民力来耕作，而帝王只是在开耕时象征性把一下犁耙，所以又称为"藉田礼"。周时天子藉田千亩，诸侯藉田百亩。所以千亩也是天子藉田的代称。</small>

王不藉千亩，虢公谏曰："民之大事在农，故稷为大官。今欲修先王之绪，而弃其大功，匮神乏祀，困民乏财，将何以求福用民？"王不听。

张居正讲评

千亩，是天子躬耕藉田之处，宣王不修藉田之礼，其臣虢文公谏说："民之大事，惟在于农，盖农为国家根本命脉，上以供神之祭祀，下以足民之财用，故我先王后稷在虞廷之时，特为九官之首，有大功于生民，传至子孙，以此积功累仁，而有天下。今王欲修先王绪，而乃弃其大功，上匮缺了神祇的祭祀，下困乏了生命的财用，国本先伤，将何以求福用民乎。"王竟不听。夫宣王，贤君也，顾乃忽于躬耕之大事，而不用贤臣之忠言，此中兴之治，所以终不能及成周之盛时，而诗人因之美刺并作也。岂不深可惜哉！

今评 周代就是从重视农业而发展起来的，宣王号称要继承祖先的事业，却不行藉田礼，可谓"忘本"。

四十六年。初，王将杀其臣杜伯，而非其罪，伯之友左儒争之于王，九复之而王不许。王曰："汝别君而异友也。"儒曰："君道友逆，则顺君以诛友，友道君逆，当帅友以违君。"王怒曰："易而言则生，不易则死。"儒曰："士不枉义以从死，不易言以求生。臣能明君之过，以正杜伯之无罪。"王杀杜伯，左儒死之。在位四十六年崩，子宫涅立。

张居正讲评

初时，宣王要杀其臣大夫杜伯，杜伯本无可杀之罪，是王用刑差了。那时杜伯有个朋友叫做左儒，进谏于宣王说，杜伯不当杀，凡九次往复言之，王都不准，且怪责左儒说："我欲杀杜伯，而汝力救之，不知顺上之意，是汝自外于君，而独私其友也。"左儒对说："君臣朋友，都是人之大伦，臣岂敢违背君父，而私厚朋友，但看道理上顺逆何如耳？若君上所为合道理，而朋友为逆，则顺从其君以诛友。此非从君，乃从道也。若朋友所为合道理，而君上为非，则率从其友以违君，此非违君，乃违其非道也。"宣王发怒说："你改换了这言语，顺从我则生，不然则死。"左儒对说："为士者只论是非，不顾生死。如其非义，岂可枉义以就死；如其合义，岂肯违义以求生。今王枉杀杜伯，是王的大过失，而王不自知，故臣能尽言发明君上之过失，而辩理杜伯之无罪，何敢易言以避死乎。"宣王终不听左儒之言，杀了杜伯，左儒亦相从而死。夫人君以从谏为盛德，以改过为美事，然往往不能者，其故有二：一是不晓得自家的不是，而疑其臣之偏私；二是不肯认自家的不是，而耻其臣之面诤，如讳疾而忌医，宁灭其身而不悟也。宣王只这一念之差，以致二士不得其死，未免为中兴之累，前面许多功业，都不得为全美。后世读史者不称宣王为明君，而称左儒为义士；过成于上，名归于下，岂不甚可惜哉。杀杜伯在四十三年（前785），后三年而王崩，子宫涅立，是为幽王。

今评 周宣王杀杜伯一事，说明他虽一度中兴，但终非明主。左儒为了坚持真理，在权势和死亡面前毫无退缩的大无畏精神，应该予以发扬。张居正指出一些君主犯过失的思想根源，也很有启

宣王　幽王

发意义：一、不认识自己的错误，反而怀疑臣下偏私；二、不承认自己的错误，讳疾忌医，直到亡国灭身而不悟。这种人无论在古在今都大有人在，应该引以为戒。

幽　王

幽王（？—前771）名宫涅，宣王子。公元前781—前771年在位。被犬戎杀于骊山下，西周亡。

季：末世，末年。

二年。西州三川皆震，伯阳父曰："昔伊洛竭而夏亡，河竭而商亡，今周德若二代之季矣，其川源又塞，塞必竭，川竭，山必崩，国亡不过十年，数之纪也。"是岁三川竭，岐山崩。

张居正讲评　西州，是镐京，周家建都的地方。三川，是泾水、渭水、洛水。震，是地动。幽王之二年，西州及三川地方，一时震动，时周大夫伯阳父说："周将亡矣。在昔有夏，伊、洛二水涸竭，而夏祚灭亡。在昔有商，河水涸竭，而商家沦丧。今观我周之德，亦似夏商之末年矣。夫地动，则泉源必至壅塞，源塞，则川流必至涸竭，川竭而水泉不润，则山必枯朽而崩，山崩川竭，亡之征也。由今纪之，国之亡也，不过十年。盖数起于一终于十，此数之一纪也。夫天之所弃，谁能违之。"是岁三川竭，岐山崩，后至十一年，幽王果为犬戎所灭，平王东迁，而王室衰微，伯阳父之言，至是验矣。

今评　古人叙述这些事情的目的，是警告人君应畏惧上天，自我修省，不能胡作非为。

虢石父为人佞，善谀好利。王以为卿，用事专任，国人皆怨，政治多邪，诸侯或叛，王室始骚。

张居正讲评　幽王之时，奸臣虢石父，既与褒氏同谋，谮废了申后、太子，其为人又巧谄捷给，善能阿谀奉承而贪好货利。王不察其奸，反用以为卿相，专管国事。国人见这等奸佞得志，众心不服，所以皆怨，朝廷的政治，为他所坏多有偏邪。前此宣王之时，诸侯宗周，中兴王室，至是诸侯或有背叛，王室始骚动不安矣。夫宣王用周公、召公、申伯、仲山甫、尹吉甫诸贤，相与左右，才能中兴，而幽王以虢石父用事，遂致骚动。所谓众君子成之而不足，一小人败之而有余者也。用人之际可不慎哉！

今评　"众君子成之而不足，一小人败之而有余"，可谓用人者的至理名言。

十一年，王欲杀故太子宜臼，求之于申，申侯弗予，王伐之，申侯与鄫人召西夷犬戎伐王。王举烽火征兵，兵莫至。在位一十三年，犬戎遂杀王于骊山下，虏褒姒，并杀郑桓公，尽取周宝赂而去。诸侯即申国立故太子宜臼，是为平王，以奉周祀。

> 鄫(céng)：国名，约在陕西、山西间。又地名，春秋时在郑国境内，今河南方城一带。
> 骊山：在今陕西临潼县东南。

张居正讲评　　鄫，是国名。犬戎，是戎狄名。幽王既废太子宜臼，立褒姒之子伯服为太子，恐宜臼尚在，日后或为伯服之患，欲杀宜臼以除根。是时宜臼出奔于其母家申侯之国，幽王使人就申侯处取要宜臼，申侯不肯送出，幽王怒，举兵伐之，申侯与鄫国之人召西夷犬戎同伐幽王。初时王曾戏举烽火，召诸侯以致褒姒之笑，诸侯由此怨叛，不奉王令。至是王因有夷戎之乱，复举火以召诸侯，诸侯因前番哄了他，至此无一人来救者。幽王在位之一十三年，遂被犬戎杀害于骊山之下，连褒姒也虏去了。是时郑桓公名伯友者，为周司徒之官，亦为所杀。犬戎遂入周室，尽取其所积的宝赂而去。诸侯思念文、武、成、康之德，不忍其绝，乃就申国立旧太子宜臼，是为平王，以奉周家之祀。

今评　周幽王废掉嫡长子太子宜臼而立褒氏之子伯服，引发了统治集团内部的分裂，导致西周灭亡。

平　王

　　元年。是时幽王既为犬戎所杀，丰、镐逼近戎狄不可居，乃东迁都于洛邑。自都洛邑之后，王室微弱，号令不行于诸侯，政由方伯，齐、楚、秦、晋渐大。齐，太公吕望之后。楚之先，黄帝之后，周初有鬻熊，事文王成王之时，封其子熊绎于楚，姓芈氏。秦，伯益之后，姓嬴氏。周孝王之时，有非子者，善养马，孝王封为附庸诸侯，邑于秦。晋之先唐叔虞，盖武王之子也。成王与唐叔虞戏，剪桐为珪，于是封叔虞于唐，国又号晋。更历春秋之世，此四国更相征伐，天子不能制。

> 平王(？—前720)周幽王子，名宜臼。公元前770—前720年在位。迁都洛阳，史称东周。

张居正讲评　　这一段是史臣记春秋之始，此时幽王既为犬戎所杀，于是平王以戎势渐盛，丰镐旧都与之逼近，恐被侵暴，不可久居，遂弃而避之，东迁都于洛邑。自都洛邑后，王室日益微弱，天子的号令，不复行于诸侯。天下诸侯不听命于天子，而听命于大国之为方伯者，政令都由他出。于是齐、楚、秦、晋四国渐渐强大，各雄长一方。齐是太公吕望之后，周初佐武王为尚父，其后到桓公而霸。楚是黄帝之后，周初有鬻熊者，为文王之师，成王时封其子熊绎于

平王

楚地，姓芈氏，其后到庄王而霸。秦是虞臣伯益之后，姓嬴氏，周孝王时有非子者，善养马，孝王封之，其国甚小，朝贡之礼不能自通于王，但附大国而行，叫做附庸之国，邑居在秦地，其后至缪公而霸。晋是唐叔虞之后，叔虞为武王子，成王弟。成王戏剪桐叶为珪以与叔虞，史佚遂请封之于唐尧所都地方，以其南有晋水，国又号为晋，其后到文公而霸。这四国更历春秋之世，二百四十二年间互相征伐，周天子不能制焉。夫平王避犬戎之难，周室东迁，而王纲不振如此。正如人家偶被小人侵侮，不能发愤自立，便抛弃了祖宗数百年的家业，避居别处。所以气势日益消索，就是自家平日管下的人，也不听命，其强悍者，各自专擅，主人无奈他何。春秋之势，何以异此。是以有国家者，当以修德为本，揽权为要，不可一失其操柄，徒苟且目前，以至陵夷而莫之救也。

今评 平王东迁，是周代的历史转折点。此后，王室力量微弱，齐、楚、秦、晋四国诸侯壮大。张居正指出，一个国家的统治者，遇到危难时，一是要修德振兴；二是要掌握权柄，不能为一时的苟安，导致受制于人。

卷之四 周纪

鲁隐公（？—前712）：名息姑，前722—前712在位。
鲁史《春秋》：孔子所作，上起鲁隐公元年（前722），下至鲁哀公十四年（前481），共记二百四十二年事。

四十九年，鲁隐公元年也。鲁公，周公伯禽之后。天子微弱，赏罚不行。孔子修鲁史《春秋》，始于鲁隐公元年，盖寓褒贬于赏罚，以正一王之法。在位五十一年崩。平王崩，子之子林立。

张居正讲评

《春秋》，是鲁国的史书。古者列国都有史书，记事记言，其名各不相同。而鲁国之史名为"春秋"。周平王四十九年，是鲁隐公之元年也。鲁公，是周公与伯禽之后也。此时周已东迁，天子微弱，赏罚之权，不行于诸侯，臣子陵君父，夷狄侵中国而王法渐废矣。孔子见得周道之衰，实自此始。而鲁隐公为周公之后，不能继其先世之功，以匡复王室，心甚伤之。于是因鲁国原有史书，名叫"春秋"，孔子就取而笔削之，修成一书，特起于鲁隐公元年。书中所载事迹，虽因鲁史的旧文，而书法之间，则往往自创新意，以褒贬寓赏罚。有功的，天子不能赏，孔子则用一字褒他，以寓赏功之意，如大夫而贤，则书其字之类是也。有罪的，天子不能罚，孔子则用一字贬他，以寓罚罪之意。如诸侯而恶，则书其名之类是也。使一王之法，虽不正于朝廷之上，而犹正于史册之间，乱臣贼子虽能逃当时之典刑，而不能逃后世之公论，盖圣人拨乱反正之微权也。所以孟子说"孔子成《春秋》而乱臣贼子惧。"正谓此也。然有天下者，不能自操其赏罚，以致无位之圣人，为之寄赏罚于史书，亦可慨矣。平王在位五十一年崩，太子先卒，太子之子名林继立，是为桓王。

今评 平王东迁以后，周王室只是名义上的天子了。孔子借修鲁史《春秋》的名义，寓赏罚于褒贬之中，以维护周室的权威和正统地位。所谓《春秋》笔法，就是在叙事中坚持褒贬和正统的是

非观念。

桓王　庄王

釐　王

釐王（？—前677）：周庄王子，名胡齐，前681—前677年在位。

齐桓公（？—前643）：齐襄公子，名小白。前685—前643年在位，共四十三年。在位期间，任用管仲，富国强兵，为春秋五霸之首。

　　三年。齐桓公始霸，会诸侯为盟主。桓公用管仲为政，四民不使杂处，制国为二十一乡，作内政而寄军令，谨正盐策。桓公专任管仲，号曰仲父，国事皆令问仲父，故管仲得以尽其材。故能九合诸侯，不以兵车，成霸功者，管仲之力也。

张居正讲评　　霸，是诸侯之长。盟，是约誓。盐策，是盐法。周釐王三年，齐桓公初霸诸侯。那时周室衰微，夷狄强盛，桓公始约会列国诸侯，立盟誓，以尊周攘夷为事，而齐独强大，故桓公为盟会之主。桓公以国事任贤臣管仲。管仲为政，大约以富国强兵为主，于是定制，使士农工商四样人，各居一处，不相混杂。其耳之所闻，目之所见，都是他本等职业，则心专而艺精。管仲欲修明军政，恐诸侯晓得，也做准备，便不可以得志于天下，于是分制国内之地，做二十一乡，每乡各立一长，领二千人，其中大小相统，什伍相司，只当做治国的政令，其实里面暗藏着军法。遇有征伐，则二十一乡之长各将所属以听调遣，不待临时金派，而兵马自足，军政自定矣。齐地滨海，盐利为重，管仲令民以冬月煮盐，取而积之，至春农事方兴，煮盐有禁，这时粜盐与人，而盐价顿高，上专其利，是以齐之富强，过于列国，能为诸侯盟主。由是桓公益专任管仲，加以尊称，号曰仲父。国中政事无大无小，都听管仲处置，故管仲得以展尽其材，而谋无不遂，计无不成。所以桓公九次会合诸侯，不假兵车之威，自能使诸侯听命，以成其霸业者，皆管仲辅相之力也。夫管仲，霸者之佐耳，桓公能信用之，遂成霸业如此。若使为帝王者，而能任帝王之佐，则其功业所就，岂小小哉！

今评　管仲在齐国进行了一系列的政治、经济和军事上的改革，使齐国很快强盛起来。张居正在这里强调这虽是管仲的功劳，但关键还是齐桓公善于用人。这种看法是比较全面的。

惠　王

襄　王

> 襄王（？—前619）：周惠王子，名郑，前651—前619年在位。
>
> 葵丘：地名，春秋时属宋，在今河南考城县东三十里。

元年，齐桓公会诸侯于葵丘，王使宰孔致胙于齐桓公，使无下拜。桓公曰："天威不违颜咫尺。"乃下拜登受。

张居正讲评　葵丘，是地名。宰孔，是周之冢宰名孔。胙，是祭肉。八吋为咫。咫尺，是说甚近的意思。周襄王之时，齐桓公方主盟称霸，大会诸侯于葵丘地方。束牲载书以明天子之禁，使诸侯各修其职，以尊周室。即今《孟子》上所载"五命"之词是也。襄王嘉齐桓公能主夏盟，尊周攘夷，乃使宰孔将祭文王、武王的胙肉赐与桓公。盖庙胙惟同姓之尊者，始得颁给，今以赐桓公盖尊礼之也。王又以桓公年老，命他受赐之时，不必下拜。桓公对说："王虽命我不下拜，然朝使下临，就如瞻对天子一般，天威不远，近在咫尺之间，何敢不下拜乎？"乃拜赐于堂下，而登受于堂上，礼也。当时周室衰微，诸侯强大，而桓公独能守臣节，以尊天子，此所以诸侯宾服，而为五霸之首也。

今评　齐桓公称霸，所打的旗号就是尊王攘夷。尊王就是尊奉周室的天子地位，攘夷就是排除夷狄民族对华夏的侵犯和破坏。所以当周襄王给他以殊礼时，他仍然很谦逊地尽臣子之礼，从而得到周天子的心理满足和诸侯们的拥戴。他的这种做法，为后来称霸者所沿用。

顷王　匡王

定　王

> 定王（？—前586），周匡王弟，名瑜。前606至前586年在位。
>
> 楚庄王（？—前591）：楚穆王子，名旅（一作侣）。芈（米）姓，前613—前591年在位。

元年，楚庄王始霸。楚本子爵，夷王之世，已僭称王，厉王暴虐，乃去王号。东迁之后，王室微弱，遂僭号称王。

张居正讲评　周定王之时，楚庄王侣始霸，主诸侯的盟会。楚国初封，本只是子爵，至夷王之世，楚子熊渠吞并小国，僭称王号。其后厉王暴虐，熊渠恐被征伐，乃去王号。至平王东迁之后，王室微弱，楚子熊通无所忌

悝,遂自立为武王。周家诸侯之僭王,自楚始也。又四传至庄王始霸,于是终春秋之世,无岁无楚之兵矣。

今评 称王也好,称霸也好,都说明周代的没落,中国古代已进入一个新的历史时期。

三年,楚伐陆浑之戎,观兵于周郊。王使王孙满劳之,楚子问鼎之大小轻重,欲逼周取其鼎。满对曰:"在德不在鼎,周德虽衰,天命未改,鼎之大小未可问也。"楚子羞惧而退。

陆浑之戎:古戎人的一支,原在瓜州(今甘肃敦煌境)的陆浑居住,后被秦晋诱迫,迁到伊川(今河南伊河流域),仍以陆浑为名。汉置陆浑县,故城在今河南嵩山县东北。

张居正讲评 陆浑,是地名,在今河南嵩县地方。鼎,是夏时所铸的九鼎,历代相传以为重器。定王三年,楚伐陆浑之戎,遂到周家郊外,大陈其兵以示威强。定王因楚兵过周,使大夫王孙满迎而劳之。楚子问九鼎之大小轻重,意欲以兵威逼胁周家而取此鼎。王孙满对说:"主天下者在于有德,足以受天命,不系于鼎之有无,夏德衰而商德盛,故鼎始移于商,商德衰而周德盛,故鼎始移于周,如今周德虽已渐衰,但文武成康遗泽犹存,天命尚未改移,鼎之大小未可遽问也。"王孙满此言,其拒楚之意至矣,于是楚子羞惧,退兵而去,不敢取鼎。当此时,周家至弱,楚国至强,然王孙满一言,即足以折其不轨之心如此。使为周王者,能修德自强,则楚岂敢复为僭王之举哉!惜乎周之不能也。

今评 虽然王孙满义正词严地拒绝了楚子的无理要求,但并没能挽救周王朝的命运。

简　王

灵　王

三年,无终子嘉父,使孟乐如晋,因魏绛请纳虎豹之皮以和戎,晋悼公曰:"戎狄无亲,不如伐之。"魏绛曰:"诸侯新服,陈郑来和,将观于我,我德则睦,否则携贰。"因陈和戎有五利。晋侯乃使魏绛盟诸戎。十年,郑人赂晋以歌钟镈磬女乐,悼公以其半赐魏绛,曰:"子教寡人和诸戎狄,以正诸华,九年之中,如乐之和,无所不谐,请与子乐之。"二十一年,孔子生。在位二十八年崩,子贵立。

灵王(?—前545):周简王子,名泄心,前571至前545年在位。

无终:山戎国名,其君为子爵,在今河北玉田县,一说在山西太原市东,后被晋国所并,徙于河北涞源县一带。

晋悼公(?—前558):名周。前572年—前558年在位。

歌钟:即编钟。**镈**(bó):大钟。**女乐**:能歌舞的女子。

孔子(前551—前479):名丘,字仲尼。儒家的创始人,大思想家和教育家。春秋末期鲁国陬邑(今山东曲阜)人,曾删修鲁国的史书《春秋》,整理《诗经》《尚书》等书,主要思想言论载于《论语》一书中。

灵王

张居正讲评　无终子嘉父，是戎狄之君长，名叫做嘉父。携贰，是离心改变的意思。周灵王之三年，晋悼公方为诸侯盟主，以尊周攘夷为事，于是戎狄慕义，欲求通好。当时诸戎中，有无终国君名嘉父者，使其臣孟乐，来到晋国，持着他国中所出的虎豹之皮，托晋之贤臣魏绛，献与悼公，以求和诸戎。魏绛劝悼公从其所请。悼公说："戎狄无亲，难以恩结，不如伐之，未可与和。"魏绛对说："今君方取威定霸，诸侯新服于晋，陈、郑初来通和，正看我的德义何如。我若修德招怀远近，他便都来亲睦；我若灭德逞威，他便离心改变，不肯服从。君不可失此机会，绝戎好而弃诸侯也。"因详陈和戎的利益有五：戎狄聚处贵货财，轻土地，其土可交易而得，是一利；边鄙不惊，民安田野，农夫成功，是二利；戎狄事晋，四邻振动，诸侯威怀，是三利；以德抚戎，师徒不勤苦，甲兵不劳顿，是四利；远人既至，近者亦安，是五利。晋悼公闻言，欣然从之，就使魏绛盟约诸戎，与之讲和。自此，戎狄归顺，诸侯宾服，王室得安，晋国亦强。到周灵王之十年，郑人因感晋悼公有存郑之德，遂谢晋以歌钟、镈磬、女乐。前面魏绛所谓"我德则睦"者，至此验矣。晋悼公思魏绛之功，因以其乐之半赐之，说道："子教寡人和诸戎狄，以正诸中华之未服者。到今九年之中，虽然戎狄怀柔，诸侯辑睦，如音乐之和，无所不谐，这都是子之力也。我岂可独享此乐，请与子共乐之。"周灵王二十一年，孔子生。盖天生圣人，万世道统所系，故作史者，谨书之。灵王在位二十八年崩，子贵继立，是为周景王。

今评　晋国和戎，成效显著，张居正意在说明明代政府对待北方的蒙古和东北方的女真，也应采取和的方式。

卷之四　周纪

孔子为鲁司寇摄行相事应为周敬王二十四年，公元前496年。

司寇：官名，西周时始置，春秋、战国时沿用，掌管刑狱纠察等事。

三十四年，孔子由鲁司寇摄相事。其初人谤曰："麛裘而韠，投之无戾，韠之麛裘，投之无邮。"三月政成化行，民咏之曰："衮衣章甫，实获我所，章甫衮衣，惠我无私。"

张居正讲评　麛是鹿子，麛裘是以麛皮为裘，盖古时卿士大夫之服。韠是刀鞘，古人佩必用刀，取其于事能断也。戾字解作罪字，邮是过，与尤字义同。衮衣，是上公之服。章甫，是冠名。周敬王三十四年，孔子由鲁司寇之官，而权摄鲁国相事，欲以文、武、周公之道，施行于鲁，乃从而正纪纲，明教化，反其弊政。此时，鲁国法度废弛已久，人皆习于因循苟且，一旦见孔子这等振作起来，遂不能堪，反而作为歌诗以谤讪之，说道："麛裘而韠，投之无戾，韠之麛裘，投之无邮。"这麛裘与韠，都暗指孔子身上的服佩。说那服麛裘而佩韠之人，深为民害，我欲投而去之，只是他无罪戾可指，无怨邮可乘耳。其反复言之者，恶之深而急欲去之也。然常人之情，难与虑始；圣人之心，太公至正，虽有此谤讪之言，孔子也不去理会他，只管依着道理法度行将去。及到三月之后，政事成就，教化大行，鲁国之人，无不受其恩惠者，于是向前造谤之人，也都心悦诚服了。又作为歌诗以称诵之说道："衮衣章甫，实获我所，章甫衮衣，惠我无私。"这衮衣章甫，也指孔子身上的冠服。说这冠章甫而服衮衣之人，果能安辑我百姓，使我人

人各得其所。他从前所行的政事，都是施恩惠于我，而非有所私也。其言之不一者，盖喜之甚，而爱之切也。夫孔子以至圣之德，行帝王之道，其初犹不免招谤如此。可见成大事者，不和于众，而为人君者，欲用非常之人，则不可挠于群议矣。

今评 改革总要触动一些人的利益，所以遭到某种程度的反对是必然的。所以在改革问题上要明辨是非。

景　王
敬　王

初伍员与申包胥为友，皆楚人也。伍员父为楚平王所杀，员奔吴，与包胥别，员曰："我必覆楚。"包胥曰："我必复之。"伍员既奔吴，遂导吴伐楚；既入郢，遂鞭平王之尸。包胥乃如秦乞师，秦伯使就馆，包胥依于庭墙而哭，日夜不绝，饮食不入口七日。秦哀公为之赋《无衣》，乃为之出师。申包胥以秦师至，遂败吴师。吴师乃归，昭王复国。

敬王(？—前476)：周景王子，名匄。景王死，诸子争位，晋人攻入，立匄为王。前519—前476年在位，共四十四年。

楚平王(？—前516)：楚共王幼子，名弃疾，即位后改名熊居，前528—前516年在位。在位期间，听谗臣费无忌之言杀太子傅伍奢及其子伍尚。

秦哀公(？—前501)：秦景公子，前536—前501年在位。《无衣》：《诗经·秦风》之一篇，叙战士同仇敌忾之意。

昭王：即楚昭王(？—前489)，楚平王子，名珍，吴兵入郢，昭王出逃，秦兵援助复国。前515—前489年在位。

张居正讲评 郢，是地名，楚之国都也。初时楚臣有伍员者，与申包胥为朋友，这二人本皆楚人也。伍员之父伍奢，因进谏于楚平王，为平王所杀，欲并杀其二子。而其次子伍员，逃奔于吴，将逃之时，与申包胥相别。伍员说："我必要覆亡楚国。"盖但知父仇当报，而不能裁以君臣之大义也。申包胥说："我必要兴复楚国。"盖惟知臣节当尽，而不敢徇其朋友之私情也。伍员既到吴，吴王听用其谋，遂劝吴王伐楚，及破楚而入其国都。那时楚平王已死，其子昭王逃避于外，伍员遂掘平王之墓，取其尸而鞭之。申包胥欲兴复楚国，思量唯有秦兵强盛，可以敌吴，乃往秦国借兵救楚。秦伯初时不欲救楚，使他且就宾馆中安歇。包胥自念国破君奔，不忍就馆，只依立于秦之庭墙而哭，日夜不绝声，饮食不入口者凡七日。秦哀公见他这等忠义，为之感动，而歌《无衣》之诗，以示出兵之意，乃许他借兵以救楚。申包胥带领秦兵，回到楚地，与吴师战而败之。吴师始去，昭王复归其国。申包胥复楚之言，至是验矣。按楚信费无忌之谗说，而戮伍奢之忠，纵子常之贪利，而结蔡侯之怨，此吴师之所由来也。其受祸之惨，有不可言者，使无申包胥则是时楚遂灭矣。国以一人亡，以一人兴，信哉！此用人者，所当鉴也。

今评 伍员与申包胥虽是朋友，但各为自己的主张奋斗而义无反顾。讲评特别宣扬申包胥对楚之忠，告诫君主，在用人上要十分谨慎,很有借鉴意义。

元　王

元王(？—前469):周敬王子,名仁,前475年至前469年在位,计七年。《史记·周本纪》作八年。

勾践(？—前465):春秋末越国君主,越王允常之子。前497—前465年在位。曾被吴国大败,发愤图强,卧薪尝胆,灭亡吴国。

吴王:指吴王夫差(？—前473),春秋末国君主。公元前495—前473年在位。先打败越国。后被越打败,自杀国亡。

三年,越伐吴,灭之。初越勾践为吴所败,栖于会稽,使大夫种行成于吴,吴王许之。勾践反国,乃苦身焦思,置胆于前,卧即仰胆,饮食即尝胆,身自耕作,夫人自织,折节下贤,厚遇宾客,赈贫吊死,与百姓同其劳苦,二十余年。其民生长可用,乃以伐吴。

【张居正讲评】栖,是屯聚。会稽,是山名,在今浙江绍兴府地方。行成,是讲和。折节,是屈体卑下的意思。元王三年,越王勾践举兵伐吴,遂灭其国。初时,勾践曾与吴王夫差战败,国破家亡,只收得些残军败卒,保栖于会稽山上,使其大夫名种者,到吴王军中讲和,愿举国臣服于吴,求赦其死。那时吴王自恃兵力强盛,足以制服勾践,不思后患,就许他讲和而去。勾践幸得归国,外虽事吴,内实用范蠡、大夫种之谋,勤苦其身,焦劳其心,日夜思报吴仇,乃置胆于坐处,睡卧时便仰视之,饮食时便取尝之,示不敢亡其苦也。于是身自耕作,夫人自织,就是自家的衣食,也不敢以劳民。至于士有贤能的,则屈身卑下之,以结贤者之心。宾客从四方来的,则厚礼接待之,以接宾客之心。又爱养百姓们,赈济其贫穷,吊问其死丧,身与之同劳苦,以结百姓之心。十年生聚,十年教训,如此谋了二十余年,其民生长可用,乃用之以伐吴,杀了吴王夫差,卒灭吴国,而雪会稽之耻焉。夫吴王以胜而骄,故灭。越王以败而惧,故兴。由是观之,胜亦可败,败亦可胜,只在此心矜骄畏惧之间而已。古语说:"生于忧患,死于安乐。"又说:"有以无故而失守,有以多难而兴邦。"岂不信哉！

【今评】吴越两国在争斗中的戏剧性变化,确实难以用"复仇"两字来概而括之,古人今人都可从中汲取到有益的教训。讲评结束所论,可以细玩深思。

孤臣:轻贱的臣子。

吴王兵败,栖于姑苏。吴使人行成,请曰:"孤臣异日得罪于会稽,孤臣不敢逆命,得与君王成以归。今君王诛孤臣,孤臣意者亦欲如会稽之赦罪。"勾践不忍,欲许之。范蠡曰:"会稽之事,天以越赐吴,吴不取,今天以吴赐越,越岂可逆天乎？且君王早朝晏罢,非为吴耶,谋之二十年,一旦弃之,可乎？且天与不取,反受其咎。"吴王乃自杀。勾践既败吴,乃以兵北渡淮,与齐、晋诸侯会于徐州,致贡于周。元王

使人赐胙，命为伯，诸侯毕贺。元王在位九年崩，子介立。

【张居正讲评】 姑苏，即今苏州府地方。吴王夫差既败，收其残兵，保栖于姑苏之山，因使其大夫王孙雄求和于越，自称为臣，说道："孤臣昔年尝举兵伐越，冒犯君王，得罪于会稽。那时君王使大夫种来讲和，孤臣不敢背逆命令，遂与君王讲和以归。今孤臣不道，得罪于君王，致君王举兵来伐，欲诛孤臣之罪。孤臣生死，惟命是听。意者亦望如会稽之事，得赦孤臣之罪，愿举国而为臣妾，幸君王怜而许之。"勾践闻吴人请和之辞，甚是卑屈，心中不忍，要许他和。大夫范蠡谏说："不可，先年会稽之事，越为吴所败，是天以越赐吴矣，而吴不取，是逆天也。今日吴为越所败，是天又以吴赐越也，越岂可违天而不取乎？且君王二十年来，所以早朝晚罢、卧薪尝胆、苦身焦思者，为要报吴仇，而雪会稽之耻。今日若许他讲和，是谋之二十余年，而弃之一朝，殆养虎以贻患也。且顺天者存，逆天者亡，天固与之，人若弃而不取，必反招殃咎，不可许也。"勾践用范蠡之言，不与吴和，进兵逼之，吴王自杀而死。勾践既已平吴，乃举兵北向渡淮，号令齐国、晋国诸侯，会盟于徐州地方，又致贡献之礼于周天子。周元王畏其逼，亦使人赐勾践胙，又命他为诸侯之长。是时越兵横行于江、淮，诸侯都遣人贺之，勾践遂僭称霸王。夫吴本太伯之后，于周为同姓，一旦为越所灭，周天子不惟不能正其罪，反从而致胙尊礼之焉。王室衰弱，至是极矣。计元王在位九年而崩，子介立，是为贞定王。

【今评】 最初当吴国打败越国的时候，越国请和，伍员就曾谏议吴王不要接受，现在吴国战败求和，范蠡同样谏议拒和，前后一败一成，可以说是一场智力争斗的范例。

贞 定 王

贞定王(？—前442)：名介，周元王子，前468年—前442年在位。

十一年。初齐桓公之世，陈公子完得罪于陈而奔齐，齐桓公使为工正。陈，舜之后也，武王封于陈为诸侯，完奔齐更姓田，子孙盛多。其后齐乱，公室卑弱，诸大夫自相争夺，权归田氏。田氏好施，以家量贷于民，而以公量收之，民皆戴之，国内多篡弑，立君皆由田氏。有田恒者弑齐简公，恒之子盘号襄子为齐相，至是与三晋通使，尽以其兄弟宗人为都邑大夫。

田恒：即陈成子，名恒，一名常，陈厘子之子。齐简公四年(前481)，田恒杀死齐简公，拥立齐平公，自任相国。从此，齐国政由田氏专权。

【张居正讲评】 量，是斗斛。初齐桓公之世，陈国有公子名完者，得罪于陈，恐见诛而奔齐。齐桓公爱其才，使他为工正之官，掌管百工。陈本虞舜之后代，周武王封之于陈为诸侯，以继舜后，因以陈为姓。至陈完奔齐，又改姓为田，子孙蕃盛众多。其后齐有崔杼、庆封之乱，公室卑弱，诸侯大夫自相争夺，惟田氏为强，宗国之大权，遂归田氏矣。田氏欲邀买人心，以固其权位，乃多行私恩小惠，以结百姓之心，每放米谷借与百姓，都用自家的大斗斛出与他，到百姓将米谷还官，及各项纳粮，却只用官家的小斗斛收入，这是借君之物，以市己之恩，其奸计如此。百姓见齐君贪虐，而以田氏为有恩，皆感戴之。于是田氏益强，那时齐国内多篡弑之祸，凡立君皆由田氏主张。有田恒者，号成子，田完之六世孙也，因齐简公宠任阚止，心怀不平，遂杀阚止，并害简公，乃立平公而专其政。田恒死，其子名盘，号襄子，为齐宣公辅相，至是见晋之三卿韩、赵、魏迫胁其君，与他同恶，乃通使者与之结好，以为外援。又尽用其兄弟及族人，做各都邑的大夫，于是齐国之中，处处都有田氏的人，而齐之地尽为田氏有矣。至其孙和，遂灭齐而自立为诸侯。即此可见人君威福之柄，一日不可下移。而欲常操其柄，又在人君正身修德，约己爱民，使主威常尊，而民心爱戴，则奸邪之臣，不得以行其窃夺之谋，而社稷永安矣。观田氏篡齐之事，岂非千古之永鉴哉！

今评 本节叙述了田氏篡夺齐国政权的过程，在此不能过多责备田氏的不忠，也要归咎于齐公室的自甘堕落。

卷之五

周 纪

威 烈 王

二十三年,初命晋大夫魏斯、赵籍、韩虔为诸侯。

【张居正讲评】 魏斯、赵籍、韩虔,这三人都是晋之强臣。春秋时,晋国有范氏、中行氏、智氏及韩、魏、赵,是为六卿。到后来范、中行、智氏三家都为韩、魏、赵所灭,权势日渐重大,遂三分晋国之地,以威势逼胁周天子,求封为诸侯。天子微弱,不能讨正其罪,遂因而命之,与列国之君同等矣。周自平王东迁以来,王室卑微,诸侯强大,礼乐征伐之权不出于天子。然当其时,体貌犹存,名分固在,是以诸侯彼此吞灭者有之,尚未有以臣代君,以大夫而遂为诸侯者。至于三家分晋,割地自强,胁天子以请封,而天子不敢不从,则冠履倒置,纪纲扫地矣。故宋儒朱熹修《纲目》以继《春秋》之后,始于威烈王,特书"初命"二字,正说从前未有此事,所以垂戒万世也。

【今评】 大夫逼封诸侯标志着一个时代的开始。周天子的地位已经微弱到不能自主,尚属其次;春秋时代强盛一时的诸侯,至此也开始步周天子的后尘。

初,赵简子使尹铎为晋阳,请曰:"以为茧丝乎?抑为保障乎?"简子曰:"保障哉!"尹铎损其户数。

【张居正讲评】 晋阳,是今山西太原地方。茧丝,是抽取蚕茧之丝。保障,是藩篱遮蔽的意思。初时赵籍之祖赵简子名鞅,使其家臣尹铎治晋阳地方,尹铎请问说:"今往晋阳,将欲使我多取百姓的赋税,如抽取蚕茧之丝,至于尽绝而后已乎?抑使我爱养百姓,培植邦本以为国家之藩篱保障乎?"

威烈王(?—前402):名午,周考王之子,前425—前402年在位。
魏斯:即魏文侯(?—前396),魏国的建立者。前445至前396年在位。赵籍:即赵烈侯(?—前386),赵献侯之子,前409至前387年在位。或云前409—前401年在位。
韩虔:即韩景侯(?—前400),韩武子之子。前409—前400年在位。

尹铎此问，志在保障，不肯为茧丝。简子说："保障哉！"正欲其固结民心，不为剥取民财也。尹铎至晋阳，减损百姓的户数，盖户口少，则赋税轻，民力自然宽舒，正所以行其保障之言也。到后来简子之子无恤，为智氏所攻，卒托于晋阳以免其难，只因能存心爱民，故后嗣遂蒙其利如此。况治天下者，可不以爱民为先，以聚敛为戒哉！

今评 "茧丝"、"保障"的比喻，是非常微妙的。统治者能不以"茧丝"视民，实在是难得。

赵襄子漆智伯之头以为饮器。智伯之臣豫让，欲为之报仇，乃诈为刑人，挟匕首，入襄子宫中涂厕。襄子如厕心动，索之，获豫让。左右欲杀之，襄子曰："义士也，吾谨避之耳。"乃舍之。豫让又漆身为癞，吞炭为哑，行乞于市。其妻不识，其友识之，为之泣曰："以子之才，臣事赵孟，必得近幸，子乃为所欲为，顾不易耶！何乃自苦如此？"豫让曰："不可！既已委质为臣，而又求杀之，是二心也。凡吾所为者，极难耳。然所以为此者，将以愧天下后世之为人臣怀二心者也。"襄子出，豫让伏于桥下，襄子至桥，马惊，索之，得豫让，遂杀之。

张居正讲评 赵襄子，是赵国之君。饮器，是溺器。匕首，是短刀。厕，是净房。委质，是委身以事君的意思。赵襄子既杀了智伯，恨他前日攻围狠毒，将他头用漆漆了，做盛溺的净壶，以快其恨，盖亦过矣。智伯之臣，名豫让者，平日受智伯的恩，要替智伯报仇，谋杀襄子，不得其便。一日襄子使刑徒之人，入宫涂饰厕房的墙壁，豫让就假扮做个刑徒，身中藏一把短刀，同众刑徒混入宫中涂厕，等待襄子上厕之时，就要行刺。襄子将去厕中，忽然心里惊动，疑有非常，把这涂厕的人，逐一搜检，搜出豫让身中凶器来。左右之人就要杀他，襄子说："他为主报仇，乃是忠义之士，不要杀他，我便谨慎防护躲避他便了。"乃释放了他。豫让报仇之志不已，恐人认得他的模样，乃用生漆涂在身上，遍身发起癞疮，又吞食木炭，使其声哑，把容貌声音尽皆改变，装做个乞丐的人，在街市上讨吃。他自家的妻子也认他不得了，只有一个朋友，认的是豫让，怜其苦处，为之涕泣，因劝他说："以你这等才能，若替赵襄子做个臣，必得亲近贵幸，得近之后，那时乘机下手，岂不容易，何故受这等苦楚。"豫让说："不可！若依着你这等言语去干，虽是容易，然既已委着形质为人臣子，而又包藏祸心以图之，是为臣而有二心也。人臣怀二心以事君上，罪不可赦，我岂可犯此大不义乎？我自知所为的事难成，然不肯舍难而就易者，将以明君臣之义，使天下后世之为人臣而怀二心者，闻我之事而羞愧耳，岂可先怀二心以事人哉！此所以宁处其难而不为其易也。"后襄子出外，豫让又埋伏于其所经由的桥下，欲待其过而起刺之。襄子将到桥边，马忽惊跳，知道有人，使人搜寻，又拿得豫让，遂竟杀之。按豫让感智伯之知

遇，故虽智伯已死无后，而必欲为之报仇，至杀其身而后已，真可谓义士矣。然即此可见人君出入起居，必时时警备，以防意外之事。故上而天象之昭垂，下而人情之动语，内而心神意气之惨舒，外而舆马旗器之变异，莫不随事精察，烛于几微，而不少息忽，诚欲保其身以保宗社也。有国者且然，况有天下者哉！

今评 我国古代士人重道义，轻生死，为知己者不惜牺牲一切的处世风格，于此可见一斑。张居正选录此事，着意在最后一节论人君出入起居，事事戒备，这对小皇帝也是必要的知识。

　　魏斯者，桓子之孙也，是为文侯。文侯以卜子夏、田子方为师，每过段干木之庐必式。四方贤士多归之。文侯与群臣饮酒，乐，而天雨，命驾将适野，左右曰："今日饮酒乐，天又雨，君将安之？"文侯曰："吾与虞人期猎，虽乐，岂可无一期会哉！"乃往，身自罢之。

> 桓子：即魏桓子（？—前446），晋国大夫，魏国的开国之君。
> 式：车前扶手横木。通轼。古人立而乘车，低头抚式，以示敬意，也叫式。

张居正讲评 　式，是在车上俯身致敬的模样。虞人，是掌管田猎之官。猎，是围取禽兽。魏斯者，乃晋大夫魏桓子之孙也，是为文侯。文侯初即位，尊贤敬士，与图治理，其时卜子夏、田子方、段干木三人，皆怀才抱德之士，文侯乃招致子夏、子方，尊以师礼。而段干木隐居不出，文侯每过其门，则改容起敬，虽在车中，不敢安坐，必屈躬而凭其车上横木，其尊贤敬士如此。由是四方贤士闻其名者，多往归之。然文侯不但能尊礼乎贤人，而且不失信于臣下。一日与群臣饮酒欢乐，天又下雨，忽然传命掌驾者要往田野中去，左右止文侯说："今日饮酒欢乐，天又有雨难行，可以暂止，君命驾何往乎？"文侯说道："我曾与虞人有约，今日会猎，即令天雨，饮酒虽乐，岂可失信于彼，而不与一会期哉！"于是竟到田猎所在，亲命虞人，以雨罢猎。其重信而不荒于般乐，不忽于微贱如此，此魏之所以独强于三晋也。

今评 魏文侯礼贤下士，以信立人，所以他能够网罗当时的许多贤士，如用李悝为相，吴起为将，西门豹治邺，使魏国成为三晋的强国。

　　文侯使乐羊伐中山，克之，以封其子击。文侯问于群臣曰："我何如主？"皆曰："仁君。"任座曰："君得中山，不以封君之弟，而以封君之子，何谓仁君！"文侯怒，任座趋出。次问翟璜，对曰："仁君也。"文侯曰："何以知之？"对曰："君仁则臣直，向者任座之言直，是以知之。"文侯悦，使翟璜召任座而反，亲下堂迎之，以为上客。

威烈王

张居正讲评 中山是国名,魏文侯使其臣乐羊举兵伐中山之地,战胜取之,因以中山之地封其子名击者。文侯一日问于群臣说:"人莫难于自知,我为人主,不知是何等主也?"时群臣众口一词,都称文侯说,是仁德之君,独有任座对说:"不然,人君必至公无私,方可称为仁君。今主君得中山之地,不以封其弟,而以封其子,是薄于待弟,而私厚其子,仁者不如是也,何得为仁君哉!"文侯见任座当面耻辱他,不觉发怒,任座恐惧,因趋出待罪。文侯次又问于翟璜说:"我果何如主也?"翟璜对说:"吾君真仁君也。"文侯说:"汝何以知寡人为仁君?"翟璜对说:"臣闻上有仁圣之君,则下有鲠直之臣。向时任座之言,直而不阿,必有仁君在上,所以能优容之,因此知君之为仁君也。"文侯闻翟璜之言,其心乃悦,因使翟璜召任座转来,亲下堂迎之,以为上客,而礼遇之。夫文侯始因任座之直言,则不免于怒,继悟于翟璜之善对,遂迎之致敬以有礼焉。所谓"说而能绎"者也,文侯亦贤君哉。

今评 本意是说,要想作仁君,必须允许臣下直言,批评你的过错才是。

卷之五 周纪

李克:即李悝(约前455—前395),战国初期政治家,魏文侯时任相,作《尽地力之教》、富国强兵;他还编成《法经》,是我国古代第一部比较完整的法典。《汉书》称他是子夏弟子。

文侯谓李克曰:"先生尝有言曰:'家贫思贤妻,国乱思良相。'今所置非成则璜,二子何如?"对曰:"居视其所亲,富视其所与,达视其所举,穷视其所不为,贫视其所不取,五者足以定之矣。"文侯曰:"先生就舍,吾之相定矣。"

张居正讲评 成,是魏成。璜,是翟璜。这二人都是魏之贤臣。魏文侯欲立辅相,乃召其臣李克与他商量说道:"先生平日曾有言说,凡人家贫,则思量得个贤妻,共营家计;国乱,则思量得个良相,共理国事。如今魏国初立,正是要求良相之时,我今所置立的辅相,不是魏成便是翟璜,这二子何如,还是何人可用?"李克不敢擅便拟定,但告文侯以观人之法,使他自择,对说:"凡欲观人者,当于其平居时,看他所亲近的是什么样人;于其富足时,看他能散财以济人之急否;于其显达时,看他所荐举的是什么样人;于其穷困时,看他能有所持守不肯妄为否;于其贫难时,看他能有所辞却不肯苟取否。把这五条参详考验,就足以定二子之高下矣。"此时魏成分禄养贤,所荐的都是贤士,正合着那富视其所与、达视其所举的两件,李克之论,也是暗荐他。文侯既闻此言,便自理会了,遂告李克说:"先生请归就舍馆,我之相已定矣。"其后果以魏成为相,而文侯所以称为贤君者,亦得魏成辅相之功为多。而李克所言五事,又万世人主择相者之准也。

今评 李克回答魏文侯这五条,中心是持志守节,既全面又具体,可谓是千古不移之论。人的思想和行为,大致不出李克所提出的五个范围。

李克出，翟璜曰："君召卜相，果谁为之？"克曰："魏成。"璜忿然曰："西河守吴起，臣所进也；君内以邺为忧，臣进西门豹；君欲伐中山，臣进乐羊；中山已拔，无使守之，臣进先生。君之子无傅，臣进屈侯鲋。以耳目之所睹记，臣何负于魏成。"克曰："魏成食禄千钟，什九在外，什一在内，是以东得卜子夏、田子方、段干木。此三人者，君皆师之。子所进五人，君皆臣之，子恶得与魏成比也。"璜再拜曰："璜，鄙人也，失对，愿卒为弟子！"

张居正讲评　　西河，是郡名，在今山西汾州。邺，是邑名，在今河南彰德府临津县。李克与魏文侯论相而出，翟璜问李克说："君召先生卜择辅相，果用了谁？"李克虽不见文侯说出姓名，然以所言五者定之，料得必是魏成了，遂对他说："是魏成。"翟璜自负有功，不在魏成之下，忿然作色说："我与魏成同仕于魏，自揣颇为尽心，且以我所荐举的人才言之，如西河郡守吴起，是我所荐也，起守西河而秦兵不敢东向。邺是大邑，近在内地，无可使治者，君以为忧，我荐西门豹，而邺遂大治。君欲伐中山，无人为将，我荐乐羊，竟取了中山，中山既得，无人可守，我又荐先生以守之。君之公子未有师傅，我又荐屈侯鲋以为之傅。凡此都是我的功绩，在人耳目之所共见而可记者也。我何不如魏成，而乃用魏成为相耶？"李克说："荐贤固皆为国，而人才则有不同。魏成食禄虽有千钟之富，然未尝私积于家，都把来赒给贫乏，礼聘贤士，大率十分之中，有九分用在外面，只有一分自家用度，其厚于养士，而俭于自用如此，是以天下贤士皆归之。于东方得卜子夏、田子方、段干木，而荐之于君，这三个贤人道高德厚，君皆以师礼待之。子所进的五人，君皆以臣礼使之。夫以师礼待之者，赖以进德修业，以端出治之本，其功甚大，三人不为少。以臣礼使之者，不过使各治一郡，供一职而已，虽五人不为多也，子何得与魏成比哉？"翟璜听李克说的有理，自知失言，乃再拜谢罪说："璜是个鄙陋之人，方才的言语，失于应对，这是我见识不到处，愿终身为弟子，请教于先生，以长我之见识，开我之鄙陋焉。"夫人臣事君之忠，莫大于荐贤为国，而为宰相者，尤当休休有容，绝妒忌之私，开公正之路，使天下贤者皆集于朝廷，以共理国事，乃为称职。观李克向者五言，定相之说，与折服翟璜之语，可谓知人臣忠君之大，而人主择任宰相之道，于此亦可见矣。

今评　魏成"厚于养士，而俭于自用"；荐士以"进德修业，以端出治之本"为要。这与自负而举一技之长者不可同日而语，是宰相之器。

　　起之为将，与士卒最下者同衣食，卧不设席，行不骑乘，亲裹赢粮，与士卒分劳苦。卒有病疽者，起为吮之，卒母闻而哭之，人曰："子卒也，而将军自吮其疽，何哭为？"母曰："往年吴公吮其父，其父战不旋踵，遂死于敌。吴公今又吮其子，妾不知其死所矣，是以哭之。"

> **张居正讲评** 起，是吴起。赢粮，是余剩的行粮。疽，是痛疽。吮，是以口咂之。旋，是回转。踵，是脚跟。吴起为将，能抚恤士卒，他穿的衣服，吃的饮食，与士卒中最下等的一般。念士卒有风霜之苦，他睡卧也不设席褥；念士卒有奔走之劳，他行时也不骑坐车马；途中余下粮食，亲自收裹，不肯劳动下人。盖虽身为大将，而能与士卒同受劳苦，不分贵贱如此。士卒中曾有生痛疽的，吴起亲用口替他咂去脓血，使他容易痊可。那士卒之母，闻说此事，悲而哭之。傍人说："你的儿子是个小军，今以将军之贵，亲替你儿子吮疽，你只该欢喜感戴，乃反哭泣何也。"其母对说："我只所以哭者，哭吾子之将死也。往年其父生疽，吴公也曾吮之，其父感激吴公的恩德，不顾性命，替他出力报效，临阵时舍死向前，不肯退步，遂力战而死。如今吴公又吮其子，料他感恩效死，亦如其父，妾不知他死在何处矣，所以哭之。"吴起之为将如此，此所以战无不胜，而用兵虽司马穰苴不能过也。夫为将者，以恩结士卒之心，士卒且竭忠尽命，若人君驭将而能推心置腹，假之以事权，待之以恩信，则为将者感奋图报，又当何如哉。

> **今评** 张居正归结吴起驭军经验为"以恩结士卒之心"，并推而广之，要万历皇帝对待大臣要向吴起学习，可谓能近取譬，循循善诱。

卷之五 周纪

安 王

安王(？—前376)：东周国君，名骄。周威烈王之子，前401—前376年在位，谥安。

十五年。魏文侯薨，太子击立，是为武侯。武侯浮西河而下，中流，顾谓吴起曰："美哉，山河之固，此魏国之宝也。"对曰："在德不在险。昔三苗氏，左洞庭、右彭蠡，德义不修，禹灭之。夏桀之居，左河济，右泰华，伊阙在其南，羊肠在其北，修政不仁，汤放之。商纣之国，左孟门，右太行，常山在其北，大河经其南，修政不德，武王杀之。由此观之，在德不在险。若君不修德，舟中之人，皆敌国也。"武侯曰："善。"

武侯(？—前370)：前396—前370年在位。曾攻郑伐齐侵赵，屡败秦，攻取楚地。

三苗氏：相传分布于江、淮、荆州。

彭蠡：今为鄱阳湖。

伊阙：在今河南洛阳南，后亦称龙门。

羊肠：太行山坂道名，在晋城县南天井关内。

孟门：古隘道名，在今河南辉县西。

常山：北岳恒山。

郼：今河南巩县。

> **张居正讲评** 浮，是泛舟。三苗，是国名。洞庭、彭蠡，二湖名。河、济，二水名。泰华即西岳华山。伊阙、孟门、太行，皆山名。羊肠，坂名。周安王之十五年，魏文侯薨，太子击嗣立，是为武侯。武侯一日泛舟于西河，顺流而下，当河之中流，观魏国的形势，回顾其臣吴起叹说："美哉！这山河之险固，乃天造地设以壮我国家的，岂不是魏国之宝。"吴起恐武侯只恃了这险阻，不去修德，遂以止对说："国家之所宝，只在君德，不在险阻。何以言之？昔虞舜时有三苗氏，其国在荆扬之间，左有洞庭，右有彭蠡，非不险固，他却恃此而蠢玩逆命，德义不修，后来舜命禹征灭之而分北其众。夏王桀居于郼城，左有河济，右有

泰华、伊阙在其南,羊肠在其北,四面山河,非不险固,他却恃此而为暴虐,修政不仁,后来商汤举兵伐之,遂放桀于南巢。商王纣都于朝歌,左有孟门,右有太行,常山在其北,大河在其南,四面山河,非不险固,他却恃此而为暴虐,修政不德,后来周武王举兵伐之,遂杀纣于牧野。这等看来,果然只在君德,不在险阻。盖人君有德,则人心爱戴,虽无险而自固;若君不修德,失了人心,且莫说外面诸侯来伐,就是今日这眼前的人,同在舟中者,都是君之敌国,匹夫匹妇,亦能胜予,虽有险阻,无所用之,可不惧哉!"于是武侯闻言而悟,称道他说得好,可谓能受善言者矣。《易》称王公设险以守其国。山川险阻,亦有国者之所不废,但必有德以固结人心,然后其险可守,非谓险可弃而不用也。宋家失燕云十六州之地,终为胡虏所乘,然则险亦何可弃哉,若能修德以守险,则根本固而国势尊矣。

今评 吴起对魏武侯讲"在德不在险",历来以为警句。张居正谓险不当弃,以德守险,则避免了原说的片面性,是不刊之论。

魏置相,相田文。吴起不悦,谓田文曰:"请与子论功可乎?"田文曰:"可。"起曰:"将三军,使士卒乐死,敌国不敢谋,子孰与起?"文曰:"不如子。"起曰:"治百官,亲万民,实府库,子孰与起?"文曰:"不如子。"起曰:"守西河而秦兵不敢东向,韩、赵宾从,子孰与起?"文曰:"不如子。"起曰:"此三者,子皆出吾下,而位加吾上,何也?"文曰:"主少国疑,大臣未附,百姓不信,方是之时,属之子乎?属之我乎?"起默然良久,曰:"属之子矣。"

孰(shú):疑问代词,谁。

张居正讲评 魏武侯置立辅相,用田文为之。吴起自负有功,不得为相,心中不乐,与田文说:"君之所以用子为相者,必以子之功多于我也。请与子比论功绩可乎?"田文说:"可。"吴起遂问田文说:"若统领三军,出去征战,能使士卒踊跃,舍死向前,每战必胜,而敌国惧怕,不敢谋我,这样本事,你比我何如?"田文说:"我不如你。"吴起又问说:"若内而统领百官,使大小称职,亲附万民,使上下同心,充实府库,使财用不乏,这样本事,你比我何如?"田文说:"我也不如你。"吴起又问说:"秦兵强盛,又与我西河接境,若守住西河,一面能使秦人恐惧,不敢东来犯我,而韩、赵二国,也都畏我之强,卑词厚礼,相率宾服,这样本事,你比我何如?"田文说:"我也不如你。"吴起说:"这三件事,子都在我之下,今君用子为相,位反居我之上,这是何故?"田文对说:"虽然这三件功绩,我不如你,若论主上幼小,国家危疑,大臣们不肯亲附,百姓们不肯信从,当这时候,若能托孤寄命,主张国事,使臣民莫不信服,这等大事,不知将付托于子乎?还是付托于我乎?"吴起默然思想许久,才服了田文,说道:"这样重任,须是你才当得,非我所能,吾君用子为相,信不差也。"即此,可见富国强兵,效劳任职之事,凡有材力者,皆可以勉而能。大臣处难为之际,而不动声色,措社稷于泰山之安,则非其德望器度,素能镇服乎人心者,不足以与此。人君择相者,尚鉴兹哉!

安王

今评 此节阐明将相材用之别,亦有为而发,讲评结末之申论可细玩。张居正意在说明自己辅佐幼帝之功。

卫侯：即卫慎公(？—前373)，姬姓，名颓，周威烈王十二年(前414)杀卫怀公代立,在位四十二年。

杞梓：杞和梓都是优质木材,用以比喻优秀人才。

二十五年,子思言苟变于卫侯曰:"其材可将五百乘。"公曰:"吾知其可将,然变也尝为吏,赋于民,而食人二鸡子,故弗用也。"子思曰:"夫圣人之官人,犹匠之用木也,取其所长,弃其所短。故杞梓连抱,而有数尺之朽,良工不弃。今君处战国之世,选爪牙之士,而以二卵弃干城之将,此不可使闻于邻国也。"公再拜曰:"谨受教矣。"

张居正讲评 乘,是兵车。五百乘,用战兵五万人。子思,是孔子之孙。苟变是卫国之臣。周安王之二十五年,子思居于卫,一日言于卫侯说:"君之臣有苟变者,其人甚有才能,可为五百乘的大将,宜即时用他。"卫侯说:"苟变果是有材,我亦知其可用,只因他往日居官,征收百姓的赋税,乃取百姓的二鸡子而食之,其操守似欠廉洁,以此之故,我所以一向不曾用他。"子思说:"天下无全材,有所长,或有所短,岂可一一责备。圣人之用人,随才器使,就如大匠之用木一般,但取其所长,不必较其所短。故杞梓二木,材之最美者也,假使二木有数人合抱的大材,中间却有数尺朽坏,在良工必不因数尺之朽,而并弃其连抱之材也。今君处列国战争之世,正要选用谋勇爪牙之士,乃以二卵的小节,轻弃了干城的大将,适足以为敌国之资而已。此不可使闻于邻国,恐邻国闻之而取轻也。"卫侯听得子思之言甚是有理,起身再拜说:"寡人承教,谨已听受矣。"大抵天下未尝无才,而亦少有全才,所贵人君各用其所长而已矣。周公有云:"无求备于一人。"孔子亦云:"及其使人也器之。"用人者宜留意焉。

今评 此节阐明用人不可求全责备,因小废大。

卫侯言计非是,而群臣和者如出一口。子思曰:"以吾观卫,所谓君不君臣不臣者也。夫不察事之是非,而悦人赞己,暗莫甚焉;不度理之所在,而阿谀求容,谄莫甚焉。君暗臣谄,以居百姓之上,民不与也。若此不已,国无类矣。"子思言于卫侯曰:"君之国事,将日非矣。君出言自以为是,而卿大夫莫敢矫其非;卿大夫出言自以为是,而士庶人莫敢矫其非。君臣既自贤矣,而群下同声贤之。贤之,则顺而有福,矫之,则逆而有祸,如此,则善安从生？诗曰:'具曰予圣,谁知乌之雌雄？'抑亦似君之君臣乎？"

> **张居正讲评**
>
> 和，是齐声附和的意思。卫侯一日在朝堂上，与群臣论事，他所言的计策，本等不是，而卫之群臣，都阿顺卫侯的意思，在他面前齐声说好，如出于一人之口，并无敢言其不是者。此时子思在卫，慨叹说道："以我看卫国之君臣，乃古人所谓君不君臣不臣者也。夫为君者，审察事之是非而不执己见，使事无差错，才是明君。若不管是非，只喜人称赞，以致误事，其昏暗不明孰甚焉。此所以谓之君不君也。为臣者量度理之所在，而不肯逢迎，使君无过举，才是忠臣。若不顾道理，只阿谀其君，以求自容，甚谄佞不忠孰甚焉，此所以谓之臣不臣也。君虽暗，而有忠臣以救其过，臣虽谄，而有明君以烛其奸，犹或可也。君暗臣谄，以居于百姓之上，则所行之事，必大拂乎民心，民其谁与哉！使知所改图，犹可免于祸也。若如此不改，则过日益积，民日益离，卫之国将败亡而无遗类矣。我岂可以无言哉！"子思于是告于卫侯说："君之国事，将日非矣。君说出的言语，自家便以为是，而下面的卿大夫，无敢救正其非；卿大夫说出的言语，自家便以为是，而下面的士庶人，无敢救正其非。君臣既皆自以为贤矣，而群下之人，又同声以称谀其贤。称谀其贤，则顺意而有荣宠之福；救正其失，则拂意而有黜罚之祸；如此则上下相蒙，而无悔悟自新之机矣，善何从生哉！《诗经》上说：'具曰予圣，谁知乌之雌雄。'盖言人俱自以为圣人，则谁能别其言之是非，如乌鸟之雌雄相似而难辨也。此诗人伤时之言，抑以似君之君臣乎？君宜改其好谀之心，而求忠直以自助可也。夫称谀之言，人情所喜，而其祸乃至于此，则听言者可徒以顺己为悦哉！"史臣记子思之告卫侯，所以告万世也。

今评 中国古代政治强调君明臣直，这样国家才能兴旺。反之"君暗臣谄"，则必将国是日非。

　　威王召即墨大夫，语之曰："自子之居即墨也，毁言日至，吾使人视即墨，田野辟，人民给，官无事，东方以宁，是子不事吾左右以求助也！"封之万家。召阿大夫，语之曰："自子守阿，誉言日至，吾使人视阿，田野不辟，人民贫馁。昔日赵攻鄄，子不救；卫取薛陵，子不知，是子厚币事吾左右以求誉也。"是日烹阿大夫及左右尝誉者。于是群臣悚惧，莫敢饰非，务尽其情，齐国大治，强于天下。

> 威王(？—前320)：战国时齐国国君。田姓，名因齐，齐桓公田午之子，前356至前320年在位。他用田忌为将，邹忌为相，孙膑为军师，国势大振，自称为王，号令天下。
> 即墨：今山东平度县东南，以城在墨水边，故名。
> 阿：今山东阳谷县东北。
> 鄄(juàn)：在今山东鄄县。
> 薛陵：在今山东阳谷县境。

> **张居正讲评**
>
> 即墨、阿、鄄，俱邑名。薛陵，是地名，俱在今山东境内。齐威王初即位之时，不理政务，凡事废弛，国势衰弱。到了三年以后，忽然奋发图治。一日召即墨大夫来，面谕他说道："自从你到即墨地方，我左右的人，都说你做官不好，毁谤之言，日日闻于吾耳。及至我使人到你即墨境内查看，却见得田地开辟，没有荒芜的；人民富足，没有贫苦的；官事修举，没有废坠的。你东方一带，甚是宁静，全与那毁谤的言语相反。这是你以正自守，不结纳吾左右以求扶助也。贤能如此，岂可不赏。"乃加封万户以旌奖之。又召阿邑大夫来，面责他说道："自从你治阿以来，我左右的人，都说你是好官，称誉之言，日

日闻于吾耳。及至我使人到阿邑境内察看,却见得田地荒芜,人民穷饿;前时赵国攻鄄,在你邻近地方,你也不去救援,卫国取了薛陵,你尚然不知,全与那称誉你的言语相反。这是你不干实事,专用厚币结纳吾左右以求名誉也。罪过如此,岂可不诛。"于是当日就烹了阿邑大夫,并左右之尝称誉其贤者。从此以后,齐之群臣,人人震悚恐惧,不比前时。凡在外做官的,及左右进言的,无敢怀诈饰非,各务尽其真情。所以齐国大治,而于天下诸侯,最为强盛也。即此见人君之为治,不在多术;赏一人当其功,则千万人以劝,刑一人当其罪,则千万人以惩,觉察一毁誉,而毁誉之言,不敢进矣。

今评 君主要对臣下赏罚分明,必须有对实际情况的了解。讲评之小结颇发人警省。

显 王

显王(?—前321):名扁,周烈王喜之弟,前369—前321在位。

魏惠王(前400—前319):名罃,魏武侯之子。在位期间,曾任惠施为相,白圭理财,庞涓整军。于周显王八年(前361),将都城由安邑(今山西夏县西北)迁至大梁(河南开封西北),故又称梁惠王。

十四年,齐威王、魏惠王会田于郊。惠王曰:"齐亦有宝乎?"威王曰:"无有。"惠王曰:"寡人国虽小,尚有径寸之珠,照车前后各十二乘者十枚。岂以齐大国而无宝乎?"威王曰:"寡人之所以为宝者,与王异。吾臣有檀子者,使守南城,则楚人不敢为寇,泗上十二诸侯皆来朝。吾臣有盼子者,使守高唐,则赵人不敢东渔于河。吾吏有黔夫者,使守徐州,则燕人祭北门,赵人祭西门,从而徙者七千余家。吾臣有种首者,使备盗贼,则道不拾遗。此四臣者,将照千里,岂待十二乘哉!"惠王有惭色。

张居正讲评 田,是田猎。郊,南城。高唐、徐州,都是县邑名。径寸之珠,是围圆中径过一寸的大珠。周显王十四年,齐威王、魏惠王相与约会田猎于汶上的郊邑。相见间,惠王问说:"你齐国中有什么宝贝?"威王说:"没有什么宝贝。"于是惠王自夸说:"寡人之国,虽然褊小,尚有径寸的大珠,其光明可以照车前后各十二乘者,共有十枚。以齐国之大,何独无宝?"夫惠王所宝,在于珠玉玩好,此等物,何足为国之轻重而宝之,见亦陋矣。威王对说:"寡人之所以为宝者,与王不同。盖王以珠玉为宝,吾则以贤才为宝。吾齐国之臣,有檀子者,使他守南城地方,则楚人近我南边的,不敢来侵伐为寇,那泗水上十二个小国诸侯,都来朝于齐。吾之所宝檀子其一也。又有盼子者,使他守高唐地方,则赵人近我西边的,不敢东来取鱼于河,恐惊动我境上。吾之所宝盼子其一也。又有黔夫者,使他守徐州地方,则燕人近我北边的,畏我兵出北门,赵人畏我兵出西门,都去祭告祈祷于神,求免齐之侵伐,两国界上的百姓,从而徙居于徐州者,凡七千余家。吾之所宝黔夫其一也。又有种首者,使他备国中的盗贼,他的

令行禁止，盗贼都变为良民，就是道路上偶有遗失的物件，人也不敢拾取，况有攘窃劫夺者乎？吾之所宝，种首其一也。王所宝的珠，前后止照得十二乘，若论我这四个臣，保国安民，折冲御侮，其威名所及，将远照千里之外，何止十二乘哉！这个比王之所宝何如？"于是惠王自知失言，默然有惭色。夫齐威王不以径寸之珠为宝，而以贤臣为宝，此与《大学》所引《楚书》"惟善以为宝"意思正同，亦可谓知所重者矣。此所以为战国之贤君也。

今评 齐威王与魏惠王关于宝货的议论很有启发意义。历代许多无道昏君，大多是追求宝货和子女而残害忠良。

韩昭侯有敝裤，命藏之。侍者曰："君亦不仁者矣，不赐左右而藏之。"昭侯曰："吾闻明主爱一颦一笑，今裤岂特颦笑哉！吾必待有功者。"

韩昭侯（？—前337），懿侯之子，周显王六年（前363）继位，任申不害为相，国势复振。晚年生活奢侈，不恤民困。

张居正讲评 裤，是下体之衣。颦，是微笑。韩昭侯有一件穿旧了的裤衣，分付左右的人收藏之。左右侍臣说："仁德之君，必乐于好施。今观吾君，一旧裤衣，也舍不得赏赐左右之人，还要收藏，这等样吝啬，岂是仁德之君乎？"昭侯说："我闻明主行赏，必加于有功。不但赏赐人衣物，便是一颦一笑，启口之间，也不肯轻易发出。其颦也必有所为而颦，其笑也必有所为而笑。今裤虽敝，是我服御之物，岂特一颦一笑而已哉！我所为藏之者，将以等待有功的人，然后赏赐之耳。"盖赏罚乃人君威福之柄，赏当其功，而后人知所劝。若不论有功无功，冒滥行赏，则得之者不以为重，而他人亦不知所劝。昭侯之藏裤，岂吝此一物之微哉！其后宋太祖常解自己所着貂裘，以赐征西将士，正昭侯所谓以待有功也。

今评 一赏一罚，是君主驾驭臣下的两大法宝。韩昭侯藏旧裤以待赏，大有深意。

三十三年，邹人孟轲见魏惠王，王曰："叟，不远千里而来，亦将有以利吾国乎？"孟子曰："君何必曰利，仁义而已矣。"初孟子师子思，尝问牧民之道何先，子思曰："先利之。"孟子曰："君子所以教民，亦仁义而已矣，何必利。"子思曰："仁义固所以利之也，上不仁，则下不得其所；上不义，则下乐为诈也。此为不利大矣。故《易》曰：'利者，义之和也。'又曰：'利用安身，以崇德也。'此皆利之大者也。"

孟轲（前372—前289）：鲁国公族后裔，姬姓，孟孙氏，名轲，字子舆，邹（今山东邹县东南）人。少年丧父，母三迁其家最后居于学宫之旁，受业于孔子之孙子思之门人，成为战国时的大思想家、儒家的代表人物，著有《孟子》一书。

张居正讲评　邹，是鲁邑名，在今山东境内。叟，是年高有德之称。周显王三十三年，邹邑中有个贤人，叫做孟轲，他传受孔子之道，所学以仁义为主，论治以尧舜为法，而战国诸侯皆不能用，故孟轲隐居不见。及魏惠王卑礼厚币，招聘贤者，乃自邹至魏，见魏惠王。惠王见了孟轲，尊而称之说："自邹至魏，路程千里，叟，今不以千里为远，来到吾国，岂是徒然，或者也要施展平生的抱负，使我财富兵强，于国有利乎？"孟子对说："君何必说利，治国之道，只是仁义尽之矣。"然孟子之言仁义，不是从今说起。初时孟子从孔子之孙子思受业，尝问子思说："牧养百姓之道，何者为先？"子思说："先要利民。"孟子又问说："君子所以教民，只是仁义便了，何必曰利。"子思答说："我所谓利，正从仁义中来。且如上不仁，则必残害其民，而下民不得其所。上不义，则必以智术御民，而下民仿效，乐为诈伪。上下如此，必至危亡，其为不利莫大矣。所以《易经》上说：'利者，义之和也。'言物惟有利，则各得其所，不相侵害，乃为义之和洽。又说：'利用安身，以崇德也。'言施用利而身安，乃所以为崇德之资。这两句都是说仁义之利，乃利之大者，而非如富国强兵之小利也。"即子思孟子之所授受，见孟子之言仁义，乃其平生学问，原是如此。人君欲用贤者之道，其无使舍所学而从我哉！

今评　义利之辨，在我国争论了几千年。其实仁义与利益不是截然对立的，行仁对老百姓最有利，这是利之最大者。故司马光说："夫惟仁者，为知仁义之为利，不仁者，不知也。"(《资治通鉴》卷二) 张居正所解，似有意识纠孟子之偏。所谓"利者，义之和也"；"仁义之利，乃利之大者"，立论较全面。

赧　王

三年，燕人共立太子平，是为昭王。昭王于破燕之后即位，吊死问孤，与百姓同甘苦，卑身厚币以招贤士。谓郭隗曰："齐因孤之国乱而袭破燕，孤极知燕小力少，不足以报。然诚得贤士与共国，以雪先王之耻，孤之愿也。先生视可者，得身事之。"郭隗曰："古之人君，有以千金使涓人求千里马者，马已死，买其骨五百金而返。君大怒，涓人曰：'死马且买之，况生者乎？马今至矣。'不期年，千里之马至者三。今王必欲致士，先从隗始，况贤于隗者，岂远千里哉！"于是昭王为隗改筑宫，而师事之。于是士争趋燕。乐毅自魏往，剧辛自赵往，昭王以乐毅为亚卿，任以国政。

卷之五　周纪

赧王(？—前256)：东周末代君主。慎靓王之子，名延，前314—前256年在位。当时周室已分为东周西周两小国，赧王虽名为天子，实则寄居西周。周赧王五十九年(前256)，西周被秦攻灭，赧王死，周代亡。

燕昭王(？—前279)：燕王哙的庶子，名职，前311—前279年在位。即位后曾进行改革，招徕人才。

涓人：宫中主管清洁的人，亦泛指亲近内侍。秦、汉之际称"中涓"。

资治通鉴

赧王

张居正讲评

孤,是诸侯自称之词。周赧王之三年,燕国之人因燕王哙为齐所杀,乃共立其太子名平者,是为昭王。昭王当破败后,虽即君位,势甚衰弱,欲收拾人心,以图兴复。民有死亡的,则吊恤他;有孤苦的,则存问他。薄于自奉,而急于济人,与百姓们同受甘苦。又自卑下其身,厚具礼币,以招致四方的贤士。尝与其臣郭隗(wěi)商议说:"齐人因我燕国有子之之乱而袭破我燕国,乃我之深仇。我今承此破败之后,极知国小力弱,不足以报复齐仇。然若得贤士与之共谋国事,转弱为强,以洗雪我先王之耻,实我之愿也。先生替我访求四方有才德之士,可与共谋国事者,我情愿屈身以师事之。"郭隗对说:"闻得古时曾有人君,将千金的重价,使人去寻买日行千里的良马。及到一个地方,那千里马已死,这使臣就用五百金买那马的骨头回来。其君大怒说:'我着你寻千里马,你买这马骨回来何用?'使臣对说:'这正是求马之术。夫以良马之骨,犹不惜重价而买之,何况活马乎? 四方之人,听得吾君好马如此,则凡有良马者,必将献于君矣,岂待求哉!'不出一年,果然有三匹千里马来到,此买马骨之所致也。今王若欲四方贤士来归,可用此术以招致之,就把我郭隗当做个贤士,尊敬起来,如那买马骨的一般。四方之人听得吾君这等敬贤好士,莫不愿为王臣,凡才德过于我者,皆将闻风而至矣,岂以千里为远哉!"昭王就依他说,特为郭隗改造一所宫馆,以师礼敬事他。于是四方之士,闻知昭王好贤,都争先来到。如乐毅自魏国来,剧辛自赵国来。而乐毅尤有才智,昭王用为亚卿之官,任以国政,后来果赖其力,破齐而复燕,乃昭王之好士所致也。夫燕昭以丧败之遗,而得一二策士之效,遂能转弱为强,兴复其国如此,况处全盛之势,而能尽用天下之贤者哉!

今评 昭王的真诚和郭隗的智慧和勇于投入的精神都很感人。老臣郭隗敢于把自己放在"马骨"的地位,是出于对自己身份地位的正确把握,以及对燕昭王心情、处境的充分理解。

赵王得楚和氏璧,秦昭王欲之,请易以十五城。赵王以问蔺相如,对曰:"秦以城求璧,而王不许,曲在我矣。我与之璧,而秦不与我城,则曲在秦。臣愿奉璧而往使,秦城不入,臣请完璧而归。"相如至秦,秦王无意偿赵城。相如乃绐秦王,复取璧,遣使者怀归赵,而以身待命于秦。秦王贤而弗诛,礼而归之。赵王以相如为上大夫。

赵王:即赵惠文王(?—前266),嬴姓,赵氏,名何,赵武灵王庶子。周赧王十七年(前298)继位。

秦昭王(前324—前251):嬴姓,名稷。前306—前251年在位。当政后东破赵国四十万大军,向南攻破楚都郢,又向东灭西周,接受周赧王投降,正式灭周。

张居正讲评

和氏,是卞和。曾得一璧献与楚王,当时号为至宝。绐,是哄人的意思。战国诸侯,皆务以珠玉为宝。赵惠文王得楚人卞和氏之璧,秦昭王闻知,欲得之,使人与赵说,愿以十五座城子与赵换此璧。赵王畏秦之强,不敢不与,又恐其得璧之后,不肯与城,因与其臣蔺相如商议,还是与他好,不与他好? 相如对说:"秦王以城求璧,王若不与,是我的理亏了;与了他璧,他若不与我城,是他的理亏了。宁可使他理屈,不可使我的理屈,还是与他为是。

王若怕他失信，臣愿亲将此璧送至秦国。秦若不把城子与赵，臣请全璧而归，决不白送了他。"赵王依相如说，就使他奉璧到秦。秦王得璧到手，果然无以城偿赵之意。相如料知其意，乃设计哄秦王，取回此璧，密遣一使者将这璧藏在身边，预先送回赵国，却自家单身待命于秦，任从秦王如何处置。秦王见相如有智谋，不辱君命，也不忍杀，反以礼相待，遣而归之。相如归赵，赵王嘉其能全国之宝，增主之威，就用他为上大夫。然相如之完璧，不是爱惜此宝，但欲因此折服秦王，使之不敢有加于赵耳。以一智计之士，犹足为国之重轻，况于贤人君子乎！

今评 "完璧归赵"应该说是有很大的偶然性。蔺相如再有胆有识，如果处在秦始皇时代，恐怕就不会有此美事了。

乐毅围二邑，三年未下。或谮之于燕昭王曰："乐毅智谋过人，伐齐，呼吸之间，克七十余城。今不下者两城耳，非其力不能拔，欲久仗兵威，以服齐人，南面而王尔。"昭王于是置酒大会，引言者斩之，遣国相立乐毅为齐王。毅惶恐不受，拜书以死自誓。由是齐人服其义，诸侯畏其信，莫敢复有谋者。

张居正讲评 乐毅既败齐兵，入其国都，乘胜长驱，齐城无不下者，独有莒与即墨二邑为齐坚守，燕兵围了三年，尚未服降。乐毅既拥兵在外日久，有人在燕昭王面前谮谮他说道："乐毅有过人的智谋，攻无不克，看他前日伐齐，呼吸之间，就克了七十余城，今未克者止是莒与即墨耳。以他的智力，岂不能拔此两城，却乃攻围三年而不下者，他的意思，盖欲自为齐王，恐人心一时未服，故顿兵在此，久仗威力，渐收人心，待那齐国百姓都归向他了，然后据有齐地，南面而为王耳，岂有意为燕者哉！"昭王平素信任乐毅，知道乐毅是忠臣，绝无此心。乃设酒大会群臣，引出那谮谮的人，当众臣面前，数他罪过，即时斩了，就遣相国大臣，立乐毅为齐王。毅见昭王这等推心任他，不为谮言所间，愈加感激，曲命惶恐，不敢承受，但敬拜奉书，以死自誓，期于捐躯报主，不敢负也。由是齐国臣民，见他君不负臣，臣不负君，都服燕之义；各国诸侯，见他臣不疑君，君不疑臣，都畏燕之信，无敢复有设为计谋，离间其君臣者矣。向非昭王知臣之深，信臣之笃，乐毅虽贤，恐不能自保，而田单之反间，又岂待继世而后行哉！此燕之已灭而复兴者，固由乐毅之忠，尤本昭王之明也。

今评 这是一段佳话，讲评所云君臣不相负为义，不相疑为信，是其本质。

赵王以李牧为将，伐燕，取武遂、方城。李牧者，赵之北边良将也，尝居代雁门，备匈奴，以便宜置吏，市租皆输入莫

令行禁止，盗贼都变为良民，就是道路上偶有遗失的物件，人也不敢拾取，况有攘窃劫夺者乎？吾之所宝，种首其一也。王所宝的珠，前后止照得十二乘，若论我这四个臣，保国安民，折冲御侮，其威名所及，将远照千里之外，何止十二乘哉！这个比王之所宝何如？"于是惠王自知失言，默然有惭色。夫齐威王不以径寸之珠为宝，而以贤臣为宝，此与《大学》所引《楚书》"惟善以为宝"意思正同，亦可谓知所重者矣。此所以为战国之贤君也。

今评 齐威王与魏惠王关于宝货的议论很有启发意义。历代许多无道昏君，大多是追求宝货和子女而残害忠良。

韩昭侯有敝裤，命藏之。侍者曰："君亦不仁者矣，不赐左右而藏之。"昭侯曰："吾闻明主爱一颦一笑，今裤岂特颦笑哉！吾必待有功者。"

> 韩昭侯（？—前337），懿侯之子，周显王六年（前363）继位，任申不害为相，国势复振。晚年生活奢侈，不恤民困。

张居正讲评 裤，是下体之衣。颦，是微笑。韩昭侯有一件穿旧了的裤衣，分付左右的人收藏之。左右侍臣说："仁德之君，必乐于好施。今观吾君，一旧裤衣，也舍不得赏赐左右之人，还要收藏，这等样吝啬，岂是仁德之君乎？"昭侯说："我闻明主行赏，必加于有功。不但赏赐人衣物，便是一颦一笑，启口之间，也不肯轻易发出。其颦也必有所为而颦，其笑也必有所为而笑。今裤虽敝，是我服御之物，岂特一颦一笑而已哉！我所为藏之者，将以等待有功的人，然后赏赐之耳。"盖赏罚乃人君威福之柄，赏当其功，而后人知所劝。若不论有功无功，冒滥行赏，则得之者不以为重，而他人亦不知所劝。昭侯之藏裤，岂吝此一物之微哉！其后宋太祖常解自己所着貂裘，以赐征西将士，正昭侯所谓以待有功也。

今评 一赏一罚，是君主驾驭臣下的两大法宝。韩昭侯藏旧裤以待赏，大有深意。

三十三年，邹人孟轲见魏惠王，王曰："叟，不远千里而来，亦将有以利吾国乎？"孟子曰："君何必曰利，仁义而已矣。"初孟子师子思，尝问教民之道何先，子思曰："先利之。"孟子曰："君子所以教民，亦仁义而已矣，何必利。"子思："仁义固所以利之也，上不仁，则下不得其所；上不义，则下乐为诈也。此为不利大矣。故《易》曰：'利者，义之和也。'又曰：'利用安身，以崇德也。'此皆利之大者也。"

> 孟轲（前372—前289）：鲁国公族后裔，姬姓，孟孙氏，名轲，字子舆，邹（今山东邹县东南）人。少年丧父，母三迁其家最后居于学宫之旁，受业于孔子之孙子思之门人，成为战国时的大思想家、儒家的代表人物，著有《孟子》一书。

显王 赧王

张居正讲评

邹,是鲁邑名,在今山东境内。叟,是年高有德之称。周显王三十三年,邹邑中有个贤人,叫做孟轲,他传受孔子之道,所学以仁义为主,论治以尧舜为法,而战国诸侯皆不能用,故孟轲隐居不见。及魏惠王卑礼厚币,招聘贤者,乃自邹至魏,见魏惠王。惠王见了孟轲,尊而称之说:"自邹至魏,路程千里,叟,今不以千里为远,来到吾国,岂是徒然,或者也要施展平生的抱负,使我财富兵强,于国有利乎?"孟子对说:"君何必说利,治国之道,只是仁义尽之矣。"然孟子之言仁义,不是从今说起。初时孟子从孔子之孙子思受业,尝问子思说:"牧养百姓之道,何者为先?"子思说:"先要利民。"孟子又问说:"君子所以教民,只是仁义便了,何必曰利。"子思答说:"我所谓利,正从仁义中来。且如上不仁,则必残害其民,而下民不得其所。上不义,则必以智术御民,而下民仿效,乐为诈伪。上下如此,必至危亡,其为不利莫大矣。所以《易经》上说:'利者,义之和也。'言物惟有利,则各得其所,不相侵害,乃为义之和洽。又说:'利用安身,以崇德也。'言施用利而身安,乃所以为崇德之资。这两句都是说仁义之利,乃利之大者,而非如富国强兵之小利也。"即子思孟子之所授受,见孟子之言仁义,乃其平生学问,原是如此。人君欲用贤者之道,其无使舍所学而从我哉!

今评 义利之辨,在我国争论了几千年。其实仁义与利益不是截然对立的,行仁对老百姓最有利,这是利之最大者。故司马光说:"夫惟仁者,为知仁义之为利,不仁者,不知也。"(《资治通鉴》卷二)张居正所解,似有意识纠孟子之偏。所谓"利者,义之和也";"仁义之利,乃利之大者",立论较全面。

赧 王

三年,燕人共立太子平,是为昭王。昭王于破燕之后即位,吊死问孤,与百姓同甘苦,卑身厚币以招贤士。谓郭隗曰:"齐因孤之国乱而袭破燕,孤极知燕小力少,不足以报。然诚得贤士与共国,以雪先王之耻,孤之愿也。先生视可者,得身事之。"郭隗曰:"古之人君,有以千金使涓人求千里马者,马已死,买其骨五百金而返。君大怒。涓人曰:'死马且买之,况生者乎?马今至矣。'不期年,千里之马至者三。今王必欲致士,先从隗始,况贤于隗者,岂远千里哉!"于是昭王为隗改筑宫,而师事之。于是士争趋燕。乐毅自魏往,剧辛自赵往,昭王以乐毅为亚卿,任以国政。

卷之五 周纪

赧王(?—前256):东周末代君主。慎靓王之子,名延,前314—前256年在位。当时周室已分为东周西周两小国,赧王虽名为天子,实则寄居西周。周赧王五十九年(前256),西周被秦攻灭,赧王死,周代亡。

燕昭王(?—前279):燕王哙的庶子,名职,前311—前279年在位。即位后曾进行改革,招徕人才。

涓人:宫中主管清洁的人,亦泛指亲近内侍。秦、汉之际称"中涓"。

张居正讲评

孤，是诸侯自称之词。周赧王之三年，燕国之人因燕王哙为齐所杀，乃共立其太子名平者，是为昭王。昭王当破败后，虽即君位，势甚衰弱，欲收拾人心，以图兴复。民有死亡的，则吊恤他；有孤苦的，则存问他。薄于自奉，而急于济人，与百姓们同受甘苦。又自卑下其身，厚具礼币，以招致四方的贤士。尝与其臣郭隗(wěi)商议说："齐人因我燕国有子之之乱而袭破我燕国，乃我之深仇。我今承此破败之后，极知国小力弱，不足以报复齐仇。然若得贤士与之共谋国事，转弱为强，以洗雪我先王之耻，实我之愿也。先生替我访求四方有才德之士，可与共谋国事者，我情愿屈身以师事之。"郭隗对说："闻得古时曾有人君，将千金的重价，使人去寻买日行千里的良马。及到一个地方，那千里马已死，这使臣就用五百金买那马的骨头回来。其君大怒说：'我着你寻千里马，你买这马骨回来何用？'使臣对说：'这正是求马之术。夫以良马之骨，犹不惜重价而买之，何况活马乎？四方之人，听得吾君好马如此，则凡有良马者，必将献于君矣，岂待求哉！'不出一年，果然有三匹千里马来到，此买马骨之所致也。今王若欲四方贤士来归，可用此术以招致之，就把我郭隗当做个贤士，尊敬起来，如那买马骨的一般。四方之人听得吾君这等敬贤好士，莫不愿为王臣，凡才德过于我者，皆将闻风而至矣，岂以千里为远哉！"昭王就依他说，特为郭隗改造一所官馆，以师礼敬事他。于是四方之士，闻知昭王好贤，都争先来到。如乐毅自魏国来，剧辛自赵国来。而乐毅尤有才智，昭王用为亚卿之官，任以国政，后来果赖其力，破齐而复燕，乃昭王之好士所致也。夫燕昭以丧败之遗，而得一二策士之效，遂能转弱为强，兴复其国如此，况处全盛之势，而能尽用天下之贤者哉！

今评 昭王的真诚和郭隗的智慧和勇于投入的精神都很感人。老臣郭隗敢于把自己放在"马骨"的地位，是出于对自己身份地位的正确把握，以及对燕昭王心情、处境的充分理解。

赵王得楚和氏璧，秦昭王欲之，请易以十五城。赵王以问蔺相如，对曰："秦以城求璧，而王不许，曲在我矣。我与之璧，而秦不与我城，则曲在秦。臣愿奉璧而往使，秦城不入，臣请完璧而归。"相如至秦，秦王无意偿赵城。相如乃绐秦王，复取璧，遣使者怀归赵，而以身待命于秦。秦王贤而弗诛，礼而归之。赵王以相如为上大夫。

> 赵王：即赵惠文王（？—前266），嬴姓，赵氏，名何，赵武灵王庶子。周赧王十七年（前298）继位。
>
> 秦昭王（前324—前251）：嬴姓，名稷。前306—前251年在位。当政后东破赵国四十万大军，向南攻破楚都郢，又向东灭西周，接受周赧王投降，正式灭周。

张居正讲评

和氏，是卞和。曾得一璧献与楚王，当时号为至宝。绐，是哄人的意思。战国诸侯，皆务以珠玉为宝。赵惠文王得楚人卞和氏之璧，秦昭王闻知，欲得之，使人与赵说，愿以十五座城子与赵换此璧。赵王畏秦之强，不敢不与，又恐其得璧之后，不肯与城，因与其臣蔺相如商议，还是与他好，不与他好？相如对说："秦王以城求璧，王若不与，是我的理亏了；与了他璧，他若不与我城，是他的理亏了。宁可使他理屈，不可使我的理屈，还是与他为是。

王若怕他失信，臣愿亲将此璧送至秦国。秦若不把城子与赵，臣请全璧而归，决不白送了他。"赵王依相如说，就使他奉璧到秦。秦王得璧到手，果然无以城偿赵之意。相如料知其意，乃设计哄秦王，取回此璧，密遣一使者将这璧藏在身边，预先送回赵国，却自家单身待命于秦，任从秦王如何处置。秦王见相如有智谋，不辱君命，也不忍杀，反以礼相待，遣而归之。相如归赵，赵王嘉其能全国之宝，增主之威，就用他为上大夫。然相如之完璧，不是爱惜此宝，但欲因此折服秦王，使之不敢有加于赵耳。以一智计之士，犹足为国之重轻，况于贤人君子乎！

今评 "完璧归赵"应该说是有很大的偶然性。蔺相如再有胆有识，如果处在秦始皇时代，恐怕就不会有此美事了。

乐毅围二邑，三年未下。或谗之于燕昭王曰："乐毅智谋过人，伐齐，呼吸之间，克七十余城。今不下者两城耳，非其力不能拔，欲久仗兵威，以服齐人，南面而王尔。"昭王于是置酒大会，引言者斩之，遣国相立乐毅为齐王。毅惶恐不受，拜书以死自誓。由是齐人服其义，诸侯畏其信，莫敢复有谋者。

张居正讲评 乐毅既败齐兵，入其国都，乘胜长驱，齐城无不下者，独有莒与即墨二邑为齐坚守，燕兵围了三年，尚未服降。乐毅既拥兵在外日久，有人在燕昭王面前谗谮他说道："乐毅有过人的智谋，攻无不克，看他前日伐齐，呼吸之间，就克了七十余城，今未克者止是莒与即墨耳。以他的智力，岂不能拔此两城，却乃攻围三年而不下者，他的意思，盖欲自为齐王，恐人心一时未服，故顿兵在此，久仗威力，渐收人心，待那齐国百姓都归向他了，然后据有齐地，南面而为王耳，岂有意为燕者哉！"昭王平素信任乐毅，知道乐毅是忠臣，绝无此心。乃设酒大会群臣，引出那谗谮的人，当众臣面前，数他罪过，即时斩了，就遣相国大臣，立乐毅为齐王。毅见昭王这等推心任他，不为谗言所间，愈加感激，曲命惶恐，不敢承受，但敬拜奉书，以死自誓，期于捐躯报主，不敢负也。由是齐国臣民，见他君不负臣，臣不负君，都服燕之义；各国诸侯，见他臣不疑君，君不疑臣，都畏燕之信，无敢复有设为计谋，离间其君臣者矣。向非昭王知臣之深，信臣之笃，乐毅虽贤，恐不能自保，而田单之反间，又岂待继世而后行哉！此燕之已灭而复兴者，固由乐毅之忠，尤本昭王之明也。

今评 这是一段佳话，讲评所云君臣不相负为义，不相疑为信，是其本质。

赵王以李牧为将，伐燕，取武遂、方城。李牧者，赵之北边良将也，尝居代雁门，备匈奴，以便宜置吏，市租皆输入莫

府，为士卒费，日击数牛飨士，习骑射，谨烽火，多间谍，为约曰："匈奴即入盗，急入收保，有敢捕虏者斩！"匈奴每入，烽火谨，辄入收保不战，如是数岁，亦不亡失。匈奴皆以为怯，边士日得赏赐而不用，皆愿一战，于是大破杀匈奴十余万骑，灭襜褴，破东胡，单于奔走，十余岁不敢近赵边。

襜褴（dàn lán）：亦作澹林，战国末年分布在山西朔县以北内蒙一带的少数民族。

张居正讲评 武遂、方城，是燕国二邑名。代雁门，是代地的雁门县，在赵国北边上。匈奴，即今之达虏。将军所居，以帐幕为府署，叫做莫府。烽火是狼烟，边上所烧以传报警急的。间谍，是军中探听事情的人。襜褴、东胡，都是虏人部落之名。单于，是匈奴君长之号。赵王用其臣李牧为将，率兵伐燕，遂取了燕家武遂、方城之地。这李牧乃是赵家北边上一个好将官，他曾统兵在代雁门地方，防备匈奴，赵王知其贤而重任之。凡边上一应军务，及举用将吏，都许他以便宜行事，不从中制他。关市上的租税钱粮，就都上纳在他幕府中，以供士卒的费用。李牧就用这钱粮，每日杀牛市酒，犒赏军士，使军士们时时演武学射，谨慎墩台上传报的烽火，多置军中探听的人，都布置停当了，就分付众军士说："今后胡虏要来犯边，你们就急忙走入城堡，收敛保聚，只使他野无所掠便了，却不许轻与之战。有敢违我的将令，擅自出去捉拿虏人的，定行斩首。"于是军士们都遵依着李牧的约束。但是匈奴进边就举起烽火，递相传报，无有疏虞，各城堡都预先知道了，便入收保，不与他战。如此数年，虽不曾斩获首级，自己的人马亦无所损伤。这正是李牧的计，盖佯输示弱以诱之耳。匈奴见他如此，都说李牧怯懦，不敢和他厮杀，意气渐骄。边上士卒，日受赏赐，又不用着他，蓄养的气力精锐了，都情愿出去与匈奴一战。李牧知士卒之可用，乃出其不意，举兵而攻匈奴，杀了他十余万人，遂灭襜褴，破东胡，那单于畏惧奔走，从此十余年，再不敢犯赵国的边地。盖李牧不耻小败，不求小胜，蓄威养锐，以乘敌人之懈，故能一举而成大功，真良将也。然亦由赵人任之专、信之笃，故其计得行。若一有费用，便从中阻之，一不出战，便从中促之，未展谋猷，先见掣肘，虽良如李牧，亦安能为哉！所以说，"将能而君不御者胜"，正此之谓也。

今评 一方面"将在外，君命有所不受"，一方面人主对将领"信之笃，任之专"，此李牧所以能大破匈奴。这就是张居正所谓"将能而君不御者胜"。

秦 纪

卷之五 秦纪

秦是国名。初周孝王时，始封非子于秦，为伯爵。平王东迁，秦襄公始尽有岐雍之地，至孝公益大，遂霸诸侯。及始皇遂兼并六国，自立为帝，仍以秦为国号。

始 皇 帝

始皇帝（前259—前210）：嬴姓，名政。秦庄襄王之子，前246—前210年在位。十三岁时即位，吕不韦和太后宠信的宦者嫪毐专权。前238年亲政，任用李斯为相，派王翦等大将灭韩、赵、魏、楚、齐、燕六国。至前221年统一全国，建立中国第一个统一的中央集权的封建国家。

王初并天下，自以为德兼三皇，功过五帝，乃更号曰皇帝，命为制，令为诏。自今以来除谥法，朕为始皇帝，后世以计数，二世、三世，至于万世，传之无穷。

张居正讲评　谥法，是身后象其德行而追谥之，如文王称文，武王称武，幽王称幽，厉王称厉之类。秦王政既灭齐、楚、燕、赵、韩、魏之国，尽并有天下之地，自以为其德之盛，可以兼乎古之三皇，其功之高，则过于古之五帝，自开辟以来，只有他一个，于是兼三皇五帝之号而自称为皇帝。凡传命于群臣的言语，叫做制。凡出令于天下的说话，叫做诏。又谓古人死而有谥，是子议其父，臣议其君也。自今以后，不用古人追谥之法，只以世代相传，如我是一代创始之君，就称为始皇帝，到第二世，就称为二世皇帝，第三世就称为三世皇帝。从此数将去，直至于万世，传之无穷焉。秦始皇之意如此，夫天位至重，天命不常，有德则兴，无德则亡。是以自古圣帝明王，兢兢业业，尧之命舜，舜之命禹，都说四海困穷，天禄永终，虽一身犹不敢保，况敢预必其国祚之长远乎？始皇以诈力并六国，天下之人方且敢怒而不敢言，乃侈然自谓兼三皇、过五帝，而欲传之万世，岂不谬哉。此秦之所以速亡也。

今评　"至于万世，传之无穷"，后来帝王皆知其虚妄而又孜孜以求。

丞相绾等言："燕、齐、荆地远，不为置王无以镇之，请立诸子。"始皇下其议，廷尉斯曰："周文武所封子弟同姓甚众，然后属疏远，相攻击如仇雠，周天子弗能禁止。今海内赖陛下神灵，一统皆为郡县，诸子功臣，以公赋税重赏赐之，甚足易制，天下无异意，则安宁之术也。置诸侯不便。"始皇曰："天下共苦战斗不休，以有侯王。赖宗庙，天下初定，又复立国，是树兵也，而求其宁息，岂不难哉。廷尉议是。"于是分天下为三十六郡，郡置守尉监，收天下兵聚咸阳，销以为钟镰，金人十二，各重千石，置宫庭中。

【张居正讲评】廷尉，是掌刑的官，即是今之大理寺卿。守、尉、监，都是各郡的官名。咸阳，是秦之国都，镰（jù），是乐器，亦钟之类。一百二十斤为石，千石，是十二万斤。秦始皇既定天下，丞相王绾（wān）等奏说："天下之地，惟燕、齐、荆三国离京师甚远。若不立个国王，则无以镇服人心，恐生他变。请以皇帝所生诸子，分封为王，以守其地。"秦始皇将王绾所言，发下与群臣会议。那时群臣都以王绾之言为是，独有廷尉李斯议说："周家文王、武王初定天下，要建立宗藩，以夹辅王室，所分封子弟，及同姓为公侯伯子男甚众。到后来族属疏远，不念同姓之亲，反举兵相攻击，如仇雠一般。周天子衰弱，通禁止他不得，天下大乱，以至于亡。诸侯王之害如此。今海内幸赖陛下神圣威灵，削平六国，归于一统，不如把天下都分为郡县，设流官以治之。其皇帝诸子及功臣，不必封为侯王，只以公家赋税钱粮重加赏赐，甚是富足，其势又易制。以天下共奉一人，则人无异心，此国家安宁长久之术也。若重置诸侯，则一统之势，复成分裂，各私其土，各擅其兵，他日又有列国分争之祸矣，甚为不便。"始皇有取于李斯之议，说道："天下共苦战斗不息，只因有诸侯王。今赖宗庙之灵，天下初定，若又建国立王，是从新树起兵端也，而求天下之宁息，岂不难哉。廷尉说的甚是。"于是遂分天下为三十六郡，每郡各置郡守一人总管郡事，即如今知府之官；又置郡尉一人专管兵马，与郡守体统相似，即今之同知；又置监临之官，以御史为之，监察诸郡之事，即今巡按御史之职，大小相司都由朝廷除授黜陟，不得世守其土，而古来帝王封建诸侯之法，自此尽废矣。又恐民间私藏兵器，挟以为乱，乃收而聚之咸阳，把铜铁都销熔了，铸做极大的钟镰，及金人十二座，各重十二万斤，置在宫庭中，使人无兵器，则不敢为乱，这都是秦始皇自为保守之计。盖其心以为侯王不立，则天下无乱人矣。孰知后来并起而亡秦者，乃出于闾巷田野之匹夫。又以为兵器尽销，则天下无乱具矣。孰知后来豪杰一呼，斩木亦可以为兵，揭竿亦可以为旗。可见人君之欲安天下者，惟在乎仁义之固结，而不在于法制之把持也。

【今评】李斯最早看出了周代分封诸侯之弊，故力主废封建、立郡县。从历史的发展和历代分封带来的后果而言，李斯的意见是对的。项羽实行分封，随即土崩瓦解，继而发生楚汉相争；汉初实行分封，不久发生吴楚七国之乱；晋初实行分封，又有八王之

乱；明代初期也是有分封的，也出现了燕王朱棣夺帝位之事。但总的说来，几乎历朝各代都有过分封之事，分封的情况也各有不同，可是各朝的灭亡，并不都是由于分封所致。只要帝王把天下视作自己的私产，不失于此，即失于彼。因而，分封与郡县之争，成为封建各代政论家争执不休的课题。

二十八年，始皇东行郡县，上邹峄山立石颂功业。上泰山阳，至颠，立石颂德。从阴道下，禅于梁父，遂东游海上。方士徐市等上书，请得与童男女入海，求三神山不死药。始皇浮江，至湘山祠，逢大风，几不能渡。上问湘君何神，对曰："尧女舜妻。"始皇大怒，使伐湘山树，赭其山。

张居正讲评 邹峄山，在今山东兖州府邹县地方。泰山，在今山东济南府泰安州地方。禅，是除地为坛以祭也。梁父，是山名。三神山是海中三山，一名蓬莱，一名方丈，一名瀛洲。湘山在今湖广岳州府湘阴县地方。赭是赤色。秦始皇之既立为帝，巡行天下，先已巡陇西北地，至二十八年，又东行郡县，登邹峄山，立碑刻铭于其上，称颂自家的功业。又登泰山之阳，至于山顶，亦立碑于其上，称颂自家的盛德。乃从山北阴道下来，为禅而祭于梁父之山，遂东游于海上。时有方士徐市等，欺诈始皇说："今东海中有蓬莱、方丈、瀛洲，三座神山，都是仙人之所居，其中有长生不死之药。请得斋戒，与童男童女共入海求之。"始皇误信其言，遂遣徐市发童男女数千人，入海求神仙，已而卒无所得，竟为方士所欺。始皇东游之后，又渡淮而南，巡行楚地，浮于大江，至洞庭湘山祠，猝然遇着大风，几不能渡。始皇问于博士说："这上面的祠宇，称是湘君祠，湘君是前代何神？"博士对说："昔黄帝有二女，一曰娥皇，一曰女英，为虞舜之妻，后来葬于此地，所称湘君即其神也。"始皇以渡江遭风危险，疑是山神阻之，因此大怒，遣刑徒三千人，斩伐那湘山的树木，尽赤其山，以泄其怨焉。这一段前面是始皇侈心于封禅，后面见始皇惑志于神仙，史臣详记其事，所以深著其骄泰之失，垂万世之鉴戒也。

今评 此段戒佞神求仙之虚妄。

三十三年，始皇巡北边，卢生入海还，因奏录图书曰："亡秦者胡也。"始皇乃遣蒙恬发兵三十万人，北伐匈奴，收河南地为四十四县；筑长城，因地形，用制险塞，起临洮至辽东，延袤万余里，威振匈奴。

卷之五 秦纪

始皇帝

张居正讲评　图书，是符谶之书。临洮，是今陕西岷州卫。辽东，即今辽阳地方。延袤，是四方连结的意思。始皇三十三年，又巡行北边，前此曾遣燕人卢生入海求神仙，至是卢生从海上回来，奏上他所录的图书，说道："亡秦的是胡也。"始皇疑胡是胡虏，乃遣将军蒙恬发兵三十万人，北伐匈奴，以除胡虏之患，尽取了黄河以南的地土，分做四十四县，今宁夏地方是也。于是大起丁夫，营筑长城，自西至东，随其地形之高下，远近都堵截了，以控制那北边上险阻陋塞之处。这城西起陕西临洮，东至辽东地方，接连一万余里，兵威振动于匈奴。然匈奴自此虽远遁，边患宁息，而中国之民力则疲矣。按图书所言，胡乃胡亥，是秦二世皇帝之名，秦至二世而亡，故征见于图书如此。始皇不务修德爱民，以延国祚，乃劳民动众，伸威于万里之外，一旦祸起萧墙，土崩瓦解，虽有城池险阻，谁与守之哉。

今评　匈奴是殷、周以来中原王朝面临的北方大敌，秦始皇派蒙恬征匈奴，取河南地，本无可厚非。但他听信了方士的胡言，便穷兵黩武、滥用民力，百姓自然无法承受。

　　三十四年，丞相李斯上书曰："异时诸侯并争，厚招游学，今天下已定，法令出一，百姓当家，则力农工，士则学习法令。今诸生不师今而学古，非当世，惑乱黔首，相与非法教之制，闻令下，则各以其学议之。入则心非，出则巷议，夸主以为名，异趣以为高，率群下以造谤。如此弗禁，则主势降乎上，党与成乎下，禁之便。臣请史官非秦记皆烧之，非博士官所职，天下有藏《诗》《书》百家语者，皆诣守尉杂烧之。有偶语《诗》《书》者弃市，以古非今者族。所不去者医药、卜筮、种树之书。若欲有学法令者，以吏为师。"制曰："可。"

> 黔首：秦始皇时对老百姓的称呼。一说因老百姓晒得很黑，故称"黔首"。一说秦尚黑色，平民用黑布包头，故有是称。
> 博士：战国末，齐、魏、秦首置，职掌议论顾问，充当君主参谋。
> 偶语：秦代法律用语，指互相谈论诗书或议论朝政。

张居正讲评　黔首，是黑发之民，与《书》称黎民相似。秦始皇三十四年，丞相李斯奏说："向时列国诸侯并起争战，得士者强，失士者弱，所以诸侯们争以厚礼招四方游学之士，以为谋臣。那时候不得不然，到今天下已定，法度号令出于一人，百姓们当家，则专务农业，为士的要通世事，则专学律令，天下要务，不过如此。今日诸儒生们，却乃不师今时之法，而学古人之说，讥诮时事，惑乱黎民，相与非朝廷法教之制，每闻朝廷有命令颁布于下，便各以其所学评论可否，入则非于其心，出则议于里巷，矜夸主上以取名，矫情立异以为高，倡率众无知小民以造谤。士风如此，不行禁止，到久后，则威福之柄，不在朝廷，而主势降于上，朋比之习寖以成俗，而党与成乎下，不可不为之虑也。臣请于史官之所纪载，非本朝典故，皆烧毁之。非文学博士官之所职掌，天下有擅藏《诗》《书》及百家诸子之言者，皆着他出首，在本管守尉官司处杂烧之。若有两人对谈诗书者便是违悖明旨，当戮之于市；引古说以非今法者，为大不道，当加以族

始皇帝

诛。可存留的惟医药卜筮栽种之书,乃日用之不可缺者;若欲明习律令,便以通律令的官吏为师。如此则天下无异议,而朋党不兴,主威常尊矣,彼游学之徒,安所用之。"于是始皇以李斯所奏为当,降旨准行,而坑儒焚书自此始矣。

今评 李斯的思想,深深影响着后来的封建王朝,实际上仍是周厉王止谤的方法,其结果往往适得其反。

> 天极:指北辰星。
> 营室:星名,室宿,二十八宿之一。
> 隐宫:古代的刑罚名,指被处宫刑的罪犯。

始皇以为咸阳人多,先王之宫廷小,乃营作朝宫渭南上林苑中。先作前殿阿房,东西五百步,南北五十丈,上可以坐万人,下可以建五丈旗。周驰为阁道,自殿下直抵南山,表南山之颠以为阙,为复道,自阿房渡渭,属之咸阳,以象天极、阁道,绝汉抵营室也。隐宫刑徒者七十余万人,乃分作阿房宫。

张居正讲评 咸阳,是秦始皇的国都。汉,是天河,营室是室宿。秦始皇以为咸阳都城中人多,而秦之先王所建的宫廷狭小不称,乃营建朝宫于渭水之南上林苑中。先起前面一座殿,叫做阿房殿。这殿的规制,自东至西,横阔五百步,自南至北,入深五十丈,上面坐得一万人,下面竖立得五丈高的旗,只这一座殿,其高大深阔如此,其他可知矣。周围四边,俱做可驰走的阁道,自殿下直至南山,就南山顶上竖立阙门,其北首砌一条复道,直跨过渭水,接着咸阳都城。以为天上有阁道六星,渡过天河,接着室宿,故把渭水当做天河,而跨河营造,如在天上一般。其侈靡如此。这宫室中所用造作徒刑之人,多至七十余万,其广可知。又分作阿房宫,其劳民伤财如此。夫自古帝王皆以民力为重,不忍轻用,知民心之向背,乃天命去留所系也。始皇竭天下之财力,以营宫室,极其壮丽,自谓可乐矣。而民心离叛,覆灭随之,竟为项羽所焚,悉成煨烬,可鉴也哉。

今评 修长城,建阿房,是秦始皇劳民伤财的两大工程。修长城是为了抵御胡人,建阿房宫是为了表示自己的强大与富有,恣意享受,结果恰恰造成了自己的灭亡,可以说是自掘坟墓。

侯生、卢生,相与讥议始皇,因亡去。始皇闻之,大怒曰:"卢生等,朕尊赐之甚厚,今乃诽谤我。诸生在咸阳者,吾使人廉问,或为妖言以乱黔首。"于是使御史悉案问诸生,诸生传相告引,乃自除犯禁者四百六十余人,皆坑之咸阳。始皇长子扶苏谏曰:"诸生皆诵法孔子,今上皆重法绳之,臣恐天下不安。"始皇怒,使扶苏北监蒙恬军于上郡。

卷之五 秦纪

张居正讲评 廉是访察，蒙恬是臣名。秦始皇焚烧诗书之后，时有儒生侯生、卢生这两人，相与讥议始皇所为的不合道理，又恐得罪，因逃去躲避。始皇闻之大怒，说道："儒士卢生等，朕尝尊敬加礼他，待之甚厚，今乃背德忘恩，反诽谤我，这诸生们聚居于咸阳，我使人访察他，或造为妖言以煽惑百姓，罪在不宥。"于是使御史悉按问诸生，那诸生们互相评告，攀扯连累，凡犯诽谤之禁者，四百六十余人，皆坑杀于咸阳地方。始皇长子名扶苏者，谏始皇说："今此诸生，都是诵习孔子之言，取法孔子之行，学好的人。主上今皆以重法惩治他，臣恐天下人心从此疑畏不安，非国之福也。"始皇不听扶苏之言，反加嗔怒，因遣扶苏往边上去做蒙恬的监军，在上郡地方，以疏远之。夫自古帝王之治天下，未有不以崇儒重道为先务者，始皇乃独反其道，至使诗书悉为灰烬，衣冠尽被屠戮，为罪可胜言乎？其不二世而底于灭亡，宜矣。

今评 坑儒是比焚书更为残暴的野蛮行动。张居正认为究其本源，是秦始皇治国不以"崇儒重道为先"，"独反其道"而行之的做法。

二世皇帝

元年秋，阳城人陈胜，阳夏人吴广，起兵于蕲。是时，发闾左戍渔阳九百人屯大泽乡，胜、广皆为屯长，会天大雨，道不通，度已失期，乃召令徒属曰："公等皆失期当斩，且壮士不死则已，死则举大名耳。王侯将相宁有种乎？"众皆从之，乃诈称公子扶苏、项燕，为坛而盟，称大楚，胜自立为将军，广为都尉，入据陈。

二世皇帝（前230—前207）：秦始皇第十八子，名胡亥，前209—前207年在位。始皇死，赵高与李斯合谋伪造诏书，杀公子扶苏，立胡亥为皇帝，称二世。即位后，大肆诛戮大臣及诸公子，又巡行郡县，陈胜、吴广起义后，被赵高所杀。

陈胜（？—前208）：字涉，阳城（今河南登封东）人。起义后自立为将军，下陈（今河南淮阳）地后，自称陈王。后被秦将章邯所败，为其御者庄贾所杀。

吴广（？—前208）：字叔，阳夏（今河南太康）人。他后率诸将西征，围攻荥阳，后为部将田臧假借陈王的命令所杀。

张居正讲评 阳城、阳夏、蕲、陈，都是秦时县名。阳城、蕲，即今凤阳府宿州地方。阳夏即今河南开封府太康县地方。陈，即今河南陈州地方。渔阳，是秦时郡名，即今顺天府蓟州地方。大泽乡是乡名，即今徐州丰县地方。闾左，古时闾里民居以富强的住在右边，贫弱的住在左边。戍，是守边。都尉是掌兵的官。秦二世皇帝即位元年之秋，阳城人陈胜，阳夏人吴广，相与起兵于蕲县以叛秦。盖因秦虐用其民，刑法严峻，差役繁多，只为筑长城征匈奴这两件事，把天下百姓坑死在边上的，不知其数。初时签发天下住在里闾之右的殷实大户，去当军守边；到后来大户已尽，并那贫民下户住里闾之左的，也都发遣。因此天下人苦极了，都有离叛之心。此时，发楚地闾左百姓戍守渔阳的有九百人，行到地名大泽乡，权在那里屯住。陈胜、吴广两人做管军的头目，适遇天雨，道路阻滞行不得。陈胜、吴广两个计算路程到渔阳时，已是违了期限，恐坐死罪，遂起心谋反，召其同行的徒众，告之说道："你们都误了限期，论军法该处斩，此一去定然是死了。做做好汉的，不死便罢，既拼一死，不如大家反了，舍命干一件

二世皇帝

大事,以成功名却不是好?那王侯将相岂有种类生成,也是人做得的。你们若肯依随我举大事,则王侯将相之贵,可以立致矣。空死何为?"那九百人既苦当军之劳,又怕到边上死了,就都依从了陈胜、吴广之言,齐心造反。陈胜、吴广恐自己名号卑微,不足以鼓动人心,思量秦公子扶苏,原是秦始皇的长子,为二世所杀,天下多未知其真死;项燕是楚国的名将,为秦兵所杀,楚人至今怜他,又有说他逃在别处,不曾死的,今若假这两人的名目起兵,天下必多闻风而应者。于是遂诈称为扶苏、项燕,筑台说誓,告天起兵,号称大楚。陈胜自家做了将军,把吴广做都尉。初,始皇把天下的兵器都销了,陈胜、吴广初起事时,都是空手,或斫木头,或用锄柄,就杀将起来。所向皆无不克,引兵攻破陈县入而据之。于是天下百姓,多杀其官吏,以应楚而攻秦,故秦之亡自陈胜、吴广始也。夫秦之发兵戍边,本为防胡,然天下之乱,乃不在于胡房,而反在于戍卒。秦之销兵,本为止乱,然以斩木揭竿之人,遂能乱天下而不可制。可见保邦之道,安民为本。若能布德施惠,轻徭薄赋,使民皆爱戴其上,而不生离叛之心,则虽有陈胜、吴广之雄,亦何所借以生乱哉。秦不知此,而以无道失天下,一夫作难而四海土崩。《书经》上说:"可畏非民",诚可畏也。

今评 陈胜、吴广奋臂一呼,秦王朝就此土崩瓦解。正如唐代诗人章碣咏史所云:"竹帛烟销帝业虚,关河空锁祖龙居,坑灰未冷山东乱,刘项原来不读书。"古代多少暴君,尽管他们处心积虑地设法消灭或防范人们的反抗,但都未能奏效,因为他们忘记了最根本的东西:"保邦之道,安民为本。"

卷之五 秦纪

> 刘邦(前265—前195):沛丰邑(今江苏沛县)人。在沛县起义,称沛公,于秦二世三年(前207)攻入咸阳。封汉王,后战败项羽,即皇帝位,定都长安,是为汉朝。前206—前195年在位。

刘邦,字季,为人隆准龙颜,左股有七十二黑子,爱人喜施,意豁如也。常有大度,不事家人生产作业。常徭咸阳,纵观秦皇帝,喟然太息曰:"嗟乎!大丈夫当如此矣。"

张居正讲评 这一段是记汉高祖初起的事,说汉高祖姓刘名邦,字季,是沛县人也。他生的相貌异常,鼻准高大。人的额角叫做颜,他的额生得高耸广阔,如龙额一般。左腿上有七十二个黑子。其为人慈而爱人,喜好施与人财物,无所吝惜,意气豁达,有大度量,不理论家常营生置产的勾当。以为一身一家之事,都是小事,非大丈夫之所屑为也。盖天厌秦乱,笃生真主,故其容貌志气自与寻常不同。常应当差役,到秦都咸阳里,适遇始皇帝出行,放人观看。高祖也混在众人中观看,见秦始皇车驾威仪,盛美赫奕,乃喟然太息说:"嗟乎!大丈夫生在天地间,当如此矣。"盖秦为无道,天下将亡,群雄并起争逐,故豪杰见之而生心也。如使上无失政,下无叛民,虽有豪杰,乐为使用,其谁敢萌异志哉。故人君之修德凝命,所以镇服人心,而止乱于未形也。

今评 项羽看到秦始皇时说:"彼可取而代之。"更有英雄气概。但都表明一点:皇帝这个称号,打从一出现于人世,就不那末神圣不

可侵犯。在人们心目中,不过是可以争而取之的某种东西而已。

秦始皇帝常曰:"东南有天子气。"于是因东游以厌之。季即自疑,亡匿,隐于芒、砀山泽间,吕后与人俱求,常得之。季怪问之,吕后曰:"季所居,上常有云气,故从往,常得季。"沛中子弟闻之,多欲附者。

> 吕后(前241—前180):名雉,字娥姁,单父(今山东单县)人,刘邦微贱时发妻,生惠帝。她佐刘邦定天下,诛韩信、彭越等异姓王,惠帝死,临朝称制,先后掌权达十六年。

张居正讲评 厌,音叶,是镇压销伏的意思。季,是汉高祖的字。芒、砀,是秦时二县名。高帝在民间时,便有许多奇异的事。当初秦始皇既定天下,常占四方的云气,说道:"东南方光景非常,乃是天子之气。"恐有异人出于其下,于是亲自出去东游,到这所在要当了这天子之气,以镇压销伏之。那时汉高祖尚在微贱,听得这说话,便自家惊疑说:"这天子之气,莫非应在我身上。"恐有人踪迹他,遂逃躲于芒、砀地方山谷草泽之中,以全身远害。高祖去时,也不与妻子说知,其妻吕后常同人去跟寻,便寻着他。高祖心里疑怪,问他说:"你为何就寻得着。"吕后对说:"你这躲避的去处,上头常有异样的云气。我认着这云气,跟寻将来,便寻着了。"那时沛郡中少年子弟们,听得这说话,知道高祖不是凡人,后来必有天子分,多归心而依附之者,所以高祖起兵之时,四方之人,皆响应乐从。盖天命素定,人不能违。然高祖本宽仁大度,知人善任,故天人协应,历数攸归,不专恃此征应而已。汉家四百年基业,默兆于田野之间,岂偶然哉!

今评 张居正强调帝王先要有自身的非凡素质,才会有天命所归。应该说比一般吹牛拍马的封建史家,要略胜一筹。

刘季被酒,夜径泽中,有大蛇当径,季拔剑斩蛇。后人来至蛇所,有老妪夜哭曰:"吾子,白帝子也,化为蛇当道,今赤帝子斩之。"妪因忽不见。后人告刘季,季乃心独喜自负,诸从者日益畏之。

> 白帝:古代五方五季神名之一,西方之神曰白帝,主宰西方和秋季,象征万物收成。另外东方曰苍帝,南方曰赤帝,北方曰黑帝,中央曰黄帝。古代亦以蛇神为白帝。

张居正讲评 老妪,是老妇人。高祖一日饮酒醉了,夜间由捷径小路走,大泽中有一条大蛇,拦在路上,人不敢行。高祖乘着酒醉,就拔剑斩断那条蛇,行将过去。随着他在后面行的人,来到死蛇所在,见一年老妇人,夜间哭着说:"我的儿子是白帝子,化而为蛇,在这道路上,今被赤帝子斩了,以此悲痛。"老妪说了这话,就忽然不见。盖西方属金,金之色白,秦都西雍,祠白帝,故白帝子应在秦皇帝。唐尧尚赤,汉是唐尧之后,故赤帝子应在汉高祖。赤帝子斩白帝者,乃汉代秦之兆也。当时同行之人,闻见此事,以为怪异,传与高祖。高祖听说,知天命在己,有此异兆,心中独自欢喜自负。而跟随高祖之人,亦以此知他不是凡人，日加敬惮之矣。夫自古帝王之兴，往往有非常之兆，其迹似怪，而要以至理。盖天命之去暴归仁，无从可见，故假之物事，露其机缄，以示神器有归，使人心知向，而举大事者不疑也。班彪谓高祖之兴有五，其一曰：神武有征应。盖以是哉。

今评 在迷信的古代，编造这种神话，有时确会起到煽惑民众盲从的作用。

<small>项籍：即项羽（前232—前202），名籍，字羽，又称子羽。二世元年（前209），他助项梁起兵，项梁战死后，被楚怀王封为长安侯，号为鲁公。他率兵北上救赵，破釜沉舟，一举击溃秦军主力章邯于巨鹿（今河北平乡县西南），坑秦降卒二十余万。入关后，他杀秦王子婴，烧阿房宫，自封为西楚霸王，分封六国后人。后与汉刘邦相争，于垓下一战大败，至乌江自刎而死。</small>

项梁者，楚将项燕子也。尝杀人，与兄子籍避仇吴中。籍少时学书不成，去学剑又不成，项梁怒之。籍曰："书足以记名姓而已，剑一人敌，不足学，学万人敌。"于是项梁乃教籍兵法。籍长八尺余，力能扛鼎，才器过人。会稽守殷通，闻陈涉起，欲发兵以应涉，使项梁将。梁乃使籍拔剑斩守头，佩其印绶，门下大惊扰乱，籍所击杀数十百人，一府中皆慴服，莫敢起。梁乃举吴中兵，使人收下县，得精兵八千人。梁为会稽守，籍为裨将，徇下县。籍是时年二十四。

张居正讲评 扛，是两手举起来。会稽是秦时郡名，即今南直隶苏州浙江一带地方。秦二世时，陈涉倡乱，豪杰并起，有项梁者，本是下相县人，乃楚将项燕之子。楚亡，项燕战死，项梁逃在民间，尝杀了人，恐为仇家所害，与他侄儿名籍的躲避在吴中会稽地方。这项籍就是项羽，后来为西楚霸王。项籍少小时，项梁曾教他学习书写不成，弃去学使刀剑，又不成。项梁恼怒，嗔怪他每事都不得成就。项籍说："那书写不过略识几个字，记得人的姓名便了。至于刀剑，纵使会使，也只敌得一个人，此何足学。我所学的，必是敌得过万人才好。"于是项梁知其才略不凡，乃教籍以为将相用兵之法。项籍身长八尺有余，又多气力，能举得千百斤的重鼎，其才能器局，远过于常人。那时会稽的太守叫做殷通，闻陈涉等起兵攻秦，欲发兵与他连合，知道项梁是将家子，召他为将领兵。梁意要自家起事，不肯为人使用，乃使项籍跟随进府，就坐上拔剑斩了殷通之首。项梁就带了他的印绶，号令府中人。一时府里门下的吏卒，大惊扰乱，只项籍独自一个就杀了门下数十百人，一府中都恐惧畏伏，莫敢与他相斗，尽服从了。梁乃起吴中兵，又使人召募所属下县共得精兵八千人。梁自家做了会稽太守，着项籍做副将，徇行抚定所属县分，领兵渡江西击秦。项籍这时才二十四岁。史称其有拔山之力，盖世之气，亦一时之雄也。然德不足而力有余，岂足为天下生灵之主哉，此所以终不能成大事也。

今评 虽然在楚汉相争中刘邦胜利了，但项羽仍不失为一代英雄。因为面对秦朝那样强大和残暴的武装，项羽以身先士卒百战不殆的精神，摧毁了秦朝的统治，灭秦的主要功绩应归项羽。

卷之六

汉纪

汉,是有天下之号,高祖初为汉王,后即帝位,遂仍旧号。这一篇书,载汉家一代的事迹,故称为"汉纪"。

高 帝

姓刘氏,名邦,字季,沛县人。初以泗上亭长起兵,诛暴秦、灭项籍而有天下。在位八年,以其功德高厚,为汉家一代之始祖,故庙号高祖皇帝。

冬,十月,沛公至霸上;秦王子婴素车、白马,系颈以组,封皇帝玺、符、节,降轵道旁。诸将或言诛秦王,沛公曰:"始怀王遣我,固以能宽容。且人已降,杀之不祥。"乃以属吏。

> 素车白马:这是服丧用的车马。子婴以此表示秦国灭亡,诚心投降。
> 系颈以组:表示要自杀。组,这里指佩玺的绶。
> 轵(zhī)道:即轵道亭,在今西安市东北。
> 属(zhǔ)吏:交付给监守官吏。

张居正讲评

霸上,是地名,在今陕西西安府。组,是印绶。史臣记:汉高祖未即帝位,初为沛公时,奉楚怀王之命,举兵伐秦,以冬十月,先诸将入关破秦,到霸上地方。是时秦王子婴即位才四十六日,见人心离叛,事势穷蹙,遂驾素车,乘白马,颈项上系着组绶,将传国的宝玺与发兵的兵符及使臣所持的节都封了,献上沛公,投降于轵道之旁。时跟随的诸将劝沛公说:"秦为无道,天下怨之久矣。今既破了秦关,得了秦王,正该杀了他,以泄天下之怨。"沛公说:"不可。始初楚怀王命将伐秦,不遣别人,乃独遣我,固以我宽大能容人故也。且用兵之道,不杀已降。今子婴已降,又从而杀之,不祥,亦非怀王当初遣我之意也。"乃将秦王付与所在官司收管,以待怀王之命而处置焉。此沛公之仁也。其后项羽入关,遂杀子婴、坑降卒、烧秦宫室,秦人以是怀沛公之恩、而怨项羽之虐。则楚汉成败之机,盖已决于此矣。

高帝

今评 三世子婴才刚刚即位，刘邦入咸阳，子婴投降，刘邦采取了宽大的政策，这是刘邦在策略上高于项羽一筹之处。

> 咸阳：秦都城名，在今陕西省咸阳市东北。

沛公西入咸阳，诸将皆争走金帛财物之府分之；萧何独先入收秦丞相府图籍藏之，以此沛公得具知天下厄塞、户口多少、强弱之处。

张居正讲评 沛公既入关破秦，遂引兵西入咸阳京城。诸将每贪秦财物，都争先走去府库中，将金帛财物取而分之。惟有萧何独自先入秦丞相府里，急忙收拾那地图册籍等书藏之，其他财物一无所取。因此沛公按这图籍，得以备知天下形势险阻，及户口或多或少，殷实消乏的去处。所以后来用兵，晓得某处可攻、某处可守，均派粮差，知道某处户口殷实、某处户口消乏，皆赖萧何收藏图籍之功也。即此可见萧何志虑高远，迥出于寻常之外。汉高祖所以能成帝业，何之力居多。史称其为一代宗臣，岂不信哉！

今评 以诸将之掠财货，反衬萧何之独取图籍。由此可见萧何高明之处。

> 缟(gǎo)素：素白的织物，用作丧服，这里是指以怜悯安抚人民。
>
> 助桀为虐：也作助纣为虐。相传桀是夏代的暴君，纣是商代的暴君，以此比喻帮助坏人做坏事。

沛公见秦宫室、帷帐、狗马、重宝、妇女以千数，意欲留居之。樊哙谏曰："沛公欲有天下耶？将为富家翁耶？凡此奢丽之物，皆秦之所以亡也，沛公何用焉？愿急还霸上，无留宫中！"沛公不听。张良曰："秦为无道，故沛公得至此。夫为天下除残贼，宜缟素为资。今始入秦，即安其乐，此所谓'助桀为虐'。且忠言逆耳利于行，毒药苦口利于病，愿沛公听樊哙言！"沛公乃还军霸上。

张居正讲评 沛公既破秦入咸阳，见秦家宫室雄丽，一应供具帏帐等物极其齐整，凡狗马珍宝之类及侍奉的宫人美女，各有千数之多。沛公见了这等富贵不免动心，便要留在那里住下。其臣樊哙恐他溺于侈乐，误了大事，进谏说："请问沛公，此一来要并有天下，成帝王之业乎？或只是图些享用，做个富家翁而已乎？若只要做个富家翁，便留在这里住也罢；若是要并天下而为帝王，则当鉴秦之所以亡，而反其所为才是。凡此奢靡华丽之物，皆秦剥民财力所为，秦人因此失了人心，以至亡国，今岂可复效其所为而用之乎！愿急引军回霸上去，不可留住于此。"沛公一时不能听樊哙之言，张良又谏说："秦家只因所为无道，残虐其民，故沛公得以除暴救民为名而至于此。夫既要替天下人除去残贼，吊民伐罪，哀怜百姓的困苦，当如丧礼一般，以缟素为资。今方入秦就安享其奢靡之乐，全无哀痛之心，则是秦之虐固与夏桀无异，而公之所为又与秦无异，乃古人所谓'助桀为虐'者耳，岂吊民伐罪之师哉！且忠直之言耳里听着虽不顺意，然却有益于行事。譬如毒药，口里吃着其味虽苦，然却能去病。今樊哙之言乃是忠言，不可不听也。"沛公就听张良、樊哙之言，还军霸上。夫帝王之举动乃天下所观瞻，若动有可议谁肯归戴？汉高祖初入秦宫遂动心于富贵，几乎误了大事。及一闻张良、樊哙之言，遂整军霸上，以待诸侯之至。此等举动何等光明正大，故秦民因此信其果为除害而来，而敌国谋臣亦以此知其志不在小。视彼项羽收其宝货、妇女以东，而秦民遂大失望者，胜负岂待辨哉！然使非张良、樊哙之言则汉高未免有过举矣。故史臣记此一段，以见二臣能谏之忠、汉高从谏之善，乃转祸为福之一大机也。

今评 张居正着重说明樊哙、张良能谏，而刘邦也善于纳谏，要后代的君主和臣下都效法他们。

十一月，沛公悉召诸县父老、豪杰，谓曰："父老苦秦苛法久矣！吾与诸侯约，先入关者王之，吾当王关中。与父老约法三章耳：杀人者死，伤人及盗抵罪。余悉除去秦法，诸吏民皆案堵如故。凡吾所以来，为父老除害，非有所侵暴，无恐！且吾所以还军霸上，待诸侯至而定约束耳。"乃使人与秦吏行县、乡、邑，告谕之。秦民大喜，争持牛、羊、酒食献飨军士。沛公又让不受，曰："仓粟多，非乏，不欲费民。"民又益喜，唯恐沛公不为秦王。

飨(xiǎng)：用酒食款待人。也泛指对人提供某些东西。

张居正讲评 父老，是百姓年高的。豪杰，是地方中的好汉。案堵，是安如墙堵，不迁动的意思。沛公既破秦入关，这年冬十一月将还军霸上，乃尽唤关中年老的百姓并地方上的好汉都来，吩咐他说道："秦家暴虐无道，法令琐碎，你这父老人等被害久矣。那秦家的法度好生利害，但是诽谤君上政令的，便诛及三族，有两人对说《诗》、《书》的，便戮于市曹，其烦苛惨刻如此。起初众诸侯相约，但有能先入关破秦的，便封为秦王。我今先入关破秦，当王关中，与你众百姓做主。如今先与你父老们相约，我的法度没有许多，只是三条：杀人的，着他抵死偿命；伤人的、与做盗贼的，各问以应得罪名。此外但是秦家那琐碎的法度都一切除去不用，你众官吏百姓们都照旧各安分守职，不必迁动。我这一来只要为你们除害，不是来侵暴百姓的，你们休得怕惧。我如今暂且收了军马还屯霸上，等待众诸侯都到了时，面定前日王关中的约束耳。"乃使人与秦家原设的官吏循行各县乡村邑里，分投晓喻，使那未到的小民也通知道这意思。于是秦中百姓无不欢喜，争持牛、羊、酒、食献与沛公，犒飨军士。沛公又辞让不受，说道："今仓廪中粮食尽多，不至乏绝，不要破费了你百姓的钱米。"那百姓们听得这话愈加欢喜感戴，只恐怕沛公不得做秦王。夫汉高初入关时便得民心如此，盖秦为无道，百姓方患苦之，而高祖一旦代之以宽，如大旱之得时雨，有不欢忻而仰戴者哉！《书》曰："抚我则后，虐我则仇。"故秦之严刑而多杀者，适所以驱民使归汉耳。汉家四百年的基业在此三章约法中矣。

高帝

今评 刘邦的约法三章，表达一种治国思想，即对老百姓要宽大，法律要简而明。这在当时不啻是解救人民于困厄之中的一声春雷，稳住了局势，把百姓争取到自己方面来了。

汉王怒，欲攻项羽，周勃、灌婴、樊哙皆劝之。萧何谏曰："虽王汉中之恶，不犹愈于死乎？夫能诎于一人之下而信于万乘之上者，汤、武是也。臣愿大王王汉中，养其民以致贤人，收用巴、蜀，还定三秦，天下可图也。"汉王曰："善！"乃遂就国；以何为丞相。

张居正讲评 三秦，是章邯、司马欣、董翳三人分王秦地，故号三秦。始初楚怀王与众诸侯相约：但有能先入关破秦者，便封他做秦王。其后高祖独先破秦，当为秦王。项羽后到，却倚他兵力强盛，背约失信，不肯着高祖做秦王，乃三分秦地，把秦家三个降将章邯、司马欣、董翳都封为王，镇守秦地；却将高祖封在汉中四川地方，叫做汉王。汉王因此嗔怪项羽处事不公，负约爽信，发怒，欲举兵而攻之。其时周勃、灌婴、樊哙三个都是武将，没见识，不能审度时势，只管劝高祖举兵攻项羽。独有萧何进谏说道："楚强汉弱，力势不敌，今若攻楚，必致败亡。汉中地方虽是偏僻，还得生而为王，不强如兵败而死乎？大凡成大事者，要忍小忿。古昔帝王有能审己量力，暂诎一人之下，竟能创业垂统伸于万乘之上者，如殷汤事桀、周武王事纣是也。往事如此，可以为法。臣愿大王权且退一步，去汉中地方布德施惠、抚爱百姓，招致四方贤人，收用巴蜀士卒。待吾之根本已固、兵食已足，那时却举兵回来，平定三秦、收复关中地方，天下大事从此可图也。今乃不忍一朝之忿，而欲轻生以攻楚，不亦谬乎？"汉王听了这话，说萧何的见识远大，说得有理，便依从他说，去到汉中权为汉王，而以萧何为丞相，与图国事。其后高祖到汉中果能任用三杰，还定三秦，遂灭楚而有天下，皆萧何"养民致贤"之一语启之也。

今评 刘邦听从了萧何的意见，保全了自己，为以后能有机会再与项羽争而成帝业打下了基础。萧何审时度势，是很有远见的。

汉王至南郑，诸将及士卒皆歌讴思东归，多道亡者。信亡去。何闻信亡，不及以闻，自追之。人有言王曰："丞相何亡。"王大怒，如失左右手。居一二日，何来谒王。王且怒且喜，骂何曰："诸将亡者以十数，公无所追；追信，诈也！"何曰："诸将易得耳，至如信者，国士无双。王必欲长王汉中，无所事信；必欲争天下，非信无可与计事者。顾王策安决耳！"王曰："吾亦欲东耳，安能郁郁久居此乎！"乃召信拜大将。何曰："王素慢无礼，今拜大将，如呼小儿，此乃信所以

去也。王必欲拜之，择良日，斋戒，设坛场，具礼，乃可耳。"王许之。诸将皆喜，人人各自以为得大将。至拜大将，乃韩信也，一军皆惊。

张居正讲评 南郑，是地名，即今陕西汉中府南郑县。亡，是逃走。信，是韩信。汉王既用萧何之言，就国汉中，行到南郑地方。诸将及军士多是东方丰、沛等处的人，离家日久，个个思量东归，唱的歌曲都是思乡的意思，多有在半路里就逃去了的。那时韩信做治粟都尉，见汉王不能用他，也随着众人去了。萧何平日晓得韩信才略可任大事，猛听得说韩信也走了，心里忙迫，不及奏知汉王，就自家去追赶他。军中不知萧何是追韩信，只说萧何也逃去。有人告于汉王说："丞相萧何走回去了。"汉王大恼怒，见失了辅佐，就如失了左右两手一般。住一二日间，萧何回来参见汉王。汉王又怒又喜，问说："你如何也撇了我走回去？"萧何对说："臣不是逃走，乃是追赶韩信来。"汉王骂说："我手下管兵的将领逃去了十数人，不曾见你去追赶，乃独追一韩信，这是你支吾欺我之言！"萧何对说："诸将都是庸才，便走他十来个有何难得。至如韩信，智勇才略天下无双。大王若只是长在汉中做王，却也用不着韩信；若是要东向争取天下，则除了韩信，无可与谋此大事者。故臣一闻其逃，不及奏知，急去赶将回来，恐失此人耳。但不知如今大王的意思何如：还是要王汉中；还是要争天下？"汉王说："项羽违约，封我于汉中，我甚不乐。我的意思亦欲东向而争天下耳，岂能郁郁久居此处乎！"乃用萧何之言，就着人去呼唤韩信来，拜为大将。萧何说："大王平素待人傲慢无礼，如今要拜一个大将，把取天下的大事付与他，却乃如此轻易，恰似呼唤小儿一般，这等待人无礼，人如何肯用命？此韩信所以不乐而去也。王若真个要他做大将，须选择个好日子，大王自家斋戒致敬，筑立坛场，备具礼仪，方才成个拜大将的道理，韩信才肯尽力为用。"于是汉王听许，一一都依着萧何的言语。那时诸将听得汉王将举行拜将的殊礼，却不知所拜的是谁，都暗地欢喜，人人自负说：这大将莫非是我做？及至拜大将时，乃是韩信，一军之人无不惊讶。盖韩信在先未遇时曾乞食于漂母、受辱于胯下，人素轻贱他。只有萧何知道他是个豪杰，荐于高祖。一旦加之以殊礼，拜之为大将，故人以为惊讶。其后果能定三秦，举燕赵、破楚灭项，助成帝业。可见非常之功，非常人所能任；而非常之才，亦非常人所能知。韩信以一逃亡小卒，若不遇汉高英雄之主、萧何知人之相，则将终身困穷而已。夫欲图大事、建大功者，岂可以名誉资格求天下之豪杰也哉！

今评 张居正强调了用人要以才能为主，不能看资格，以免埋没人才，韩信就是险些被埋没的一个。

汉王南渡平阴津，至洛阳新城。三老董公遮说王曰："臣闻'顺德者昌，逆德者亡'；'兵出无名，事故不成。'故曰：'明其为贼，敌乃可服。'项羽为无道，放杀其主，天下之贼也。夫仁不以勇，义不以力。大王宜率三军之众，为之素

放杀：先放逐而后杀害。
袒：把上衣敞开，露出上身的一部分。
三河：汉以河内、河东、河南三郡为三河，即今河南、山西黄河南北一带。

高帝

服，以告诸侯而伐之，则四海之内莫不仰德，此三王之举也。"于是汉王为义帝发丧，袒而大哭，哀临三日，发使告诸侯曰："天下共立义帝，北面事之，今项羽放杀义帝江南，大逆无道！寡人悉发关中兵，收三河士，南浮江、汉以下，愿从诸侯王击楚之杀义帝者！"

张居正讲评 平阴津，是平阴县的渡口。新城，是洛阳县的乡名。三老，是掌管一乡教化的老人。三河，是河南、河东、河内。汉王既用萧何之计，用韩信为大将，引兵还定三秦，出关、下河内，遂南渡平阴津，到洛阳新城地方。那时项羽方杀了义帝，自立为西楚霸王，于是新城乡有个三老叫做董公，拦着路献个计策与汉王，说道："臣闻取天下在有仁义之德，顺此德的便昌盛，逆此德的便灭亡。兵之胜负，在德之顺逆。若出兵而无名，大事如何得成？所以说明其为贼，敌乃可服。必须仗天下之大义，立个名号，显得那敌人是贼，我为天下声其罪而讨之，则顺在于我，逆在于彼，不待交兵，而胜负已分矣。今项羽大逆无道，放杀其主，这正是天下之贼也。我的勇力虽不如他，然以仁义临之，仁不在勇，义不在力，顺逆一分，强弱都不论了。今大王正宜倡率三军，同服缟素，因以赴告于诸侯，而讨项羽弑君之罪，则兵出有名，大事可成矣。"于是汉王用其计，为义帝发丧成服，乃遍告诸侯说道："往时天下诸侯共立楚怀王以为义帝，奉他做主，我与项羽都是义帝的臣子。今项羽乃放逐义帝于江南而杀之，此所谓乱臣贼子，人人得而诛之者也。寡人今亲为义帝发丧，使军士每都穿着缟素孝服，尽发关中兵马，收集三河士卒，南浮江汉而下，愿随着诸侯王讨伐那楚国弑义帝的篡贼，以报君父之仇，明君臣之义焉。"从此汉王举动名正言顺，理直气壮；而汉兵之出始堂堂于天地间矣。项羽虽强，岂能与之为敌哉！此不独能摧服群雄，而正人心以培国祚，实基于此，皆董公一言启之也。

今评 "名正则言顺"，尤其是用武力争天下，要师出有名，可以团结自己、号召天下。

汉王谓陈平曰："天下纷纷，何时定乎？"陈平曰："项王骨鲠之臣，亚父、钟离眛、龙且、周殷之属，不过数人耳。大王诚能出捐数万斤金，行反间，间其君臣，以疑其心；项王为人意忌信谗，必内相诛，汉因举兵而攻之，破楚必矣。"汉王曰："善！"乃出黄金四万斤与平，恣所为，不问其出入。平多以金纵反间于楚军，宣言："钟离眛等为项王将，功多矣，然而终不得裂地而王，欲与汉为一，以灭项氏而分王其地。"项羽果不信钟离眛等。

卷之六 汉纪

高帝

张居正讲评

骨鲠,是刚直不顺人意,如骨之鲠人一般。亚父,是范增,项羽尊他叫做亚父。反间,是造揑虚词、离间人的意思。汉王自睢水战败退守荥阳,与项羽相持日久不能取胜,因谋于陈平说:"如今天下纷纷争斗,不得休息,不知何时才得灭楚、平定天下,你有甚奇计可施否?"陈平对说:"汉所以不能胜楚者,只因项王尚有心腹得力的臣帮助他故耳。臣料项王手下骨鲠忠直之臣其实不多,如范增、钟离昧、龙且、周殷等辈,不过数人而已。大王若肯不吝数万斤之金抛舍出来,把去行反间之术,离间了他的君臣,使他自相猜疑,必至离心。项王为人心多疑忌,好听谗言,一闻反间之语必然君臣生疑,内里自相诛杀。那时汉却乘机举兵攻之,破楚必矣。"汉王说:"此计甚好!"即捐出黄金四万斤与陈平,任他将去使用,更不稽查其出入。陈平乃多把这金去买嘱项王左右,广行反间于楚,到处传播说道:"钟离昧等为项王将,运谋出力,功劳多矣。然到今不得分土受封,枉受许多勤苦。以此心怀怨望,要与汉家连结为一,共灭项氏,把楚地分了,各自为王。"这是陈平反间的说话,要去激怒项王。项王听得这话,果然心疑钟离昧等,只道他真有反意。自此凡有计谋都不信用,盖已中陈平之计矣。楚之败亡实决于此。虽陈平诡计,亦本项王意忌信谗,有以致之。向使项王君臣相信,不听谗言,如燕昭王之于乐毅,魏文侯之于乐羊,则虽有陈平之智,亦安所施哉!古语有云:"木必先腐而后蠹生之;人必先疑而后谗入之。"用人者可不鉴哉!

今评 刘邦采用了陈平的反间计,使项羽去了唯一的谋臣范增,这是历史上一件著名事例。在用人问题上要用人不疑。反间计是一剂毒药,它使古今许多忠贞之士蒙受不白之冤,许多重大事业功败垂成。

夏五月,帝置酒洛阳南宫。上曰:"彻侯诸将毋敢隐朕,皆言其情,吾所以有天下者何?项氏之所以失天下者何?"高起、王陵对曰:"陛下嫚而侮人,项羽仁而爱人。然陛下使人攻城略地,因以与之,与天下同其利;项羽妒贤嫉能,有功者害之,贤者疑之,此其所以失天下也。"上曰:"公知其一,未知其二。夫运筹帷幄之中,决胜千里之外,吾不如子房;镇国家,抚百姓,给馈饷,不绝粮道,吾不如萧何;连百万之众,战必胜,攻必取,吾不如韩信。三者皆人杰,吾能用之,此吾所以取天下者也。项羽有一范增而不能用,此所以为我擒也。"群臣悦服。

> 彻侯:爵位名。秦制二十等爵之最高一级。汉沿置,后因避武帝讳,改称通侯,又改列侯。有征收封邑租税之权,一般住在京师,其封地行政仍由中央所派的相掌握。
>
> 嫚(màn):轻视,侮辱。

张居正讲评

高祖既灭项羽,即帝位。一日置酒宴群臣于洛阳之南宫,因问群臣说:"众诸侯及诸将们,在我面前不要隐讳,各陈你们所见,且说我所以得天下者何故?项羽所以失天下者何故?"内中高起、王陵二人齐对说:"陛下天性好简嫚轻侮人;项羽仁而爱人,待人有礼。然人所以肯尽力于陛下者,以陛下能不吝爵赏。使人攻打城池、略取土地;既得了,就封那有功之人,与天下同享其利。因此人人尽力,以图功赏,所以能得天下也。项羽则不然,妒贤嫉能。有功者不但不赏,反忌其能而害之;贤者疑而不用。因此人人怨望,不肯替他出力,此项羽所以失天下也。"高祖说:"公等说的虽是,然但知其一,未知其二。我所以取天下者,全在能用人故也。夫运筹画策不出帷幄之中,而能料敌制胜于千里之外,这样智谋,我不如张子房;镇守国家抚安百姓,供给军饷不致乏绝,这样才干,我不如萧何;统百万之兵用之有法,战则必胜,攻则必取,这样勇略,我不如韩信。这三个人都是一时豪杰,非常之才。我着张子房常在左右,运筹画策为吾谋臣;着萧何镇守关中,供给粮饷;着韩信做大将,领兵征讨。得此三人之力,所以能取天下也。项羽只有一个谋臣范增,而每事猜疑,不能信用,是无一人之助矣,此所以被我擒获也。"群臣闻高帝之言,无不忻悦敬服。夫用人者常裕,而虚怀者然后能用人。若论勇猛善战,汉高不及项羽远甚,所以胜之者,以能用人耳。而所以能用人者,由其自谓不如人也。夫以匹夫取天下,天下莫不归服,而犹自谓不如其臣,此汉高之所以大过人欤。

今评 楚汉相争前后五年,最初汉王屡败,但最后垓下一战,汉王取得了决定性的胜利。刘邦致胜的客观原因很多,但从刘邦个人来讲,他自认为善于用人。所谓善于用人,是承认自己有不如人之处,能够真心采用别人的长处。这一点是许多帝王做不到的。

张良素多病,从上入关,即道引,不食谷,杜门不出,曰:"家世相韩,及韩灭,不爱万金之资,为韩报仇强秦,天下振动。今以三寸舌为帝者师,封万户侯,此布衣之极,于良足矣。愿弃人间事,欲从赤松子游耳。"

张居正讲评 道引,是修养家运气之术,张良为人素多疾病,自从高祖入关之初,便就学修养之术,导引运气,不食五谷。及至佐高祖平定天下之后,一日自家称说"我本是韩国之人,父祖以来,五世为韩相国,世受国恩。不幸宗国为秦所灭,我不爱惜万金之产,悉以家财募求力士,椎击始皇于博浪沙中,为韩报仇。那时虽误中副车,不曾伤得始皇,然以秦皇之强而我椎击之,威加万乘,义复强仇,天下之人谁不振动!其后遇着真主龙兴,我止凭三寸之舌运谋画计,毕竟灭了强秦,赞成汉业。天子待我以师礼,封我以万户,位为列侯,布衣荣遇,至此已极。我平生只要报仇雪恨,济世安民,今已心满意足矣,此外更复何求!惟愿遗弃了人间功名、富贵之事,随着赤松子同游于方外耳。"赤松子,是上古仙人之号。良盖假托之辞也。夫张良有大功于汉,高祖方尊礼之,何天下甫定,遂托于神仙之事而去乎?盖良以五世相韩之故,志复不共戴天之仇,其仕汉也,以为韩也,韩仇既报,遂浩然有归志焉。故后人论之曰:张良始终为韩。又曰:留侯君臣义重,其真知良之心哉。

今评 张良见微知著,脱然而去,避免了韩信"狡兔死,走狗烹;高鸟尽,良弓藏"的下场。

始剖符封诸臣为彻侯。萧何封酂侯,所食邑独多。功臣皆曰:"臣等身被坚执锐,多者百余战,小者数十合。今萧何未尝有汗马之劳,徒持文墨议论,顾反居臣等上,何也?"帝曰:"诸君知猎乎?夫猎,追杀兽兔者,狗也;而发纵指示兽处者,人也。今诸君徒能得走兽耳,功狗也;至如萧何,发纵指示,功人也。"群臣皆莫敢言。

张居正讲评 剖,是分。符,即是如今封功臣的铁券,两块相合,一块赐与功臣,一块藏在内府存验,所以叫做剖符。彻字,解做通字,以其功通于王室,故谓之彻侯。酂,是县名。高帝既定天下,论功行封,群臣争功不能决,至即位之次年,始剖分符券。封诸功臣等为通侯,以萧何之功最高,先封为酂侯,食邑八千户,比诸功臣独多。诸功臣心里不服,都说:"臣等身自披着坚甲、执着利兵,亲去攻城陷阵,多者百余战,少也有数十合,受了许多辛苦,才挣得个功次,萧何并未曾有汗马战斗的功劳,只以文墨议论为事,今论功行赏,乃反居臣等之上,何也?"高帝要折服群臣之心,乃设个比喻问他说:"诸君晓得田猎之事乎?夫打猎之时,赶杀兽兔者固在于猎犬;若解放那猎犬,发其踪迹而指示以野兽所在,使之追杀者,则由于人。故杀兽者狗,而使狗者人也。狗之功,非人之比明矣。今诸君只靠勇力厮杀,虽有攻城略地、斩将搴旗之功,不过如猎犬能追得走兽耳。至如萧何,则居中调度,运谋画策,使诸将各效其能,就与猎者发踪指示一般,其功人也,诸君之功岂得与萧何比哉?"群臣闻了高帝此言,乃自知其功不如萧何,莫敢复有争论者,而萧何之功遂巍然为一代功臣之冠矣。盖萧何能用人,诸将则为人所用;顾用人者功虽大而无迹,为人所用者功虽小而易见。非高帝取喻于田猎,何以服天下之心哉!此万世论功者之准也。

今评 从汉高祖的言论中已暴露了他的阴暗心理。在取得王位后,就开始诛杀功臣,这些"功狗"一个一个地得到了可悲的下场,所谓"狡兔死,走狗烹"。

上已封大功臣二十余人,其余日夜争功不决,未得行封。上在洛阳南宫,从复道望见诸将,往往相与坐沙中偶语。上曰:"此何语?"留侯曰:"陛下不知乎?此谋反耳!"上曰:"天下属安定,何故反乎?"留侯曰:"陛下起布衣,以此属取天下;今陛下为天子,而所封皆故人,所诛皆生平所仇怨。今军吏计功,以天下不足遍上封;此属畏陛下不能尽封,恐又见疑平生过失及诛,故即相聚谋反耳。"上乃忧曰:"为之

高帝

奈何?"留侯曰:"上平生所憎,群臣所共知,谁最甚者?"上曰:"雍齿与我有故怨,数窘辱我。我欲杀之,为其功多,故不忍。"留侯曰:"今急先封雍齿,则群臣人人自坚矣。"于是上乃置酒,封雍齿为什方侯,而急趋丞相、御史定功行封。群臣罢酒,皆喜,曰:"雍齿尚为侯,我属无患矣!"

> 趋:同"促",读为 cù,是催促、赶快的意思。

【张居正讲评】 什方,是地名,即今四川成都府什邡县。高祖既定天下,论功行赏,已先封萧何、曹参等有大功的二十余人为侯。其余诸将,因各人开报功次查算多少,议论不决,未得行封。高祖一日在洛阳南宫中,从阁上望见外面诸将们时常有三三两两,在洛水边沙地上空阔无人处并坐着说话。高祖心下生疑,问左右说:"这将官们时常在那背地里说些甚么?"留侯张良对说:"陛下起自布衣,不阶尺土,用此辈众人之力,攻城略地,取有天下。今既为天子,当替天行道,赏必当功,罚必当罪,不以私喜怒与其间,方才人心悦服。今所封的虽是有功,然都是平日亲厚的人,其余皆未得封;所诛杀的大率是素有仇怨的人,未必尽当其罪。众将们因此心怀疑惧,恐未必得封,而或横被诛杀,故相聚谋为反叛耳。"高祖听得张良之言,甚以为忧,遂问张良说:"今人心危疑如此,当何计以安之?"张良对说:"请问主上平素所憎恶,群臣又皆知主上恶他的,第一是谁?"高祖说:"这诸将中雍齿与我旧有怨隙,我曾着他守丰邑,他叛我降魏,又屡次窘逼困辱我,我心里极恨他,只要杀之,但因他复降之后屡立战功,所以不忍。这是群臣所共知者。"张良说:"既如此,宜急先封了雍齿,诸将见主上记功不记仇,虽一时未及尽封,他们也都自安心,不复疑惧矣。"高帝听用其言,即置酒会群臣,封雍齿为什方侯,一面催促丞相、御史作速考定群臣的功次,以行封爵。诸将们饮宴既毕,皆欢喜相告说:"雍齿素与主上有怨,今尚且以功得封为侯,至公如此,何况我等无雍齿之怨,岂没我之功,而不加封爵哉?迟早定有处分,不必忧虑矣。"夫汉高以初定之天下,而当诸将之怀疑,使驾驭失宜,变生肘腋,为患非细。所幸急听张良之策,一封雍齿而众心遂安,较之反谋既成,而后勒兵扑灭者,利害劳逸何如哉!此可见消患者贵于未形,而惟至公乃足以服天下也。

【今评】 封雍齿而息众疑,是张良的智计,也是刘邦的权谋。俗语说:"枪打出头鸟",此则反其道而行之,宜乎勇莽诸将尽入彀中。待到大局砥定,刘邦诛杀功臣,诸将尚在五里雾中。所以说是权谋,非大略。

帝悉去秦仪,法为简易。群臣饮酒争功,醉,或妄呼,拔剑击柱,帝益厌之。叔孙通说上曰:"夫儒者难与进取,可与守成。臣愿征鲁诸生,与臣弟子共起朝仪。"帝曰:"得无难乎?"叔孙通曰:"五帝异乐,三王不同礼;二者,因时势、人情为之节文者也。臣愿采古礼,与秦仪杂就之。"上曰:"可试

卷之六 汉纪

高帝

为之，令易知，度吾所能行为之。"

张居正讲评 　　高帝平定天下之后，因秦时所制的礼仪法令甚是烦琐，乃一切除去不用，凡事务从简易。但当此之时，初罢战争，朝廷之中皆武夫壮士，不知尊卑体统。群臣饮宴中间彼此争功，至有酒醉狂叫，拔剑击柱者。高帝看见，心里也甚是厌恶之。于是博士叔孙通因奏说："臣闻世乱思得猛士，时平必用文儒。若要攻城略地，进取天下，诚非文儒所能；若要讲明礼度，保守成业，则非文儒不可。今上下之分不明，人心怠肆，不知礼法，岂长久之道？臣愿征召鲁国的诸儒生，与臣门下的弟子数十人共起立一代朝仪，使人知尊卑上下之等，则体统立而朝廷尊矣。"高帝说："这古礼只恐如今难行。"叔孙通对说："昔五帝生不同时，所作的乐也各不同。如少昊作《大渊》之乐、颛顼作《六茎》之乐、帝喾作《六英》之乐、尧作《大章》、舜作《大韶》，这便是五帝异乐。三王生各异世，所行的礼也各不同。如夏则尚忠、商则尚质、周则尚文，这便是三王不同礼。盖礼、乐这两件，但随时势人情而为之节文，或太过，则节损之；或不及，则文饰之。缘情而立，初非强人以难行之事也。臣愿博采古先的礼仪与秦时的礼仪，酌古准今，相杂而成朝仪，不必拘定古礼。"于是高帝许之说："你可试做来与我看，务从简便，使人容易得知，又须度量我所能行者乃可耳。"孔子曰："能以礼让为国乎何有。"人而无礼，大乱之道。但俗儒不达制礼之本意，好是古而非今，务为高远迂阔之论，遂使人主苦其难而厌之。叔孙通谓礼乐因时势人情而为之节文，可谓知礼乐之本者矣。

今评　叔孙通本是阿世之徒，但能审时度世，采择古今，制订出适合当时的时世人情的朝仪来。他作为一个儒生，而能得到无赖皇帝刘邦的赏识，是很恰当的。讲评最后一段评议宜细参。

　　七年，冬十月，长乐宫成，诸侯群臣皆朝贺。诸侯王以下至吏六百石以次奉贺，莫不振恐肃敬。礼毕，复置法酒。诸侍坐殿上，皆伏，抑首，以尊卑次起上寿，无敢讙哗失礼者。于是帝曰："吾乃今日知为皇帝之贵也！"乃拜叔孙通为太常。

法酒：如同说礼爵，饮酒有节制，不饮到醉的程度。
讙(xuān)：通"喧"。
太常：官名。秦代叫奉常，掌管宗庙礼仪。

张居正讲评　　长乐，是宫名。六百石，是汉时第八等官员俸禄之数。法酒，是礼法之酒。上寿，是献酒祝寿。汉家因秦之正朔，以十月为岁首，行朝贺礼，高帝既用叔孙通之言，新定朝仪。至七年冬十月新起长乐宫工完，正当诸侯群臣都来朝贺之时，遂举行叔孙通所制的朝仪。上自诸侯王大臣，下至六百石品官，都以次引入殿廷中，行朝贺礼，莫不震恐肃敬，一一都依着他的仪注行。朝贺礼毕，又置法酒于殿上，诸侯群臣侍坐的，都俯身低首，不敢仰视，各照尊卑的品级，以次起来奉酒上寿，不得搀越。从初朝至酒罢，并没有一人喧哗失礼的。于是高祖喜而叹说："我在位七年，今日方知做皇帝尊贵如此。"乃拜叔孙

高帝

通为太常,使专掌礼仪之事。汉家一代典礼,皆自叔孙通始也。然其所制,皆就高帝之所能行者而为之,故真意虽存,而礼文颇略,后世讥之以为野焉。

【今评】 叔孙通为刘邦所制定的礼仪,基本上是抄袭自秦朝,主题是尊君抑臣,树立天子的至尊地位。正因张居正评之曰"野",是对以礼屈就君王之儒有所不满的。

十年,戚姬有宠于上,生赵王如意。上以太子仁弱,欲废之而立赵王。大臣争之,皆莫能得。御史大夫周昌廷争之强,上问其说。昌为人吃,又盛怒,曰:"臣口不能言,然臣期期知其不可!陛下欲废太子,臣期期不奉诏!"上欣然而笑。

【张居正讲评】 吃,是人说话謇涩。期,是必,重说期期,是口吃之声。高帝初立吕后之子为太子,至即位之十年,戚夫人方有宠,生个儿子封为赵王,名叫如意。高帝甚爱他,常嫌太子慈仁而柔弱,无英明之资,恐不可为天下主,欲废之,而改立赵王为太子。夫以无罪而易太子,这是高帝差处。当时诸大臣皆执大义谏争,高帝溺于戚姬之爱,不能自断,谏者虽多,都未见听从。有御史大夫周昌,平素刚直敢言,当大廷中问争甚力,高帝因问他太子所以不可易之故,要他说将来。周昌为人口吃,说话迟难,心里又甚恼怒,越发气急,说不出来,因对说:"臣口吃不能言,然心里必必知其不可,陛下若欲废太子,臣必必不敢奉诏。"高帝见周昌口吃如此,不觉欣然而笑,而废立之意,亦为之中止。夫高帝溺爱宠姬,欲易太子,几乎动摇国本,固为过举矣。然能容周昌诸臣子强谏,竟割一己之私情,以从天下之公议,非其明达大度而能之乎?所以史臣称之曰:"从善如不及,纳谏如转圜。"此类是也。

【今评】 周昌口吃,虽然没有讲出什么道理,但情真意切之状,千年后犹如在目前。刘邦的让步,不是由于周昌的口吃,而是为了要保持刘家政权的稳定。

陆贾时时前说称《诗》、《书》,帝骂之曰:"乃公居马上而得之,安事《诗》、《书》!"贾曰:"马上得之,宁可以马上治之乎?且汤武逆取而顺守之;文武并用,长久之术也。"帝曰:"试为我著秦所以失天下、吾所以得之者,及古成败之国。"陆生乃粗述存亡之征,凡著十二篇。每奏一篇,帝未尝不称善,号其书曰《新语》。

【张居正讲评】 乃公，是高帝自称，譬如俗说尔父也。高帝既定天下，其臣陆贾时常在高帝面前，称述古时《诗》、《书》上的说话。高帝平时不喜《诗》、《书》，因骂陆贾说道："我东征西战，只在马上得了天下，要那《诗》、《书》何用！"陆贾对说："世乱用武，世治用文。这天下虽是马上得来，如今还可以马上治之否？昔者汤放桀、武王伐纣，初皆用武而以逆取天下。既得天下之后，便立纲陈纪，制礼作乐，用文以顺守之，故能绥定大业，传之永世。可见文武并用，乃长治久安之道也，安可弃《诗》、《书》而不事哉！"高帝乃以陆贾之言为然，因命之说："既是如此，你试替我做一篇书，著秦所以失天下者如何，我所以得天下者如何，及自古以来成败之国，备述其故，朕将览焉。"陆生乃略述古今兴亡事迹，著为一书，为道基述事等一十二篇。每奏一篇，高帝辄称善嘉纳，以这说话，他从来未闻，遂名其书曰《新语》。不知陆贾所述，亦皆《诗》、《书》中道理，固非创新为之者也。然高帝虽不事《诗》、《书》，而其雄才大智，实旷代之英主；其创造大业，规模宏远，亦自有与《诗》、《书》暗合者。顾当时号为儒生者，皆迂阔俗儒，所言皆《诗》、《书》之糟粕，泥古而难通。故高帝见辄嫚骂，甚至溺冠以辱之。惟陆贾颇达时宜，卑论侪俗，故高帝悦之。然贾亦非真儒，其所著书，不过战国纵横之余论，其于帝王经纶天下之大经大法，实未有闻也。若以高帝之英明雄略，能留心于学问，而又得豪杰真儒以佐之，则其功业又岂止于是而已哉！

【今评】 马上得天下，还可以马上治天下否？这是中国古代历史上一个影响深远的问题。刘邦不懂得治天下与取天下有很大的不同，经陆贾的启发和开导，有所认识，实行了许多休养生息的政策，使西汉政权得以巩固，在这一点上，刘邦是能够虚心纳下，善于学习的。

上从破布归，疾益甚，愈欲易太子，张良谏不听。叔孙通谏曰："晋献公以骊姬之故，废太子，立奚齐，晋国乱者数十年。秦以不蚤定扶苏，令赵高得以诈立胡亥，自使灭祀，此陛下所亲见。今太子仁孝，天下皆闻之。陛下必欲废适而立少，臣愿先伏诛，以颈血污地！"帝曰："吾直戏耳！"叔孙通曰："太子，天下本，本一摇，天下振动；奈何以天下戏乎！"时大臣固争者多；上知群臣心皆不附赵王，乃止不立。

蚤：通"早"。

【张居正讲评】 高帝每常欲废太子而立赵王。自破了黥布回来，疾病渐加，思为身后之计，越发要改立太子。虽亲信如张良者谏他，亦不肯听从，此时太子几危。于是太子太傅叔孙通舍死进谏，说道："古时晋献公有太子申生甚贤，到后来宠爱骊姬，生少子奚齐，献公信骊姬之谮，遂废太子申生，而立奚齐为太子。其后献公死，奚齐为其臣里克所杀，晋国大乱者数十年。近时秦始皇也只因不早定长子扶苏为太子，却使他监兵于外，以致身死之后，奸臣赵高得以诈称遗诏，杀扶苏而立少主胡亥，自取灭亡，宗庙绝祀，此乃陛下所亲见的，可为明鉴。今太子德性仁孝，未有过失，天下皆闻知之，一旦无故见废，臣恐人心不服，变故必生，而奚齐、胡亥之祸将复见于他日矣。陛下若必欲废嫡子而立少子，臣愿先伏诛戮，以颈血污地，不忍见其乱也。"高帝说道："我不是真个要废太子，特戏言耳。"叔孙通对说："太子是天下的根本，根本一摇，天下为之震动，奈何把天下来作戏！"高帝闻叔孙通此言，心里感动；又当时大臣谏争者多，高帝知群臣之心皆不附赵王，恐立了生变，乃止不立，而太子遂安，实叔孙通强谏之力也。尝考叔孙通先时事秦，每阿谀苟容；及其事汉，乃能以死力争，而定太子之位。可见人臣之忠佞，亦观上之意向何如耳。《语》曰："主圣臣直。"岂不信哉。

今评 从一般认识而言，当然是立贤好，但容易导致各树党羽，互相残杀争夺。所以经过若干朝代的实践，权衡轻重，便确立了立长制度，这就保证了国家政权的稳定。从这点看，传嫡制在一定程度上是符合封建专制国家的实际情况的。

卷之六 汉纪

吕后问曰："陛下百岁后，萧相国既死，谁令代之？"上曰："曹参可。"问其次，曰："王陵可；然少戆，陈平可以助之。陈平知有余，然难独任。周勃重厚少文，然安刘氏者必勃也，可令为太尉。"吕后复问其次，上曰："此后亦非乃所知也。"

张居正讲评 高祖与群臣同起艰难，开创基业，群臣的优劣知得最真，任用各当。及至末年有疾，吕后恐有不测，国事付托，贵于得人，乃从容问说："见今萧何一时称为贤相，倘陛下到百岁后，那时萧何或又不在了，谁人可以替他？"高祖说："曹参好。"吕后又问："曹参之下，还有谁可以为相！"高祖说："王陵亦可，但其性太直，不知通变，当兼用陈平以帮助之。陈平为人多智谋，然机变不测，难以独任。若用陈平，又须兼用周勃，周勃持重谨厚，虽少文采，然沉毅有力量。若国家一旦有事，能戡乱靖难以安定我刘氏之社稷者，必此人也。可使为太尉之官，管领兵马以备缓急之用。"吕后又问这四人之外还有谁好，高祖说："自此以后，人才固难预拟，恐那时你亦年高去世，不得知矣。"高祖与吕后商议之言如此，大抵宰相才德兼全，守正而又能达变者，乃称其职。汉初宰相，惟萧何才德皆优，为一代宗臣。曹参之才虽不及何，而能谨守成法无所变更，抑其次也。此外如王陵之正直，陈平之智谋，周勃之厚重，则各有所长不能兼备。惟高帝知人善任，裁截而用之，故终孝惠、孝文之世，戡定祸乱，致治升平，皆此数人之力。可见人才难得，为君者诚得才德兼全之人而用之固善，如不得其人，则舍短取长，并用相济，亦足以建功立事，此人主择相之法也。

今评 知人很难，善任人也很难，刘邦在这一点上是颇有本领的。所说各人的短长任用皆很得当，后来诸吕谋乱，安刘者果然是周勃。所云"此后亦非乃所知也"，更是实事求是，足见其胸襟。

张居正申论人主择相之法,才德兼全则专任之,不然"舍短取长,并用相济",亦可称卓见。

初,高祖不修文学,而性明达,好谋,能听,自监门、戍卒见之如旧。初顺民心作三章之约。天下既定,命萧何次律、令,韩信申军法,张苍定章程,叔孙通制礼仪;又与功臣剖符作誓,丹书铁契,金匮石室,藏之宗庙。虽日不暇给,规模弘远矣。

次律令:萧何编次律令九章,主要摭自秦法,有所增损。
申军法:张良、韩信序次兵法书,共采自一百八十二家,定著三十五家。
定章程:张苍改定音律、历法,制定度量衡尺、斗、斛等法式。

【张居正讲评】这一段是史臣总叙高祖的事实。说高祖始初以马上得天下,不事《诗》、《书》,未尝修习文学之事。然其天性聪明洞达,遇事好与人谋画,闻人之言,即便听从。虽下而监门小军那样卑贱的人,才一见面就如故旧一般。待之有恩,人心无不感悦。初时见百姓们苦秦苛法,乃顺民之心,与秦父老约法三章,曰:杀人者死,伤人及盗抵罪。及天下既定,以三章之约不足以惩奸,乃命萧何次第律令,作律九章;又命韩信申明军法;命张苍定立各项法度章程;命叔孙通创立各项礼仪。又大封功臣,与他剖符立誓,为山河带砺之盟,以丹书之于铁券之上,盛之以金匮石室而藏之宗庙之中。这都是高祖立国规模,其大者如此。虽在位不久,其于法制品节之详,犹有未能一一整齐处,然其大纲已正一代之规模体统,亦可谓弘大广远而不可及矣。汉之所以垂四百年之基业者,良有自哉。

【今评】刘邦初入咸阳时,与民约法三章,是权宜之计,所以在汉朝建立之后,刘邦便陆续建立了一套国家制度,这正是一个开国君主所必须做的大事。故张居正录此节而总论之。

班彪《王命论》曰:"盖在高祖,其兴也有五:一曰帝尧之苗裔,二曰体貌多奇异,三曰神武有征应,四曰宽明而仁恕,五曰知人善任使。加之以诚信好谋,达于听受;见善如不及,用人如由己;从谏如顺流,趣时如向赴;当食吐哺,纳子房之策;拔足挥洗,揖郦生之说;寤戍卒之言,断怀土之情;高四皓之名,割肌肤之爱;举韩信于行阵,拔陈平于亡命;英雄陈力,群策毕举。此高祖之大略,所以成帝业也。"

【张居正讲评】班彪,是汉光武时人。曾作《王命论》一篇,明帝王之兴皆天所命,不可以智力强求,以警惧当时之称王僭号、窥窃神器者。其论中一段说道:"人只见汉高祖起自布衣,遂有天下,不知他乃天所命的,非是容易。盖在高祖之兴有五件过人处:第一件,他是帝尧之苗裔,盖唐尧之后有刘累,事夏孔甲,为御龙氏,传至高祖仍姓刘。是高祖乃帝尧后代子孙,非凡族

也。第二件，他体貌多奇异，隆准龙颜，左股有七十二黑子，生来就与寻常人不同。第三件，他神武有征应。初起时，当径斩白蛇；入关时，五星聚东井。及所居上有云气，龙虎成五采，识者已知其当兴。第四件，他有宽明仁恕之德，人心都归向他。第五件，他认的人，又善于任使，各当其才。既有这五件，又加以诚于好谋，明于听受。见人之善求之若不及；用人之善，视之若己出。其从谏也，如水之顺流无少逆拂；其趣时也，如响之应声无少迟误。在荥阳时，先误听郦生计，欲立六国后，张良发八难，极言其不可。那时高祖方食，即吐哺骂郦生，不用其言，而纳子房之策，其见事疾捷如此。在陈留时，郦食其求见，高祖方洗足，不为礼，郦生说：'今欲灭无道秦，不宜以倨傲接见长者。'高祖便自家认不是，辍洗而揖谢之，延之上坐，其屈己下士如此。起初高祖以家在东，欲定都洛阳，一闻戍卒娄敬之言，说洛阳不如关中，即日车驾西都长安，更无一些怀恋故土的意思，其果断刚决如此。起初溺爱赵王欲立为太子，换了惠帝，张良因请出商山四皓来，与太子游。高祖素闻这四人的名，见了大惊，以为太子能招致贤人，必然可以付托天下，遂定立惠帝，而遣赵王之国，其为宗社远图，而不牵于私爱如此。韩信是个小卒，高祖举之于行伍之间，而拜为大将；陈平自楚逃来，高祖拔之于亡命之中，使之骖乘，其用人不疑如此。所以那时英雄之人都为他用，各尽其力；贤智之士都为他谋，各献其策。五载之间遂成帝业，非偶然也。"这是班彪《王命论》中，称述高祖许多好处，以见其兴王之由。然所谓苗裔、体貌、征应，虽帝王之一验，而非其本也，就中最紧要的，只是宽明仁恕，知人善任，用人如己，从谏如流，数语得以尽之。这几件，不独是开创之大略，守成业而保天命者，亦所当取法也。

今评 班彪所论，其主导思想，一是天命，二是人谋。张居正强调了人谋方面，归结为"宽明仁恕，知人善任，用人如己，从谏如流"，可以为后世效法。

卷之六 汉纪

惠 帝

即汉惠帝（？—前188）：名盈，刘邦长子，吕后所生，前194—前188年在位。为人柔弱，在位期间，吕后专政。吕后残害戚姬并杀赵王如意，惠帝不能制止，遂郁郁不乐，日以声色自娱，不听政事，在位仅七年而死。

名盈，乃高祖之长子，在位七年，谥曰孝惠。汉家世世称孝，谓能世守先业之故也。

帝怪相国不治事，参曰："陛下自察圣武孰与高帝？"上曰："朕安敢望先帝！"又曰："陛下观臣能，孰与萧何贤？"上曰："君似不及也。"参曰："陛下言之是也。高帝与萧何定天下，法令既明。陛下垂拱，参等守职，遵而勿失，不亦可乎！"帝曰："善！"参为相国三年，百姓歌之曰："萧何为法，较若画一。曹参代之，守而勿失；载其清净，民以宁一。"

惠帝

张居正讲评　惠帝即位之初，曹参既代萧何为丞相，凡事都遵依着萧何的行，无所改变。惠帝见曹参如此，心里疑怪，道他为相国，天下这许多事，为何都不理会？曹参因问帝说："陛下自家看聪明圣武，比高帝如何？"惠帝说："朕怎敢上比先帝？"曹参又问："陛下看臣才能，比前任的萧何如何？"惠帝说："卿似不如萧何。"曹参因说："陛下这话说的是，陛下果然不如高帝，臣果然不如萧何。夫以高帝之圣武，萧何之贤能，共起布衣，平定天下。东征西伐，经历过多少人情事变；熟思审处，立下法令以贻后人。既已明白停当，无可改变，今日但安享其成。陛下垂衣拱手于上，臣等奉法守职于下，一一都遵依着前面的行，不至失坠就好了，何用多事而纷更之乎？"于是惠帝乃以曹参之言为然，更不疑怪他。曹参为相国三年，海内治安，百姓乐业，民间做成歌谣说道："萧何为法，较若画一。"言萧何定的法度，较然明白，甚是齐整也。"曹参代之，守而勿失。"言曹参代何为丞相，谨守他的法度，无所失坠也。"载其清净，民以宁一。"言他能守法勿失，清净不扰，而民亦有所遵守，都安宁而齐一也。然当是时，天下甫定，又当高帝、萧何开国之初，纪纲法度，事事齐整。为曹参者，只宜安静守法，与民休息，盖审时度势，不得不然也。若承平日久，人心怠玩，法度废弛，则又当修举振作一番，乃为久安长治之道。若不审于时势之宜，因循偷惰，旷日废职，而借口于曹参之安静，则将至于颓靡废坠而不可救矣。此又为君为臣者之所当知。

今评　萧规曹守，各得其宜，所以无论是改革也好，守成也好，都要以是否适合实际情况和客观形势的需要为准则，不可妄为主张，标新立异。

冬，太后议欲立诸吕为王，问右丞相陵，陵曰："高帝刑白马盟曰：'非刘氏而王，天下共击之。'今王吕氏，非约也。"太后不悦，问左丞相平、太尉勃，对曰："高帝定天下，王子弟；今太后称制，王诸吕，无所不可。"太后喜。罢朝，王陵让陈平、绛侯曰："始与高帝喋血盟，诸君不在邪！今高帝崩，太后欲王吕氏，诸君纵欲阿意，何面目见高帝于地下乎？"陈平、绛侯曰："于今，面折廷争，臣不如君；全社稷，定刘氏后，君亦不如臣。"陵无以应。

> 喋（shà）血：同"歃血"，古代订盟时的一种仪式，把牲畜的血涂在嘴唇上，表示诚意。

张居正讲评　太尉，是汉时掌兵之官。盟是约誓，喋血，是盟时取牲血涂之口旁，相与发誓，以坚其约也。惠帝既崩，吕太后临朝称制，改建元年。是年冬，议欲立他家的子弟为王，恐大臣不肯听从，因试问右丞相王陵。王陵对说："比先高帝与群臣杀白马而立盟誓说：后来若有不是刘家的子孙得立为王者，便是乱臣贼子，天下共兴兵诛之。高帝之约如此，今封吕氏为王岂不背约？臣窃以为不可。"吕太后听王陵这等说话，心中不喜，又问左丞相陈平与太尉周勃。这两人知吕后之意已定，徒然分辩无益，且故意应承说道："高帝定天下，王刘氏子弟；今太后临朝称制，王吕氏子弟，各封同姓有何不可？"吕太后见二人听从，甚喜。朝罢，王陵因怪责陈平、周勃说道："在先与高帝歃血为盟时曾说：非刘氏而王者，天下共击之。那时你们岂独不在耶！今高帝去世未久，口血未干，言犹在耳，何忍就背了盟约、阿顺太后的意思，欲王诸吕？且你们纵阿意取容于此时，他日何面目见高帝于地下乎？"陈平、绛侯对说："当这时节据理守法、面折廷争，我两人不如你；到后来用计策、诛僭乱，保全社稷而安定刘氏，那时节恐你又不如我等了。"王陵知他二人自有算计，不是阿意，遂默然无以应之。夫三子所言，正变不同，要其心忠于刘氏则一而已。然王陵之守正、陈平之多智、周勃之安刘，高帝在前已都看定了。当诸吕擅权之时，若不得此三人，则汉之社稷岂不危哉！故人主欲为子孙长久之计者，唯在贻之以贤臣而已。

今评 在君主专制制度之下，与君主关系最密切的是外戚和宦官，所以许多朝代，不是有外戚之患，就是有宦官之祸。汉惠帝死后，其母吕后称制，就是汉代外戚之祸的开端。

> 诸吕：指吕后之侄吕禄，封赵王，掌北军；吕产，封梁王，掌南军。

陈平患诸吕，力不能制，恐祸及己，尝燕居深念。陆贾往，直入坐曰："天下安，注意相；天下危，注意将。将相和调，则士豫附；士豫附，则天下虽有变，权不分。君何不交欢太尉？"平用其计。两人深相结，吕氏谋益衰。

张居正讲评 初，吕太后欲立诸吕为王，陈平不得已权且依顺。及诸吕既王之后，遂擅权用事，气焰日盛，有图危刘氏之心。陈平心里忧虑，自度力不能制他，恐一旦乱起，宗社不安，祸及其身，每退朝闲居时，独自一个坐着寻思，求所以安社稷之计而不知所出。那时太中大夫陆贾是个极有见识的人，一日去候见陈平，只见陈平正在那里坐着思想。陆贾也不待通报，径走到里面坐着，因问陈平说："丞相这等深思，岂非患诸吕之难制乎？今有一个计策献与丞相：国家文武之权在将相两人，方天下太平无事，人之所注意者在于相；及至有事之时，人之所注意者在于将。国家之有将相如左右手一般，若为将与为相的彼此和调，同心共济，则文武之士便都和豫而归附，无有观望疑贰之心。士既豫附，则上下同心，气势自壮。那时天下就有变动，我这里将相协和，事权归一，呼吸转移、号令措置都在我掌握中矣。今丞相当国，太尉周勃为将典兵，只怕太尉不与丞相同心，便有掣肘。为今之计，莫若先致私款，与太尉交好，这便是将相调和了。纵是诸吕有他谋，你二人同心合力，制之何难？"于是陈平听用陆贾计策，交欢于周勃。两人深相结纳，文武之士都齐心归附。吕氏诸人知道朝廷有人，也畏惧而不敢动，反谋从此益衰。其后左袒一呼，诸吕就戮，卒仗太尉之力，由陆贾发其端也。若陆贾者，真智士哉！

今评 陈平用陆贾计主动交好太尉周勃，为以后平定诸吕谋乱打下了良好的基础。所谓"枪杆子里面出政权"。

吕禄、吕产欲作乱,惮绛侯、朱虚等,犹豫未决。绛侯使郦寄绐说吕禄以兵属太尉。太尉入军门,行令曰:"为吕氏右袒,为刘氏左袒!"军中皆左袒。太尉遂将北军,分部悉捕诸吕男女,无少长皆斩之。

绐(dài):欺骗;谎言。

张居正讲评 犹,是犬名,犬随人行,每豫在前,待人不得,又回迎候,故人之处事无决断者,谓之犹豫。绐,是欺哄。袒,是脱袖露肩。汉时兵制有南北军,北军专主巡徼京师者也。吕太后既没,吕禄、吕产没有倚靠,自知名器不正,恐祸及己,欲要谋为叛逆,又怕绛侯周勃、朱虚侯刘章等都是有本事的,恐一动便为所制,因此迟疑犹豫而不决。绛侯乃先其未发,设计令吕禄等平素相厚的人叫做郦寄,哄吕禄说道:"你如今握着重兵,大臣们都心里怀疑,恐一旦祸起,不如解去将印,把兵权付与太尉,则人心自安,吕氏可以长保富贵矣。"吕禄信其言,遂解将印授与周勃。周勃既得了兵权,始入军门,遂下令说道:"你众军士们,如今要向刘家、还是要向吕家?若是要向吕家的,便袒其右肩;向刘家的,袒其左肩。"于是一军中人都是左袒。周勃见得人皆为汉,无有二心,遂帅领北军,分头差人将吕后家的人尽数拿了,不论男女长幼尽皆斩之。从此吕氏之祸始息,汉之社稷始安,皆陈平之谋,周勃之力也。然使吕太后当时不立诸吕为王,不使之掌握兵权、干预朝政,则其祸亦未必至于此。是吕后之所以厚其族人者,实乃所以深祸之也,岂非千古之鉴戒哉!

今评 吕后一死,诸吕已感到末日将要到来的恐惧,妄图发动政变,还没来得及动手,就被陈平、周勃以迅雷不及掩耳之势予以诛灭,使西汉王朝避免了一场大乱。

卷之七

汉 纪

文帝（前202—前157）：名恒，刘邦第四子，立为代王。吕后死后，周勃、陈平等平定诸吕之乱后迎入。前180—前157年在位，执行了"与民休息"的政策，使农业生产有所恢复与发展。与景帝并称为"文景之治"。

文 帝

名恒，高祖第四子。初封为代王。大臣既诛诸吕，迎而立之。在位二十三年，谥号孝文，庙号太宗。

元年，有司请早建太子，曰："豫建太子，所以重宗庙社稷，不忘天下也。古者殷、周有国，治安皆千余岁，用此道也。今子启最长，纯厚慈仁，请建以为太子。"乃许之。

【张居正讲评】文帝即位之元年，诸大臣、有司以此时初诛诸吕，人心未定，故劝文帝早立太子，以安人心，说道："太子是天下之本、宗庙社稷所系，故须豫先建立、正其位号，这不是私其子，盖将使祖宗之祀有托、百神有主、天下苍生有依，乃所以重宗庙社稷而不忘天下也。且如古者殷自玄王相土，至汤有天下；周自后稷公刘，至文武有天下。以世相继，治安皆千有余岁，享国长久，由太子早建而国本素定故也。今皇子启年最长，其德性纯厚而慈仁，又最贤。夫立嫡、立长、立贤，于理为顺，就请立以为太子。庶足以上奉宗社之灵，下慰苍生之望。"初时文帝不听，后乃许之。按《史记》，文帝当群臣请立太子时，坚不肯从，曰："吾不欲以天下私其子。"其后群臣上请，至再至三，然后听许。此文帝谦让之德，过于后世人主远矣。但此时初诛诸吕，人心未定，若不早正国本，则无以系属人心而奠安国祚。况自古以继嗣不定，而祸乱国家者多矣。如秦始皇帝不早立扶苏，致有赵高之谋、胡亥之乱，而国随以亡。此近事之可鉴者也，然则有司之亟请于文帝，岂谀词过计哉。

【今评】文帝即位以后，群臣建议尽快立太子，以确定皇帝的继承权，避免其他人觊觎皇帝的位置而进行叛乱。

帝益明习国家事,朝而问右丞相勃曰:"天下一岁决狱几何?"勃谢不知;又问:"一岁钱谷出入几何?"勃又谢不知,汗出沾背。上问左丞相平。平曰:"有主者。陛下即问决狱,责廷尉;问钱谷,责治粟内史。"上曰:"君所主者何事也?"平谢曰:"宰相上佐天子,理阴阳,顺四时;下遂万物之宜;外镇抚四夷诸侯;内亲附百姓,使卿大夫各得任其职焉。"帝称善。于是绛侯自知其能不如平。乃谢病,请归相印,上许之。平专为丞相。

谢:道歉或认错。

张居正讲评 廷尉,是汉时平刑的官,即是今之大理寺。治粟内史,是掌钱谷的官,即今户部提督仓场官。文帝即位之初,留心治道,把国家的政事一一都讲求明白。一日临朝时,忽然问右丞相周勃说:"如今一年之间,天下决断过的狱囚共有多少?"周勃对说:"不知道。"帝又问:"一年之间,国家用度的钱粮数目共有多少?"勃又对说:"不知道。"周勃见连问两事,俱不能对,心上惶恐,不觉的流汗沾湿了背脊。帝乃问左丞相陈平,陈平对说:"这两件事,各有该管的衙门。陛下若问决狱,便该责成掌刑的廷尉;若问钱粮出入,便该责成治粟内史。此二者皆非臣之职也。"帝遂问说:"卿所管的,却是何事?"陈平对说:"陛下不以臣为不肖,使待罪宰相。宰相之职,上则辅佐天子,使其君为圣君;燮理阴阳,使寒暑有常;顺序四时,使气候不差;下遂万物之宜,使飞走动植各得其所;外则镇抚四夷诸侯,使四夷都来朝贡,诸侯无不服从;内则爱养百姓,使民皆安生乐业,亲附其上,表帅百僚,使卿大夫各尽其职,分理朝廷的政务。此皆宰相之事,臣所知也。若夫刑狱钱谷,则自有主者,非臣所知。"文帝听说,称陈平所言有理。于是绛侯周勃自知其才能不及陈平,乃称病不出,请解相印,致仕而归。文帝允其所辞,以陈平专为宰相。夫宰相之事,陈平虽未必能尽然其所言,则可谓深识治体者。宰相得人,则一人元良,群贤汇集,民安物阜,外宁内谧。人主所以垂拱无为,而天下自治,所以古语说:"相道得而万国理。"此明主之所以重择相也。

今评 国家设官分职,各有其责。人各有所长,周勃是个军人,不善处理政务也并不奇怪。

上闻河南守吴公治平为天下第一,召以为廷尉。吴公荐洛阳人贾谊,帝召以为博士。是时贾生年二十余。帝爱其辞博,一岁中,超迁至太中大夫。贾生请改正朔,易服色,定官名,兴礼乐,以立汉制,更秦法。帝谦让未遑也。

博士:中国古代学官名,源于战国。秦及汉初,博士所掌为古今史事待问及书籍典守。至汉武帝时,设五经博士,置弟子员,自后博士专掌经学传授,汉代博士家法体现一时的经学风尚。

文帝

张居正讲评 文帝初立，闻知河南郡太守吴公政治和平，为天下第一，就召他入为廷尉。吴公在河南时，他所属洛阳县有个秀才，叫做贾谊，甚是博学，吴公爱之。及为廷尉，就荐举于朝，说他可大用，文帝因召贾谊来，授以博士官职。那时贾生年少，才二十余岁。文帝爱其文词博洽、学识通明，知是个经济之才，要大用他，只这一年内便超迁做太中大夫。汉朝博士官比六百石，太中大夫比千石，是不拘常格超升五级了。贾生见文帝这等拔用他，一心报效，知无不言：汉家因秦法，以十月为岁首，今请改正朔，用正月；汉家火德，服色尚赤，今说是土德，请改尚黄；汉家左右丞相、太尉等官，废置不常，今请定职官之名；汉家用叔孙通礼，《房中》《安世》乐，与古不同，今请兴礼乐之事。整顿这几件，以立汉家一代的制度，革去了秦时鄙陋之习。于是文帝谦让说："这议论固好，但我一时未暇为此，且姑待之。"盖此时天下初定，百姓未安。文帝承高惠吕氏之后，躬修玄默，务与天下休息，不欲以多事扰民，故虽爱贾谊之辩博，而不遽行其说。若文帝者，可谓知为治之本者矣。

今评 贾谊为汉代的奇才，他的建议都切中时弊，但却受排挤抑郁而死。张居正以为文帝不遽行其说，是"知治之本"。乃就时势而言，诸事宜缓不宜急，乃务实之论。

卷之七 汉纪

贤良、方正：汉代选拔官吏的科目之一。汉文帝如设，中选者则授予官职。历代往往视作非常设之制科。

二年冬，十一月，癸卯晦，日有食之。诏："群臣悉思朕之过失，以启告朕。及举贤良、方正、能直言极谏者，以匡朕之不逮。"

张居正讲评 晦，是月尽之日。文帝二年，冬十一月，晦日适有日食之变。帝以日食者，阴胜阳，邪干正之象，必君德有亏，朝政有阙，故天见变异，以示儆戒，因此恐惧，务修德以回天变，乃下诏说："尔文武群臣，各宜尽情思量我已前的过失，启告我知道，使我得以着实修省，及天下有贤良方正、能直言极谏之士，尔廷臣但有所知，都荐举将来，使他陈说时务，极言过失，以匡正我之不及处，庶乎可以改过迁善，感天心而消灾变也。"古语说，天心仁爱人君，每出灾异以儆戒之。盖王者父天母地，譬之人家父母少有些嗔怪的意思，为子者当恐惧敬畏，益修子道，则父母之心亦必变嗔怪而为喜悦。故自古圣帝明王，莫不克谨天戒，遇灾而警，故能享天心而召和气。今日食一事，未为大变也，而文帝即恐恐然反身修德，下诏求言，引咎自责如此，可谓克谨天戒者矣。故终文帝之世，灾变虽多，而致治最盛，岂非天鉴有德之明验欤！

今评 后来各封建王朝，凡发生像日蚀这样的大征兆后，大臣往往借此上书，批评皇帝，要求他改正错误，这成为封建王朝自我调节的一种手段。

贾山上书言治乱之道,借秦为喻,名曰《至言》。其辞曰:"臣闻雷霆之所击,无不摧折者;万钧之所压,无不糜灭者。今人主之威,非特雷霆也;执重,非特万钧也。开道而求谏,和颜色而受之,用其言而显其身,士犹恐惧而不敢自尽;又况于纵欲恣暴、恶闻其过乎!震之以威,压之以重,虽有尧、舜之智,孟贲之勇,岂有不摧折者哉!如此人主不得闻其过,社稷危矣。昔者周盖千八百国,以九州之民养千八百国之君,君有余财,民有余力,而颂声作。秦皇帝以千八百国之民自养,力罢不能胜其役,财尽不能胜其求。其所自养者,驰骋弋猎之娱,天下弗能供也。今陛下使天下举贤良方正之士,天下皆欣欣然曰:'将兴尧舜之道、三王之功矣。'天下之士,莫不精白以承休德。今选其贤者,与之驰驱射猎,一日再三出,臣恐朝廷之解弛也。陛下即位,亲自勉以厚天下,节用爱民,平狱缓刑,天下莫不说喜。臣闻山东吏布诏令,民虽老羸癃疾,扶杖而往听之,愿少延须臾毋死,思见德化之成也。今豪俊之臣,方正之士,直与之日日猎射,击兔伐狐,以伤大业,绝天下之望,臣切悼之!夫士,修之于家而坏之于天子之庭,臣切愍之。"上嘉纳其言。上每朝,郎、从官上书疏,未尝不止辇受其言。言不可用置之,言可用采之。

> 钧:古代重量单位,一钧是三十斤。
>
> 孟贲(bēn):战国时勇士。
>
> 罢(pí):通"疲"。
>
> 弋(yì)猎:射猎。弋,用绳系在箭上射。
>
> 三王:指夏禹、商汤、周文王。
>
> 愍(mǐn):哀怜。
>
> 辇(niǎn):古时帝王等坐的车子。

【张居正讲评】

孟贲,是古之勇士。是时文帝以日食下诏求言,于是颍阴侯有个骑士,叫做贾山,见文帝时常与近臣射猎,恐妨害政事,乃上一书,论天下所以平治乱亡的道理。以秦始皇恶闻其过,自取亡乱,就借秦事为譬喻。这书叫做《至言》,明其言之切至也。其书中一段,先说当广开言路的意思,说道:"臣闻雷霆之所击,物无不摧折者;万钧之所压,物无不糜碎者。今为人主者其威甚于雷霆,而其势重于万钧,臣下谁不畏惧。纵是多方开导他,使之直言无隐,又和颜悦色,虚心听受,其言可用,就采而行之,且酬以官爵,显荣其身,这等优待他那草茅之士,干冒天威,尚且恐惧陨越,不敢尽言。又况纵欲以自快,恣暴以凌人,恶闻其过,而使之不敢指乎。震之以刑罚之威,压之以尊重之势,莫说是寻常人,就使智如尧舜,勇如孟贲,也都摧折于天威之下矣,士孰敢以其身而试不测之怒哉!使人皆钳口结舌缄默苟容,则人主之过失无由得闻,聪明日蔽于上,恶政日加于下,民不堪命,而社稷危矣。此秦之所以亡也,可不戒哉。在先周之盛时,九州之内,封建大小诸侯之国共一千八百处。当是时,以九州之民力,供养千八百国之君,而天子所有者,独王畿千里之地,宜乎用度不足矣,然却君有余财,民有余力,而歌颂之声交作于下。及到秦皇帝时,改封建而为守令,天下一统归于天子,以古时千八百国之民力,供养一人,宜乎有余,却乃民力罢敝,不足以供上之役使。民财匮竭,不足以供上之取用者何故?盖古时为君者,嗜好减省,国家费用都有个一定的节度,无分外取办之扰,故上用常足,而民力易供。秦皇帝用度奢侈,其所以自养者,只驰骋射猎之乐,所费无穷,故虽以天下之财，不能供一人之用也。陛下监于往事，宜乎以周为法，以秦为戒矣。今乃不然，且陛下初时诏天下有司举贤良方正之士，天下之人都欣欣然喜而相告说："吾君举贤自辅，将兴举尧舜之道、三王之功矣。"所以天下怀材抱德之士，莫不思乘时自奋，勉竭忠诚，以赞成陛下之盛德。及至举到朝廷，却只与之驰驱射猎，一日而再三出，臣恐群臣见陛下所为如此，无复竭诚尽慎之心，而朝廷之事，将懈惰而废弛矣。陛下初从代邸来即帝位，亲自勉励，以加惠天下，裁节用度，爱养百姓。平讼狱，使无冤滞；缓刑罚，使无暴苛。一时初政，人心忻然，莫不欢喜。臣闻山东地方有司官吏宣布诏令，百姓们便是衰老羸瘦的、疲癃疾病的，也都扶着拄杖往而听之，都道圣主在上，太平指日可待，只怕我等老病将死，不及见之，愿得少延须臾，思见德化之成也，民心之望治如此。今陛下左右都是豪俊之臣、方正之士，正该与之讲议朝政，共成德化，以答天下仰望之心。却与他日日猎射，击兔伐狐，搏取禽兽，以伤帝王之大业，使天下的人失了指望，臣切为陛下惜也。且为士者，平素诵诗读书，修古致君泽民之道，其在家如此。一旦有司荐举，登于天子之庭，这正是他试用之时，乃舍其所学，而从事射猎，把他平生所学之事都废坏了，臣又为诸臣惜也。"于是文帝嘉纳其言，一一都依行。文帝每视朝乘辇出来时，纵是郎吏侍从这等卑官，但上书疏，未尝不停了车驾，从容听受。所言的事如不可用，只留下不行，不加责怪；如所言可用，便采而行之，未尝轻忽。此贾山所以得行其说也。文帝之虚己听言，不遗微贱如此，岂非万世之所当法哉。

今评 贾山上书言事，要汉文帝吸取秦朝灭亡的教训，爱惜民力，所举贤良方正，要发挥他们的才能，还指出要广开言路，多方开导，和颜悦色，臣下才敢讲话，汉文帝采纳了贾山的意见，鼓励臣下进言，大大改变了朝廷的风气。

上所幸慎夫人，在禁中常与皇后同席坐。袁盎引却慎夫人。夫人怒，上亦怒。盎曰："臣闻'尊卑有序，则上下和'。今既已立后，慎夫人乃妾耳，岂可同坐！陛下独不见'人彘'乎？"上说，乃召语慎夫人，夫人赐盎金五十斤。

张居正讲评 人彘(zhì)，是吕后害戚夫人的事。初高帝宠幸戚夫人，欲立其子赵王为太子。高帝崩后，吕氏鸩杀赵王，将戚夫人断其手足，抉眼煇耳，放在厕中，名曰人彘，言其人而似猪形也。文帝所爱幸的慎夫人，在禁中尝与皇后同席而坐。一日从帝游幸上林，郎署官亦照常并设两座。此时有中郎袁盎随从在旁，乃撤去了慎夫人的坐席，不使与皇后相并。慎夫人怒，帝亦怒。袁盎说："臣闻尊卑有序，则上下相安，自然和好。今陛下既已立了皇后，慎夫人虽爱幸，论名分，乃妾耳。嫡庶同席而坐，岂不失尊卑之序哉？且陛下独不见人彘之事乎？彼时吕后处戚夫人，虽极为毒恶，也因高帝宠幸戚夫人太过，以致吕后愤恨不平，遂遭惨祸。今日正主妾之分，明尊卑之礼，乃所以保全慎夫人，使宫闱和睦，永承宠眷也。"帝喜袁盎说得有理，乃召慎夫人来，以盎所言告之。慎夫人始悟盎之却坐,原是好意,因赐盎金五十斤。夫万化之原,始于闺门,而齐家之道在正名分。名分正则家齐,家齐而国可治矣。为人君者最宜留意于斯。

今评 袁盎以史为鉴,即是为了刘氏,也是为了慎夫人。

贾谊说上曰:"《管子》曰:'仓廪实而知礼节,衣食足而知荣辱。'民不足而可治者,自古及今,未之尝闻。汉之为汉,几四十年,公私之积,犹可哀痛。世之有饥穰,天之行也,禹、汤被之矣。即不幸有方二三千里之旱,国胡以相恤?卒然边境有急,数十百万之众,国胡以馈之?夫积贮者,天下之大命也;苟粟多而财有余,何为而不成!以攻则取,以守则固,以战则胜,怀敌附远,何招而不至!今驱民而归之农,使天下各食其力,末技、游食之民转而缘南亩,则畜积足而人乐其所矣。"上感谊言。春正月丁亥,诏开籍田,上亲耕以率天下之民。

《管子》:书名,相传春秋时期齐国管仲撰。可能系后人采拾管仲言行,附以他书汇集而成。共存二十四卷。原本八十六篇,今存七十六篇。

穰(ráng):五谷丰盛。

张居正讲评 文帝即位以来,躬行节俭,休养百姓。那时去战国未远,民多游食,不务农业。贾谊上疏劝文帝说道:"管仲有言:'仓廪充实,则民有赖而知礼节;衣食给足,则民有耻而知荣辱。'盖礼义生于富足,民不足而可治者,自古及今未尝闻也。汉兴以来,将近四十年矣,此时官府公储及民间私蓄尚是空虚,甚可哀痛。幸得年谷屡登,天下无事,未有兵荒。然世之有饥荒与丰穰,乃天行之数,不可预必。就是夏禹、商汤圣王治世,也曾被水旱来。如今岂能必得年年丰稔?脱或不幸,雨旸失调,有二三千里地方亢旱之灾,颗粒无收。那时要赈济这许多饥民,何处取给?又或猝然边上有事,调动数十百万军马,把守截杀,这许多粮饷又何处取给?夫积蓄存贮,所以备灾变,这是天下的大命脉,安危所系。若积粟既多,财用有余,天下的事哪一件干不得?以攻则必取,以守则必固,以战则必胜。以之绥怀敌人,降附远夷,又何招而不至?可见治国之道,先于足食。只要钱粮充足,则事事可为。然欲足食,必先重农。今蓄积所以不充,只为民不务农之故。必须设法劝民,驱逐他尽归于农,使各自出力耕作,以为衣食之资,不复去做商贾工匠,徒靠手艺远出求趁。那末技游食之民都转而缘南亩,改变其业,各守本等的农务。则蓄积自然充足,而民亦安土乐业,不轻去其乡矣。此今日之急务也。"于是文帝感悟贾生所言,这年春,正月丁亥日,就下诏开籍田,做古时天子亲耕以供宗庙粢盛的意思。文帝亲自到籍田中,扶着耕犁,行三推之礼,以倡率天下之民,使百姓们闻知,说:"天子至尊,尚且亲耕,况我等小民,可不尽力?"是以不烦教令,不假刑威,而民争趋于农,由文帝以身先之也。当时疲癃之民,一变而为富庶之俗。至其末年,太仓之粟,陈陈相因,充溢露积于外。贾生之言,信有验矣。

文帝

今评 贾谊针对西汉初年的社会状况，上书汉文帝，要他重视农业。今天看来重农主义压抑商业，有一定的片面性，但它对保证人民生活的必需和社会生产的安定，也有积极意义。

> 进善之旌：是指先秦时，大臣上朝如有进言者，可在旌旗下言之。旌，旗子。
>
> 诽谤之木：也叫"华表木"。相传尧舜时于交通要道竖立木牌，让人在上面写谏言。

五月，诏曰："古之治天下，朝有进善之旌、诽谤之木，所以通治道而来谏也。今法有诽谤、妖言之罪，是使众臣不敢尽情，而上无由闻过失也，将何以来远方之贤良？其除之！"

张居正讲评 文帝二年初，既尝诏群臣极言过失，犹恐群臣之不肯尽言，又下诏说："古者圣王之治天下，莫不以听言纳谏为急务。朝里面竖着进善之旌，使凡以善言来告者，都立于旌旗之下，以待诏问；又立诽谤之木，许人以朝廷之过失写在木上，以图省改。所以然者，无非欲明目达聪，通治道而开言路也。及至秦为无道，但有尽忠直谏者，就说他诽谤朝廷、妖言惑众，加之以重罪，著为法律，到今尚因循未改，此群臣之所以畏威怀罪，不肯尽言，而上有过失，无由闻也。何以能招来天下贤良与直言敢谏之士？自今以后，除去了这一条律令，使人人得以尽言，无所忌讳。"夫诽谤妖言之禁，秦皇行之，而立见其亡；汉文除之，为一代贤君称首。历观往古，莫不皆然，可见兴亡治乱之几，在言路通塞之间而已矣。为人君者，宜以文帝为法。

今评 秦时有诽谤者族，偶语者弃市之法。到了汉代，诽谤法仍未废除，汉文帝为了鼓励人们直言进谏，公开宣布废除了诽谤法，大大改变了当时的社会政治空气，此举在我国政治史上有很大的积极意义。

> 本、末：战国以后对经济部门的一种划分。以农业（包括家庭纺织业）为"本"，以奢侈品生产和流通（工商业）为"末"。这一划分，反映了当时人们对农工商业在经济中的地位和作用的认识。

九月，诏曰："农者，天下之大本也，民所恃以生也；而民或不务本而事末，故生不遂。今兹亲率群臣农以劝之；其赐民今年田租之半。"

张居正讲评 文帝二年正月，既纳贾生之言，亲耕籍田，以率天下矣。这年九月，遂下诏说："百姓的职业有为耕农的、有为商贾的，朕看来惟农事乃是天下的大根本。盖民生于食，食出于农，这是百姓们所赖以生养，而不可一日废者也。那商贾不过是末技耳，而今百姓们或不专力于本，而乃从事于末，为商贾者多，为耕农者少，五谷何由生？日食何由给？所以民生不遂。朕为此故亲率群臣首耕籍田，以身劝率天下之民，使皆力于农事，庶本业不废，而民生有资。然民尽力以耕田最是劳苦，而又不能不取其租，若不体恤，反不如那做商贾的，得以坐享其利矣，朕甚悯之。今国家租税固有定额，然朕每事节省，亦自毂用，今年的钱粮只着百姓们办纳一半，其余一半尽行蠲免，以苏天下之民。"夫文帝即位之初，国用浩繁，又屡岁下诏蠲免租税，宜其用之不足矣。而史称当

时太仓之粟,红腐而不可食,京师之钱贯朽而不可校,府库充溢,海内富庶。至于武帝用桑弘羊等,言利析秋毫,取利尽锱铢,宜其用之有余矣。而动见匮乏,卒致海内虚耗,盖其用之有节不节故也。可见足国者,不以厚敛为得计,当以节用为先务矣。

今评 文帝下令减少农民的田赋负担一半,这对促进农业的发展和社会经济的繁荣,起了很大作用,是成就"文景之治"的一项重要措施,历史上将这一措施看作汉文帝的一项德政。

释之为廷尉。上行出中渭桥,有一人从桥下走,乘舆马惊;于是使骑捕之,属廷尉。释之奏当:"此人犯跸,当罚金。"上怒曰:"此人亲惊吾马;马赖和柔,令它马,固不败伤我乎!而廷尉乃当之罚金!"释之曰:"法者,天下公共也。今法如是;更重之,是法不信于民也。且方其时,上使使诛之则已。今已下廷尉;廷尉,天下之平也,一倾,天下用法皆为之轻重,民安所措其手足!"上曰:"廷尉当是也。"

其后人有盗高庙坐前玉环,得;下廷尉治。释之奏当弃市。上大怒曰:"人无道,盗先帝器!吾欲致之族;而君以法奏之,非吾所以共承宗庙意也。"释之免冠顿首谢曰:"法如是,足也。今盗宗庙器而族之,假令愚民取长陵一抔土,陛下且何以加其法乎?"帝乃白太后,许之。

中渭桥:古长安城有渭桥三座,即西渭桥、东渭桥、中渭桥。中渭桥在长安故城以北。
跸(bì):帝王出行时开路清道,禁止通行。亦指帝王的车驾。

长陵:汉高祖陵,在今陕西咸阳市东北。
抔(póu):用手捧东西。

张居正讲评 奏当,是法司议拟罪名的意思。跸,是驾出清道。长陵,是高帝葬处。两手掬物叫做抔。不敢斥言发掘陵墓,故只说取长陵一抔土。文帝时,张释之为廷尉,一日圣驾出行,从中渭桥过。有一人在桥下行走,惊了驾辇的马,文帝使兵骑拿获,发与廷尉问罪。释之问拟冲突仪仗罪名,该纳金赎罪。奏上,文帝怒,说:"此人亲惊吾马,幸得马还调良,不曾失事。假若是不驯熟的马,吃他这一惊,奔逸起来,岂不至败车而伤我乎?情重如此,而廷尉止拟罚金,何其轻也!"释之对说:"法者,高帝所定,布之天下,与共守之。天子不敢以喜怒为重轻,人臣亦不敢承上意以出入。今犯跸之罪,论律只该罚金,而欲更为加重,是法可由人增减,而百姓不以为信矣。且当犯跸之时,上若立遣人杀之,法虽不当,与臣无干。今既发下廷尉,付之法司,臣居法司之官,只知守法而已,岂敢随上意以为轻重乎?夫朝廷之设廷尉,正要详审刑狱,使情法得中,轻重平允。若廷尉之法一偏,则天下从而效尤,必将任情用法,故为轻重,受冤之人不止一犯跸者而已矣,民安所错其手足乎?"文帝闻言而悟,说:"廷尉问拟的是。"允其所奏。

其后又有人偷盗高帝庙中神座前供御的玉环,吏卒捕获那为盗之人,送下廷尉问拟罪名。释之奏说:"此人盗宗庙服御物,依律该处斩。"文帝大怒说:"这人无理,乃敢盗我先帝的庙器,朕欲将他全家处死,诛灭其宗族。你却只照常法奏

拟，何以重宗庙而慰先灵！非朕所以敬奉宗庙之意矣。"释之乃免冠顿首谢说："窃盗之罪，不至于死。今以盗宗庙器问拟死罪，已是尽法处了，岂可复加。今人盗宗庙一器便诛及宗族，设或有等无知愚民，盗取高帝陵墓上一抔土，此时陛下愤山陵之侵损，必欲重处此人，又当万倍于盗庙器者矣，不知更有何法，可加于族诛之上者乎？"于是文帝感悟，乃禀白于母薄太后，而听许之，竟从张释之所拟。夫释之为朝廷持法，而不徇人主之喜怒；文帝能容释之之持法，而不任一己之喜怒，皆古今美事，可以为后世法，故史臣记之如此。

今评 张释之是汉代的良吏，以执法平允而闻名。汉文帝能放弃自己的意见而听从张释之，亦属难能。

公卿：原三公九卿，后泛指朝廷中的高级官员。
短：说人短处。

上议以贾谊任公卿之位，大臣多短之曰："洛阳之人，年少初学，专欲擅权，纷乱诸事。"于是天子后亦疏之，不用其议，以为长沙王太傅。后帝思谊，召至入见。上方受釐坐宣室，因感鬼神事，而问鬼神之本。谊具道其所以然之故，至夜半。帝前席。既罢，曰："吾久不见贾生，自以为过之，今不及也。"乃拜为梁太傅。

张居正讲评 釐字，解作福字，受釐是祭神毕而受福胙也。宣室是殿名。文帝爱贾谊之才，欲任以公卿之位。其时大臣周勃、灌婴等，嫌其多事，常短毁之于文帝面前，说道："洛阳贾生，年少初学，未更世事，恃他有些才华，便要专擅事权，纷更变乱高帝的成法，此人不可大用。"于是文帝从此遂疏远之，不复用其所言，而出为长沙王太傅，盖欲老其才而用之也。其后文帝忽又思谊，遣使召来，既至入见。此时祭祀才罢，文帝坐在宣室中，饮福受胙，因此想起鬼神一事。问及鬼神的来历，贾谊一一述其所以然之故以对，谈论之久，至于夜半。帝听之，喜而不厌，促席向前，听其议论。既退叹说："吾许久不见贾生，自以学问进益，胜过他了，今听其言，还觉不如。"乃拜为梁王太傅。梁王，是文帝第二子，帝甚爱之，故用文学之臣为之师傅也。夫帝当天下初定之时，诸吕方平之后，清净无为，与民休息，固其所也。谊以多事承之，是以不见任用。至其通达国体，辩博有辞，帝未尝不爱其才，而叹服之。用人取善，两得之矣。

今评 唐人李商隐作诗判此事："可怜夜半虚前席，不问苍生问鬼神。"张居正以文帝量才用其所长论之。同一件事，文人与政治家的看法往往有异，此是一例。

十年，将军薄昭杀汉使者。帝不忍加诛，使公卿从之饮酒，欲令自引分，昭不肯；使群臣丧服往哭之，乃自杀。

【张居正讲评】 引分,即引决,是自尽的意思。文帝十年,将军薄昭,乃薄太后之弟,文帝之母舅也,尝恃宠而骄,擅杀朝廷差遣的使臣,法该抵死。文帝以母后之故,不忍教他受戮于市曹,乃使公卿大臣都到他家饮酒,与之诀别。欲令薄昭自家引罪,晓得该死,寻个自尽便了。薄昭恃在外戚,还望文帝赦他,却不肯就死。文帝又使群臣都穿了孝服,往他家哭之。薄昭然后知帝意必不肯赦,乃不得已而自杀。看文帝处这件事,甚是刚断,又且从容。内不伤母后之意,外必伸朝廷之法,可谓得情法之中矣。然犹有未尽者,恨不能防之于早。古语说:"婴儿之患,常伤于饱;贵臣之患,常伤于宠。"故人君之待外戚,其裁抑之者,乃所以保全之也。文帝不早为薄昭置贤师傅,而使之典兵干政,至于骄而犯法,恩不能庇,悔将何及哉?然后知向之所以过宠之者,适足以杀之而已矣。后世人主爱厚外戚,而欲长保其富贵者,当鉴于斯。

【今评】 这件事文帝做得果敢决断,不徇私情;而又富于戏剧性,即张居正所谓"甚是刚断,又且从容"。至于说何以没能防患于未然,以保全之,未免求全责备。

齐太仓令淳于意,有罪当刑,诏狱逮系长安。其少女缇萦上书曰:"妾父为吏,齐中皆称其廉平,今坐法当刑。妾伤夫死者不可复生,刑者不可复属,虽后欲改过自新,其道无由也。妾愿没入为官婢,以赎父刑罪,使得自新。"天子怜悲其意,诏除肉刑。

诏狱:奉皇帝诏令拘禁犯人的监狱。

【张居正讲评】 诏狱,即今锦衣卫镇抚司狱也。逮,是押送罪人。肉刑,是割体断趾之刑。齐太仓令淳于意犯罪当刑,被提至长安,系诏狱。淳于意无子,止生五女。其少女缇萦,伤父之陷于刑罪,无与辩理,乃随父到长安,上书奏说:"妾父在齐中做官,齐中之人都称其清廉平恕。今不幸而误陷于罪,坐法当刑。妾伤夫已死之人,不可再生;受刑身毁,不能再续。纵有悔悟之心,要更改前非从新行好,而形体已毁,自新无路,岂不可惜?然法有赎罪之例,而妾父做官素清廉,又无以为赎罪之资,妾情愿收没入官为奴,以赎父刑罪,使得以改过自新。"文帝览缇萦所奏,悲怜其情意之苦,又有感于其言,而知肉刑之惨刻如此也,乃下诏除去肉刑之法,以笞代之。夫文帝除肉刑,可谓至仁,及其用法,虽亲无赦,似又有不专于仁者。何也?盖立法贵宽,不可无好生之意;而行法贵断,不可有姑息之心。仁义并行,宽猛互用,治天下之大法如是矣。

【今评】 废除肉刑,是汉文帝时期重要政令之一。讲评结束所论定法与行法关系,颇有见地。

文帝

讦(jié)：攻击别人的短处或揭发别人的阴私。
寖(qìn)：同"浸"，逐渐。**息**：滋生，繁殖。

上既躬修玄默，而将相皆旧功臣，少文多质。惩恶亡秦之政，论议务在宽厚，耻言人之过失；化行天下，告讦之俗易。吏安其官，民乐其业，畜积岁增，户口寖息。风流笃厚，禁罔疏阔，罪疑者予民，是以刑法大省，至于断狱四百，有刑错之风焉。

【张居正讲评】 玄，是清净。默，是简重。禁罔，是法禁似网罗一般，所以叫做禁罔。错，是置而不用。文帝承高惠吕氏之后，知百姓们方离了战争之苦，要在休养生息，不可以多事扰民，一切务在安静。既躬修玄默之道，以身化民，无所作为，不尚词说。那时为将相的，如周勃、灌婴、张苍等都是高帝时开国的功臣。少文饰、多质朴，又亲见秦家以暴虐致乱亡，心里厌恶他，以为惩戒。凡百议论，务在宽大仁厚。人有过失，务为包容不肯对人明说出来，恐羞辱了他，其宽厚如此。是以化自朝廷，行于天下，那百姓们也都变为忠厚，兴于礼让。旧时进本告状，讦发人阴私那样偷薄的风俗尽改变了。故当是时吏安其官，民乐其业，钱粮蓄积，每岁增加；民间户口，日渐蕃息。下之风流笃厚，而无薄恶；上之禁网疏阔，而无烦苛。凡人犯罪，有可轻可重，疑而未决的，便都饶了他，不必一一深求，尽入于法。是以彼时刑罚大省，至于一岁天下有司所决断的轻重狱囚，只有四百而已。民不犯法，刑无所用，盖有刑错之风焉。前代惟周成王、康王时，刑错不用，今文帝亦庶几乎此。与成、康比隆，而其本则上修玄默，下务宽厚，有以致之。汉家四百年之命脉，其培于此矣。

【今评】 汉文帝时行黄老之术，主张清静无为，这是吸取了亡秦的教训。一切为政务为宽简，一方面是减轻人民的负担，一方面是反对告奸，培植敦厚的社会风气，取得了很大成效，故而史家将文景之治比拟成、康时代。

卷之七 汉纪

朝那：西汉置县，治所在今宁夏固原东南。
萧关：故址在今宁夏固原东南，为自关中通向塞北的交通要冲。
北地：郡名，秦时始置，西汉时治所在马岭（今甘肃庆阳西北）。
彭阳：西汉置县，治所在今甘肃镇原东南。

十四年冬，匈奴老上单于十四万骑入朝那、萧关，杀北地都尉，遂至彭阳。上亲劳军，自欲征匈奴。皇太后固要，乃止。于是以张相如为大将军，击之，逐出塞即还。

【张居正讲评】 单于，是北虏酋长的称号。老上，是单于的名。朝那、彭阳，是县名；北地，是郡名；俱在今陕西地方。都尉，是管军之官。文帝十四年冬，匈奴背和亲之约，其老上单于帅领十四万人马从朝那、萧关进，抢杀了北地的都尉，遂深入至彭阳一带地方。文帝不忍见百姓之被害如此，遂发愤整兵亲自犒劳军士，要御驾亲征。群臣谏止，不听；皇太后再三劝住，才罢不行。于是以张相如为大将军，领兵截杀驱逐虏骑出边塞之外，即班师而还。古称王者之于夷狄，来则御之，去不穷追。三代而后，如汉文者庶乎此。武帝好大喜功，勤兵远讨。岂不称雄？而海内虚耗，盗贼蜂起，几致大乱。人君欲知安攘之计，观汉二帝，则得失之效昭然可睹矣。

今评 对待匈奴，来则御之，去则不追，最为相宜，而深入远征，劳民伤财，往往得不偿失。

上辇过郎署，问冯唐曰："父家安在？"对曰："臣大父赵人。"上曰："昔有为我言赵将李齐之贤，战于巨鹿下。今吾每饭意未尝不在巨鹿也。"唐对曰："尚不如廉颇、李牧之为将也。"上拊髀曰："嗟乎，吾独不得廉颇、李牧为将！吾岂忧匈奴哉？"唐曰："陛下虽得廉颇、李牧，弗能用也。"上怒让唐。唐曰："上古王者之遣将也，跪而推毂，曰：'阃以内，寡人制之；阃以外，将军制之。军功爵赏皆决于外。'李牧是以北逐单于，破东胡，灭澹林，西抑强秦，南支韩、魏。今魏尚为云中守，其军市租尽以飨士卒，匈奴远避，不敢近塞。虏曾一入，尚率车骑击之，所杀甚众；上功幕府，一言不相应，文吏以法绳之，其赏不行。陛下赏太轻，罚太重。魏尚坐上功首虏差六级，陛下下之吏，削其爵，罚及之。由此言之，陛下虽得廉颇、李牧，弗能用也！"上说。是日，令唐持节赦魏尚，复以为云中守，而拜唐为车骑都尉。

拊髀(fǔ bì)：拍大腿。
让：责备。
毂(gǔ)：车轮中心有圆孔可以插轴的部分。也用为车轮的代称。
阃(kǔn)：门坎。借指国门。
澹(dàn)林：亦作襜褴，古民族名，战国末年分布于山西朔县以北和内蒙一带。
军市租：军中收的租税。
尚食监：主管膳食的官员。

张居正讲评 署，是官舍，郎署，是郎官所居的去处。巨鹿，是秦汉时郡名，在今真定及顺德府地方。人身两股叫做髀，拊髀，是以手拍其股。阃，是门限。云中，是郡名，即今大同地方。大将所居的去处叫做幕府。文帝一日乘辇从郎官署中经过，此时冯唐为郎署长，文帝见他年老，因以父老呼之。问说："父老，你家住何处？"冯唐对说："臣的祖公是赵国人。"文帝说："昔朕为代王时，一日正进膳，有尚食监高祛向我说：'赵国的大将李齐甚是贤能，曾与秦兵战于巨鹿之野。观其用兵取胜，真乃是个良将。'朕常思慕其人，至今每遇进膳，就想起李齐的事来，我的意思常如在巨鹿地方，未尝忘也。"冯唐对说："李齐虽好，然赵国良将还有个廉颇，曾在邯郸拒秦兵；又有个李牧，曾在代州雁门关拒匈奴。这两人为将更有本事，李齐尚不如他。"那时匈奴屡次犯边，杀了北地都尉，边事方急，文帝正要求个良将用之，一闻冯唐之言，便以手自拍其髀叹说："朕如今怎能勾得那廉颇、李牧来用？若得这般人为将，着他统兵在边上备虏，又何忧匈奴之为患哉？"冯唐因见文帝留意将帅，这时有个云中太守魏尚，方以微罪废弃，要把言语激发文帝，荐他起来，故意说道："莫说今日没有廉颇、李牧，就是有廉颇、李牧这般人，只怕陛下也不能任用他。"文帝因冯唐当面耻辱他，也不觉发怒，怪责不是。冯唐对说："臣谓陛下之不能任用良将，非敢妄言，盖有所见。臣闻上古王者遣将出征之时，必跪而亲推其车毂以命之说：'凡在阃以内的事物，悉听寡人处置；阃以外的事务，悉听将军节制。凡一应论功行赏的事，都任将军自家主张，取决于外，寡人不从中制也。'盖以将权不重，则号令不行，动有掣肘，则事机错误。故上古王者之遣将如此，赵用李牧，惟其能这等信之专、任之笃。所以李牧为将，凡事都由得自己，便于展布，故能北边驱逐单于，破东胡，灭澹林；

西面挫抑强秦,南面抵当住韩魏二国;赵国称强焉。今陛下之用将能如是乎?且如前日魏尚做云中太守,他军市中收的租税,一毫不入己,尽用之犒赏士卒,所以士卒尽力,而匈奴远避,不敢犯边。止曾进边一次,魏尚统领人马截杀,所斩获甚多。其功如此,臣以为宜蒙厚赏,只因报功幕府一两个字不相照对,那文官便说他报功不实,以法律纠正其罪,而罢其赏不行。臣以为陛下赏则太轻矣,而罚又太重也。夫魏尚当时不曾犯了大罪,止因报功册上混开了六颗首级,此其情固可原,而功亦难泯。陛下不但格其赏不行,又送下法司问罪,至于削其官爵而罚及之,此殆与上古王者之遣将异矣!何以为立功者之劝哉?即此看来,可见陛下虽得廉颇、李牧,不能用也。"文帝听冯唐这番说话,深自感悟,心中喜悦。即日令冯唐持节赦了魏尚,复职为云中太守,而拜唐为车骑都尉,以嘉其能直言敢谏焉。其后细柳劳军,委任周亚夫,可谓得用将之道,其有悟于冯唐之言者深矣。

今评 汉自高祖以来,诛杀功臣,大收将权,所以大将出征而不能自专。故冯唐批评文帝任将不专,赏薄罚厚,文帝欣然有悟。

卷之七 汉纪

珪币:古代贵族朝聘、祭祀、丧葬时所用的玉器。
飨:同"享"。

春,诏广增诸祀坛场、珪币,且曰:"吾闻祠官祝釐,皆归福于朕躬,不为百姓,朕甚愧之。夫以朕之不德,而专飨独美其福,百姓不与焉,是重吾不德也!其令祠官致敬,无有所祈!"

张居正讲评 筑土为坛,除地为场,是祭神的去处。玉器为珪,段帛为币,是祭神的礼物。祝釐,是祷神求福。文帝十四年春,下诏说:"一应祀典神祇坛场狭小的,比旧时都要充广,珪币缺少的,比旧时都要增加,以致敬于神,不可亵渎。"又诏书内一款说:"吾闻祠祭官凡祭祀之时,祝文上的说话,都祈祷神福归于朕躬,不为百姓,朕心里甚是惭愧。这福必须有德,然后能飨。今以朕之不德,而欲专飨其福,独擅其美,私厚于一身,那百姓们都不得预,这乃是加朕的罪过,而重其不德也。今后一应祭祀,只着祠官致敬尽礼,无得仍前归福朕躬,有所祈祷。"孔子说:"敬鬼神而远之。"文帝诏广增坛场、珪币而无所祈,可谓能敬而远者矣。然有天下者不以一己之富寿康宁为福,而以百姓之和平安乐为福,此文帝所以不欲专飨而必与百姓共之也。历观前代人君,其好祷神祈福者,莫如秦始皇,乃身致乱亡之祸以及子孙,至今笑其愚;其不欲祷神祈福者,莫如汉文帝,乃身享治平之福以及子孙,至今颂其美。可见人君之所以为福者,在德而不在祷矣。此又主百神者之所当知。

今评 "国之大事在祀与戎"。祭祀在古代政治生活中占有很重要的地位。祭祀是一种迷信活动,并不能产生任何实效。但汉文帝此举,表示他心中有百姓,国泰民安,也就是帝王的福祉了。

文帝

后元年诏曰:"间者数年不登,又有水旱、疾疫之灾,朕甚忧之。愚而不明,未达其咎:意者朕之政有所失而行有过与?乃天道有不顺,地利或不得,人事多失和,鬼神废不享与?何以致此?将百官之奉养或废,无用之事或多与?何其民食之寡乏也?夫度田非益寡,而计民未加益,以口量地,其于古犹有余;而食之甚不足者,其咎安在?无乃百姓之从事于末以害农者蕃,为酒醪以靡谷者多,六畜之食焉者众与?细大之义,吾未得其中,其与丞相、列侯、吏二千石、博士议之;有可以佐百姓者,率意远思,无有所隐!"

后元年(前163): 汉代自汉武帝起才置年号,初期诸帝,均泛称某年;其中文、景两朝在位期较长,间中以中元、后元来分段。
登: 谷物成熟。
蕃(fán): 茂盛繁多。
醪(láo): 汁滓混合的酒,即浊酒。
二千石: 汉代郡守俸禄二千石,即月俸一百二十斛,故称郡守为二千石。

【张居正讲评】文帝十七年,改为后元年。因连岁灾伤,下诏说道:"近来数年,五谷不收,今又有水旱疾疫之灾,百姓困苦,朕甚忧虑。然变不虚生,必有所以致之者。但我愚暗不明,不晓得过失所在,想是朕之政令有所阙失,而行事或有过差欤?抑或上而不能顺天之道,下而不能尽地之利;明而人事乖戾失和,幽而鬼神怠废不祀欤?果何由而致此灾变也?朕又思想莫不是百官之俸禄或缺,以致侵渔百姓;无用之兴作或多,以致滥费民财欤?不然,何其民食之寡乏如此也?夫料度如今的田地,比古时不见加少;算计如今的人民,比古时不见加多,若以户口较量田地之数,不但比古时一般,觉得如今田地尚宽广有余,宜乎民食充足矣,而乃甚患不足者,其过咎毕竟安在?莫非古时力本者多,用度有节;如今百姓却每每从事于商贾末艺,以妨害农功者太盛欤?或是造为酒浆,以靡费米谷者太多欤?又或是豢养六畜,而食人之食者太众欤?凡此小大的事理,我反复思之,未得其当,故特诏下御史大夫,可与丞相、列侯、吏二千石以上及博士等官,大家商议。但有可以消弭灾变,佐助百姓之急者,各任你们意见,为国家深远思虑,明白开陈,无所隐讳可也。"夫天灾流行,虽明君在上,不能必无。惟文帝不诿于适然之数,而反躬自责,博求所以弭灾之道,此所以虽有灾变,不为民害也。当是时,百姓殷富,户口蕃息,有由然哉。

【今评】汉文帝后元年间,数有水旱,农业歉收,汉文帝进行了自省,并和朝廷以及地方官员进行讨论,寻找原因。这虽有些迷信的成分,但从治理者自身找原因,态度是对的。

班固赞曰:文帝即位二十三年,宫室、苑囿、车骑、服御,无所增益;有不便,辄弛以利民。尝欲作露台,召匠计之,直百金。上曰:"百金,中人十家之产也。吾奉先帝宫室,常恐羞之,何以台为?"身衣弋绨,所幸慎夫人衣不曳地,帷帐无文绣,以示敦朴为天下先。治霸陵皆瓦器,不以金、银、铜、锡为饰。因其山,不起坟。南越尉佗自立为帝,召尉佗兄弟以德怀之,佗遂称臣。与匈奴结和亲,后而背约入盗,令边备守,不发兵深入,恐烦百姓。吴王不朝,赐以几杖。群臣

辄: 犹"即"。**弛:** 解除;免除。
羞: 通"丑"。以为丑;耻;辱。
烦: 烦扰;搅扰。

袁盎等谏说虽切,常假借纳用焉。张武受赂金钱觉,更加赏赐以愧其心。专务以德化民,是以海内富庶,兴于礼义。断狱数百,几致刑措,呜呼仁哉!

张居正讲评 班固,是汉朝史臣,尝作《汉书》,于《文帝本纪》之末,赞美他许多好处。说道:"文帝即位以来,通计二十三年。所居的宫室、所游的苑囿、所乘坐摆列的车马、所服御的衣裳器物,一一都遵守先世之旧,无所增加。若这苑囿地土等项,虽是旧时所有,或有不便于民的,便都从宽减省,以从民便,宁可使百姓得些便益,不肯厚于自奉,以妨民也。一日要在骊山上造一露顶高台,叫工匠来估计那所费的价值,说该用百金,百金是一千六百两。文帝说:'这百金资财,在民间中等人家,可勾十家的产业。今我承继着先帝的宫室,常恐享用过分,玷辱了这去处,又要那台何用?岂可兴此无益之工,而破费民间十家之产乎?'因此就停止了工作,其爱惜财用如此,文帝自家所尚的袍服,止用弋绨。弋,是黑色,绨,是粗厚的缎匹,只取耐穿,不尚华采。当时有个慎夫人,是文帝所宠爱的。他穿的也是朴素的衣服,长不拖地;用的帷幕帐幔也都不用文绣。自家敦尚朴素,以为百姓们倡率,使天下风俗都化为俭朴,其寻常服饰如此。生前预造陵寝在霸水上,叫做霸陵。这霸陵里面摆设的,都是瓦器,不用金、银、铜、锡等物装饰。依着那山势便做葬处,不复筑土为坟劳费民力,其山陵制度如此。南越王赵佗恃其强大,自称南越武帝,占据着海南地方,抗拒中国。文帝不行诛讨,乃召其宗族兄弟,在中国的都与他官爵赏赐,以恩德怀服其心。其后赵佗感激就去了帝号,自称藩臣,终身不敢倍汉。先年曾与匈奴单于和亲,约以长城为界,不相侵犯,后来匈奴背约,常时入边抢掠。文帝也不与他计较,只着各边将士提备防守,驱逐出边便罢,不曾发兵深入,惟恐损伤了百姓生命,多费了兵马钱粮,其制御夷狄如此。吴王濞称病不朝,已有反谋,文帝道他年老,乃赐之几杖,免其来朝,并不曾发觉他的奸诈;群臣袁盎、晁错、贾谊等或上疏谏诤,或因事论说,虽常触犯忌讳过于切直,也都宽容,假借纳用其言,并不曾嗔怪他;将军张武曾受人馈送的金钱,事颇发觉,文帝只说他家贫,反赏赐他财物,使他心里惭愧,自知省改,并不曾播扬他的过失,其优待臣下如此。那时行出来的政事,说出来的议论,专要休养生息,以德化民,不用刑罚。是以四海之内财力丰富、户口蕃庶,人人兴起于礼义,乐为善而耻犯法,遂致风俗淳厚,刑罚减省。一岁中总计天下有司决断的轻重狱囚,不过数百,庶几有古时刑错不用之风焉,其真可谓仁德之君哉!"这是班固总论文帝之德,而以仁之一字称之。然尝考文帝之为君,见事极其明察,行法极其刚断,而史臣只以仁称之者,盖其明而不失之苛细,断而不伤于刻薄,皆有慈爱恻怛之意行乎其间,所以能固结人心,培养国脉。汉家四百年之天下,皆基于此,后世人主宜以文帝为法。

今评 我国古代在治国方面,有的崇尚法家,有的崇尚儒家,西汉文景时则崇尚黄老。凡事主张简朴无为,以德化人,省减刑罚,使社会人心安定。汉代文景之治证明了德化政治的生命力。

卷之八

汉纪

景　帝

名启,是文帝之子,在位十六年。

> 景帝(前188—前141):即刘启,文帝之子,前157年至前141年在位。他继续采取与民休息政策,田赋三十取一。社会经济呈现繁荣景象。府库充实,史称"文景之治"。

三年,梁孝王来朝。时上未置太子,与王宴饮,从容言曰:"千秋万岁后,传于王。"王辞谢,虽知非至言,然心内喜;太后亦然之。詹事窦婴引卮酒进曰:"天下者,高祖之天下,父子相传,汉之约也,上何以得传梁王!"太后由此憎婴;王以此益骄。

> 卮(zhī):古代盛酒的杯子。

张居正讲评

景帝与梁孝王,同是窦太后所生,甚相友爱。景帝即位之三年,梁孝王自本国来朝,那时景帝未曾册立太子。一日与梁王宴饮于宫中,因酒酣,从容与梁王说:"朕千秋万岁之后,把天下传与王。"梁王起来辞谢。虽晓得景帝此言,未可便为定准,但心里也自家暗喜。窦太后听说,亦信以为然。那时有詹事窦婴,是窦太后的从侄,在宫中侍宴。恐此言一出,或开争乱之端,乃斟上一杯酒,捧进与景帝谏说:"今之天下,非主上之天下,乃高祖所传之天下也。既承继高祖的基业,便须遵守祖训,彼父终子继,世世相传,不用兄弟继立,此高祖之约也。主上虽友爱梁王,何得违背祖训,而擅与之以天下哉!"太后正喜间,忽被窦婴间阻,因此憎恶窦婴,除了他的门籍,不许再入朝参。梁王因此自负他后日有天下之分,越发骄纵,车服宫室都僭拟天子,又阴杀朝廷议臣袁盎等,几取杀身亡国之祸,皆景帝一言有以误之也。大抵事有定分,则人无争心,况以天下相传,苟无一定之约,而得以私爱行于其间,鲜不起争而召乱矣。汉家父子相传之约,盖亦有见于此。景帝溺爱轻许,以骄梁王之心,及其罪状彰露,乃从而穷治之,使母子兄弟之爱,几于不终。所以史佚说:"天子无戏言。"岂不信哉!

景帝　武帝

今评　汉景帝戏言传位于梁王，由此导致了梁孝王日益骄横，几取杀身之祸。

初，楚元王好书，与鲁申公、穆生、白生俱受《诗》于浮丘伯；及王楚，以三人为中大夫。穆生不嗜酒，元王每置酒，常为穆生设醴。及子夷王、孙王戊即位，常设，后乃忘设焉。穆生退，曰："可以逝矣！醴酒不设，王之意怠；不去，楚人将钳我于市。"遂谢病去。

> 醴：甜酒，少曲多米，酿二宿而熟。

张居正讲评　醴，是甜酒。钳，是犯罪囚奴，以铁钳其颈。初高帝有异母弟刘交，封于楚，后谥为元王。元王甚贤，雅好书史。少时曾与鲁人申公、穆生、白生这三人共拜儒者浮丘伯为师，从而受业，讲习《诗经》。后来刘交从高帝征伐有功，封为楚王，就用这三人做楚国中大夫之官，甚加敬礼，时常置酒延宴他三人。因穆生性不好酒，不能多饮，每置酒时，特为穆生别设一样甜酒与他饮，此后遂以为常。到元王子夷王名郢客，孙王名戊，三世继立，都依着这旧规行，每宴必设醴酒。王戊即位之后，渐渐骄慢。一日宴会，忘记设了。穆生宴罢退去，便说道："我如今就该告休长往矣。盖醴酒不设，虽是小节，然因此见王的意思已懈怠了，不着我辈在意，日后轻视，何所不至？我若不去，必且得罪，他日楚人将钳我之颈，驱役于市上，做囚奴而后已。到那时求去迟了。"遂称病辞谢而去。其后王戊与七国谋反，申公谏正，王戊发怒，遂将申公罚在市上，穿着赭衣舂米，然后知穆生之超然远举，真智士矣。《易》所称"见几而作，不俟终日"者，其穆生之谓乎！后之礼贤者，当以王戊为戒，慎毋始勤终怠，而使君子有去志哉。

今评　此节戒礼贤者"毋始勤终怠"，赞被礼者当见微知著。

卷之八　汉纪

武　帝

名彻，是景帝之子。在位五十四年，庙号世宗。

> 武帝（前156—前87）：即汉武帝，名彻，汉景帝子。前140—前87年在位。即位后接受董仲舒的建议"罢黜百家，独尊儒术"；实行"推恩令"，以削弱诸侯王的势力。并派张骞通西域，打通了中国与中亚的交通与联系。又派卫青、霍去病进击匈奴，解除了匈奴对汉王朝的威胁。
>
> 建元：汉武帝所置年号。自古帝王没有年号，年号的起名，始于"建元"（前140年）。
>
> 天人：古指天道和人道或自然和人为。

建元元年，冬十月，诏举贤良方正、直言极谏之士，上亲策问以古今治道。广川董仲舒对曰："臣观天人相与之际，甚可畏也。自非大亡道之世，天尽欲扶持全安之，事在强勉而已。强勉学问，则闻见博而智益明；强勉行道，则德日起而大有功。道者，所由适于治之路也，仁、义、礼、乐，皆其具也。故圣王已没，而子孙长久安宁数百岁，此皆礼乐教化之功也。"

武帝

资治通鉴

张居正讲评 广川，是汉县名，在今景州地方。历代天子即位，只纪元年、二年、三年、四年，原无年号。至武帝即位之初，特起一年号，叫做"建元"。自后每朝都有年号，实始于此。建元元年，冬十月，下诏有司，着荐举各地方上所有德行贤良、操履方正、能直言极谏的士人，都到阙下。武帝亲自发一策题试问，他说："古今治道，兴废不同，果是天命，抑由人事？"那时独有广川县人董仲舒对的策好，说道："臣观天人一体，此感彼应，毫发不爽。有道的，天便眷佑；无道的，天便弃绝。其相与之际，甚是可畏。然天心仁爱，人君若非无道之甚，必不可悛改的。天还留意于他，屡出灾异，以示警惧，要他省改，无不欲扶持而全安之。故乱者可治，废者可兴，其事只在人君夙夜强勉，以承天意而已。能强勉于学问，读书穷理，以明此道，则闻见日渐广博，而智虑越发开明；能强勉于修为，反躬实践，以行此道，则君德日渐崇起而功用自然弘大。强勉之有益如此，且这道理，由之则治，不由之则乱。乃是人君所由以到那治处的路头，其具则仁、义、礼、乐四者是也。自古圣王只以此四者之道，教化天下，传及子孙。故身虽已没，而子孙长久安宁，至数百岁。如夏家四百，商家六百，周家八百，这都是礼、乐教化的功效。盖此道常在人心，历世不忘，是以享国长久，非天命之有所私厚也。然则仁、义、礼、乐之道，岂非万世人君之所当务者哉？尝观春秋、战国以来，申、韩、苏、张之说，盈满天下。至秦而焚书坑儒，三代之礼乐教化，荡然无复存者。汉高不事《诗》《书》，文帝又修玄默，是以王道废缺，礼乐不兴。"仲舒此策，词若迂缓，而意实醇正。汉家经学，自此兴起，不可谓非其功矣。

今评 天人感应这种观点当然是错误的，但他强调道德观念对社会的反作用，仍有可取之处。

"夫周道衰于幽、厉，非道亡也，幽、厉不由也。至于宣王，思昔先王之德，兴滞补敝，明文、武之功业，周道粲然复兴，此夙夜不懈行善之所致也。为人君者，正心以正朝廷，正朝廷以正百官，正百官以正万民，正万民以正四方。四方正，远近莫敢不一于正，而亡有邪气奸其间者，是以阴阳调而风雨时，群生和而万民殖，诸福之物，可致之祥，莫不毕至，而王道终矣！"

宣王(？—前782)：周厉王子，任用仲山甫、尹吉甫、方叔、召虎等贤臣，北伐猃狁，南征荆蛮、淮夷、徐戎，被称为周代的中兴。

张居正讲评 董仲舒对策又说："国家之盛衰，只看人君所行的政事何如。前代长久隆盛的，莫过于周。及传至幽王、厉王，周道遂衰。其实道未尝亡，只是幽、厉肆行暴虐，不肯率由先王之道耳。至于宣王，思昔先王之德，奋发有为，兴其废滞，补其敝坏，以昭明文武之功业，周家治道遂灿然中兴。此乃夙夜不息，力行善政之所致也。由此观之，人君欲国家长盛而不衰者，可不以兴道致治为务哉！然治道不可外求，全在人君之一心。诚使为人君者，先能自正其心，虚明光大，不为一毫私意所蔽，则行出来的政事、发出来的号令，必皆合天理、当人心，而可以正朝廷矣。朝廷正，则必能进贤退不肖，使群臣皆奉公守法,竭力效忠,可以正百官矣。百官正,则礼乐教化四达不悖,以正万民、以正四方,无远无近,荡荡平平,自无一人一处之不归于正者矣。君德既正,天心自协,至和薰蒸,无有邪气于乎其间,是以阴阳均调,而风雨时若,群生和乐,而万民滋殖。凡世间诸福之物可致之祥,莫不备至,而王道大成矣。盖天之与人本同一气,人事正,则正气应之,善祥之所由集也;人事不正,则邪气应之,灾异之所由臻也。然其本,则在人君之一心而已。所以古语说:'君心为万化之原,至诚赞天地之化育。'意盖如此。"董仲舒对武帝三策,其正心一言,实万世帝王为治之本。人君果能体而行之,则二帝三王之盛岂难致哉!

今评 董仲舒"正心"之论本于《礼记·大学》,从哲学角度看,不免有先验论倾向。但他认为,君主首先必须从端正内心做起,则是可取的。

太学:中国古代的高等学府。西周已有太学之名。汉武帝元朔五年设五经博士,弟子五十人,为西汉太学建立之始。东汉太学大为发展。魏晋到明清,或设太学,或设国子学(国子监),或两者同时设立,名称不一,制度亦有变化,但均为传授儒家经典的最高学府。

庠(xiáng)序:西周时指地方办的乡学。

"今陛下贵为天子,富有四海,居得致之位,操可致之势,又有能致之资;行高而恩厚,知明而意美,爱民而好士,可谓谊主矣。然而天地未应而美祥莫至者,何也?凡以教化不立而万民不正也。夫万民之趋利也,如水之走下,不以教化堤防之,不能止也。古之王者明于此,故南面而治天下,莫不以教化为大务。立太学以教于国,设庠序以化于邑,渐民以仁,摩民以谊,节民以礼,故其刑罚轻而禁不犯者,教化行而习俗美也。"

张居正讲评 董仲舒对策又说:"王道固在正心以正朝廷、百官、万民、四方,而诸福皆至矣。然也有圣人在下,势位卑贱,而不得致的。如今陛下贵为天子,富有四海,所居的是得致之位,所操的是可致之势,且有圣德,又是能致之资。即位之初,观其施为,高出世主一等,而恩泽又深厚;智识明达,而意思又美好;怜爱百姓而好慕贤士,可谓不世出之主矣。然而阴阳或未必调,风雨或未必时,诸福之物或未必至,这是何故?只为教化不立,而万民不正,故太平之业,犹未致也。夫常人之情,见利则趋,就如水之趋下一般。水性趋下,必须堤防障御;人情趋利,若不把教化来做个堤防,怎能勾得住?古时王者,晓得这道理,故居南面而治天下,莫不以教化所系者大,而专力于此。在京师中,则立太学以教于国,在各郡国,则设庠序以化于邑;这太学与庠序里面,都设师儒之官,取民之俊秀者而教之。用仁去渐染他,用义去摩厉他,用礼去节制他。所以民都兴于仁义礼乐,不用严刑重罚,而民自不犯法禁。由上之教化素行,而下之习俗淳美故也。"由是观之,欲致诸福,在行王道;欲行王道,必先教化。治天下者,当知所务矣。

今评 重视道德规范和文化方面的教育作用,这是儒家学说的一个特点。

"圣王之继乱世也,扫除其迹而悉去之,窃譬之:琴瑟不调甚者,必解而更张之,乃可鼓也;为政而不行甚者,必变而更化之,乃可理也。故汉得天下以来,常欲治而至今不可善治者,失之于当更化而不更化也。古人有言曰:'临渊羡鱼,不如退而结网。'今临政愿治,不如退而更化,更化则可善治,善治则灾害日去,福禄日来。"

张居正讲评 董仲舒对策又说:"王道之先务,固在于教化矣。况秦废教化而任威刑,汉承其后,不可不变。自古圣王承继乱世之后,必须鉴其失而矫其弊。把那乱世所行的事,一切扫除革去,乃可以新天下之耳目,建太平之事业。譬如弹琴瑟的,若弦不和调到那极处,必须解下这弦来,从新安上,方才弹得。若为政的,前面的行事,如今坏到极处,必须从新更改,厘正一番,方才治得。所以汉家自高帝得天下以来,历惠帝、文帝、景帝,都要天下治平,而至今不可善治者,其失只在于时当更化,而不能更化,尚仍秦之旧故也。古人有言:'临着渊水,羡慕那游鱼,徒羡何益?不如退去结网来打取这鱼。'如今临政治民,愿治功成就,徒愿何益?不如革去旧弊,从新更化。盖结网则可以得鱼,更化则可以善治。既能善治,则阴阳调、风雨时、群生和、万物殖。天灾人害日渐消去,嘉祥美福日益招来,此国家之所以兴,非独天命,皆人事所致也。"这是仲舒第一策,劝武帝更改秦法,图新治理的意思。然继治世者其道同,继乱世者其道异。武帝承秦之乱,风俗彫敝,故仲舒陈更化之言。若承继治世、守祖宗之鸿业,则又当率旧章、遵成宪,而不可妄意纷更矣。

今评 董仲舒认为,继乱世之后,应当改革更化;张居正在申论其意的同时又指出,如承继治世则"不可妄意纷更"。就其大端而言,此说有辩证性,要依不同情况,参酌损益,在承与革中找出适应形势的合适的度,方是正理。

"圣王之治天下也,爵禄以养其德,刑罚以威其恶,故民晓于礼义而耻犯其上。武王行大谊,平残贼;周公作礼乐以文之;至于成、康之隆,囹圄空虚四十余年,此亦教化之渐而仁义之流也。今陛下并有天下,而功不加于百姓者,殆王心未加焉。曾子曰:'尊其所闻,则高明矣;行其所知,则光大矣。高明光大,不在乎他,在乎加之意而已。'愿陛下设诚于内而致行之,则三王何异哉!夫不素养士而欲求贤,譬犹不琢玉而求文采也。养士之大者,莫大乎太学;太学者,贤士之所关也,数考问以尽其材,则英俊宜可得矣。遍得天下之贤人,则三王之盛易为,而尧、舜之名可及也。"

囹圄(líng yǔ):监狱。

【张居正讲评】 囹圄，是牢狱。初董仲舒所对，头一篇策，既已称旨，武帝又出一策题问他说："殷人执五刑以惩奸恶，然周之成康不用刑而天下治，秦人用严刑而天下乱，所以不用者何故？"于是董仲舒又对说："臣闻圣王之治天下也，以学校教化为先务。其率教而有德者，则与之爵禄以养其德；不率教而陷于恶者，则用刑罚以威其恶。夫其教化素行，而德刑并用如此，所以那时的百姓，都晓得礼义，而耻于为恶，以犯其上之法。殷人之所以能胜奸恶者，盖以教化为先。而用刑以辅之，非专恃五刑之效也。周武王遭纣之乱，不得已行大义，伐纣而并诛其党，以除天下之残贼。所谓刑乱国用重典，不得不然也。及天下既平，周公即制礼作乐，修明教化之具，以润色太平。驯至成、康二王之时，治道隆盛，刑措不用，牢狱中空虚，没有囚系者四十余年。盖亦本于教化之所渐染，仁义之所周流，化行于上而俗美于下故耳。岂刑威之所能致哉？教化之功，一至于此。今陛下并有天下，殊方绝域，莫不服从，虽三代盛时，无以过矣。然而教化之功，未加于百姓，不能与三王并隆者，只是陛下之心，未曾加意于此焉耳。昔曾子尝说：'人能于所闻的道理，尊信而不疑，则德日进于高明矣；于所知的道理，力行而不懈，则业日积于光大矣。可见高明光大，不在乎他，只在一加意尊行之间而已。'今陛下发策，追慕成、康刑措之隆，其于三王之教化，亦既闻而知之矣。臣愿陛下就把这个治道，立实心于内，而极力以行之，不为慕古之空言，则教化修明、风俗淳美，太平之业可以坐致矣，又与三王何异哉？夫治天下之道，莫要于用贤。而贤才之在天下，又贵于素养。若平时不能作养那为士的，一旦便求其有用，正如美玉未曾雕琢，便要求其文采，岂可得哉？故欲求贤，必先养士。三代之时，内设太学以教于国，外设庠序以化于邑。然庠序之教，止于一方，人才尚少。若论养士之大者，莫如太学。盖太学聚天下贤士而教之，乃贤才所由进用的门路。若从这里加意作养，时常考试询问他，以尽其材能，成其德业，则英俊之士宜可得矣。既遍得天下的贤人而用之，由是以天下之才，治天下之事，则三代的盛治可以易致；而尧、舜的盛名，亦可几及也。"这是仲舒第二策，劝武帝先教化而后刑罚，兴太学以养人才，可谓得王道之要务。至于"尊所闻、行所知"二语，尤为紧切。盖天下事，非知之难，惟行之难。武帝所慕者成周之治，而所行者亡秦之政，欲以比隆于古，不亦远乎！故仲舒此言，真深中武帝之病，而后世人主有志于慕古者，毋若武帝之空言哉。

【今评】 此节正文申论重教化、兴太学、求贤才，张居正深会其意，提挈为"尊所闻，行所知"二语，尤其警醒。文末云则警示小皇帝当从小黜空务实。

"道者，万世亡敝；敝者，道之失也。夏尚忠，殷尚敬，周尚文者，所继之救当用此也。道之大原出于天，天不变，道亦不变；是以禹继舜，舜继尧，三圣相授而守一道，亡救敝之政，故不言其所损益也。由是观之，继治世者其道同，继乱世者其道变。今汉继大乱之后，若宜少损周之文致，用夏之忠者。"

张居正讲评 仲舒既对了第二策，武帝又出一策题问他说："三王之教，所尚不同，莫非是道有异乎？"于是仲舒又对说："这道是古今天下所共由的，就使行之万世，岂有弊病？其有弊病，乃是后来人肆意妄行，失了这道故也。如夏禹开国之初，崇尚忠厚，到后来风俗变得都骄恣了，故殷汤继之，不得不改尚敬畏。敬畏之久，又变得戆质朴了，故周文、武继之，不得不改尚礼文。是文以救敬之弊，敬以救忠之弊，矫偏归正，损益就中，事当如此。至于道，则岂有异哉？盖这道之大原，乃从天出，自然而然。天至今不变，则道亦不变，自古圣王不过顺天道而推行之耳。是以禹承继舜、舜承继尧。这三个圣人，以圣继圣，递相传授，守着一个道理，无有弊病。既无弊病，何用救正？故尧、舜、禹之间，不闻有损益厘革的事，正以其道之同故也。这等看来，可见圣人承继治世之后，其道则同。如夏继虞，虞继唐是也。承继乱世之后，其道则变。如周继殷，殷继夏是也。今汉继秦大乱之后，周家所尚的仪文，已流荡浇薄到极处了。今日正该渐渐减损周家的仪文，崇尚夏家的忠厚，以救正之，然后教化可行而风俗可易。此乃继乱世之道，不得不如此也。大抵世变之日趋于文，如江河之日趋于下。在周末世，孔子已叹其过于文，而欲从先进，况汉世乎？"仲舒斯言，真救时之论也，抑非特汉世为然。自汉以来，虚文日盛，实意渐漓，司教化之责者，宜三复于斯言矣。

今评 董仲舒的天人三策，其基本思想是道之大原出于天，天不变，道亦不变。这个观点是片面的。张居正申论董说，有"矫偏归正，损益就中"之说，如果不把道看作一成不变的东西，而视为一个历史时期的原则，这八字倒是深可借鉴的。

"《春秋》大一统者，天地之常经，古今之通谊也。今师异道，人异论，百家殊方，指意不同，是以上无以持一统。臣愚以为诸不在'六艺'之科、孔子之术者，皆绝其道，勿使并进。然后统纪可一，而法度可明，民知所从矣！"

六艺：古指礼、乐、射、御、书、数六种才能和技艺。孔子曾把它列为教学内容。汉朝以后也指《诗》、《书》、《易》、《礼》、《乐》、《春秋》。

张居正讲评 六艺，即《易》、《书》、《诗》、《春秋》、《礼》、《乐》之六经。董仲舒又对策说："《春秋》之义，天下诸侯皆统于天子，禀其制度，无敢违异，叫做大一统。这乃是天地之常经，古之通义，不可一日不明者也。如今学术分裂，民无适从；师之所传，各为一道；人之所持，各为一说。六经之外，殆有百家，方术各异，指意不同。纷纷然争立门户，此是彼非，各欲行其所学。所以为人上者，被诸家的议论说乱了，亦无以主张国是而成一统之治，斯大乱之道也。臣愚以为，天下所当诵习者，止是孔子所删述的六经，其余诸家不在六艺之科、孔子之术的，如申不害、韩非为刑名家，苏秦、张仪为纵横家，如此等类，都是邪说，该一切禁绝之，勿使并进。凡师之所以为教，弟子所以为学，有司所以荐举，朝廷所以取人，都只以孔子六艺为主。然后统纪可一，而法度可明，百姓们始知所适从矣。"盖汉家承秦之后,士习申、韩、苏、张之术者,皆在所举。故仲舒第三策篇终,讲禁绝之,使圣道不杂于功利,六经不晦于异端,此其所以为醇儒也。至今百家灭息,而孔子之六艺,如日中天。若仲舒者不独有功于汉,亦有功于万世者哉。

【今评】 董仲舒首先提出罢黜百家,独尊儒术,他的出发点是春秋的大一统思想,政治上国家是大一统的,所以在思想上也应与之相适应,以维护大一统。他选择了儒家思想作中国社会的指导思想,从而把儒家思想提高为封建社会占统治地位的思想。

及为江都相,事易王。王,帝兄,素骄,好勇。仲舒以礼匡正,王敬重焉。尝问之曰:"粤王勾践与大夫泄庸、种、蠡伐吴灭之,寡人以为越有三仁,何如?"仲舒对曰:"夫仁人者,正其谊不谋其利,明其道不计其功,是以仲尼之门,五尺之童羞称五伯,为其先诈力而后仁义也。由此言之,则粤未尝有一仁也。"

粤王: 即越王。古书中粤、越通用。

【张居正讲评】 勾践,是粤王的名。泄庸与文种、范蠡,都是越王的臣。五伯,是齐桓公、晋文公、宋襄公、楚庄王、秦缪公。董仲舒对策之后,武帝除授他做江都国相,出事江都易王刘非。易王,是景帝之子,武帝的兄,平素骄贵又好勇力。仲舒既为国相,时常以礼法辅导匡正之,易王因此感动,也知敬重他。一日问仲舒说:"昔春秋时,粤王勾践发愤苦志,欲报吴仇,与其大夫泄庸、文种、范蠡三人共图之,竟用这三人的计策,举兵伐吴,遂灭其国。粤王自此强于天下,得与中国之会盟,三人之功大矣。昔孔子称微子、箕子、比干,是殷时三个仁人。寡人观泄庸、种、蠡霸粤吞吴,功业不小,说粤也有三仁,不知何如?"董仲舒对说:"王把仁许这三臣,不过取其功耳。殊不知所谓仁人者,其存心处事,但知有道理,不知有利钝。义之所在,就守正而行之,更无一毫图利之心;道之所在,则秉公而明之,绝无一毫计功之念。纯乎天理,一无所为而为,这才是仁者之心。少涉私意,便是伯道,乃仁人之所深耻者。所以孔子之门,就是五尺童子稍知道理的,也羞称五伯之功,只为他专尚诈力,假借仁义以济其私欲故也。夫五伯之功,犹为圣门所羞称如此。今观泄庸、种、蠡,功既不高于五伯,而任术逞力,灭人国家,覆人宗祀,其专尚诈力,不顾仁义,比之五伯,殆又甚焉。这等看来,粤何尝有一仁乎?"按是时,江都王骄恣不奉汉法,观其羡慕于阴谋并国之臣,则其邪心已萌,故仲舒明正道以阴折之。所谓以礼匡正,即其事也。后其子建竟以谋反诛,岂非贻谋不善,世济其恶,以致此哉!若仲舒所论五伯义利之辨,尤足以见其学术之纯正,汉世儒者,所不及也。

【今评】 张居正就江都王有不臣之心着眼,指出"仲舒明正道以阴折之"，是善于读史者。

上雅向儒术，丞相窦婴、太尉田蚡俱好儒术，推毂赵绾为御史大夫，王臧为郎中令。绾请立明堂以朝诸侯，且荐其师申公。天子使使束帛加璧、安车驷马以迎申公。既至，天子问治乱之事。申公年八十余，对曰："为治者不在多言，顾力行何如耳！"是时，天子方好文词，见申公对，默然；然已招致，则以为太中大夫，舍鲁邸，议明堂、巡狩、改历、服色事。

> 儒术：指儒家的学问与治术。
> 明堂：古代天子宣明政教的地方，凡朝会及祭祀、庆赏、选士、养老、教学等大典，均于其中举行。
> 安车：坐车，古人立乘，此车可坐，故称安车。古代安车都驾一马，这里特用四马，表示尊敬。

张居正讲评　推毂，是推举引荐人，如推转车毂一般。鲁邸，是京师中设有鲁王府第处，如今之诸王馆。历，是历书。武帝平时，向慕儒者的学术。那时丞相窦婴、太尉田蚡也都好儒术，君臣意合。于是窦婴、田蚡共荐举当时名儒赵绾做御史大夫、王臧做郎中令。赵绾以古时天子有明堂之制，顺四时月令之宜，以朝诸侯、听政事，奏请立之。但其制度，一时考究未明，以其师申公是当时名儒，博通今古，乃荐之于武帝，请召用之。申公，即是前时与楚元王同学者，此时归老在鲁国。武帝特遣使臣，将币帛一束，加上玉璧，以为聘礼，用蒲轮安车，驾驷马而迎之。申公到京，武帝就延见他，访问治乱之事。申公年八十余，已老耄了，言语质直，就对说："为治也不在多言，只看其力行何如耳。能着实去行，便可以致治；议论徒多，反生惑乱，无益也。"这时武帝正好文辞，见申公对说如此意向不同，故默然不喜。然心里思量，既已招致他来了，不好就遣去，只着他做太中大夫。暂安下在鲁国府中，与赵绾、王臧等，商议明堂的制度，及天子巡狩郡国、改正朔、易服色等事，其实无重用之意矣。夫申公虽非醇儒，然力行一言，切中武帝之病，乃为治者，所当体验也。武帝徒慕儒者之名，而不能用，此岂真能好儒者哉！然束帛加璧，安车驷马，实一时礼贤之盛举，亦后世所仅见者也。

今评　汉武帝好儒术，而窦太后好黄老，后围绕明堂等事展开斗争。安车蒲轮为崇贤盛事，后世传为佳话，然申公终不见用，则亦徒具形式。张居正再举"力行"一词，批评汉武，可见他对于汉武之崇虚少实，颇不以为然。

六年，武安侯田蚡为丞相。蚡骄侈：治宅甲诸第，田园极膏腴；市买郡县物，相属于道；多受四方赂遗；其家金玉、妇女、狗马、声乐、玩好，不可胜数。每入奏事，坐语移日，所言皆听，荐人或起家至二千石，权移主上。上乃曰："君除吏尽未？吾亦欲除吏。"尝请考工地益宅，上怒曰："君何不遂取武库？"是后乃稍退。

> 考工：官名，少府的属官，职掌器械制作。

武帝

张居正讲评 田蚡，是皇太后之弟，武帝的母舅，初封为武安侯。汉初丞相皆以列侯为之，武帝即位之六年，以武安侯田蚡为丞相。蚡恃其贵戚，习为骄侈：营造第宅，必穷极壮丽，比别人家的房屋独为华美，论甲乙次第，他为诸第之最；买置田园，都拣择上等肥美之地，极其膏腴，以为奉养游观之所；时常遣人市买各郡县中货物，往来道路，络绎不绝；又贪而好利，多受四方贿赂馈赠之物；所以其家蓄积的金银宝玉，与妇女、狗马、声乐、玩好之物极多，不可记算，其奢侈如此。蚡又以太后之故，得出入宫禁。时常入宫奏事，武帝便与他坐了说话，留连许多时候才出，但有所言无不听从，蚡所荐举的人，不拘资次，或从草野中，径与他做食二千石俸的大官。渐渐使主上的威福之柄都下移了，武帝因此渐不能堪。一日因见他选的官太多，乃责问他说："你自家选的官吏尽了不曾？我如今也要选些官吏！"盖责其专擅不知有朝廷也。田蚡又曾讨要少府考工的官地，盖造房屋。武帝发怒说："你这等求讨再无厌足，何不把国家藏兵器的武库都占了去罢！"盖甚言其不可，以折其骄恣之心也。田蚡自后，方才惧怕，稍稍退抑。这一段见武帝之刚明，能制抑外戚使之不敢为非。然原其本，失在用他做丞相、秉国政。彼富贵骄奢之人，识见短浅，一旦操握权柄，欲其不为非岂可得哉？昔文帝时，后弟窦广国有贤行，文帝欲用之为相，后竟以外戚之故遂舍之而用申屠嘉，故窦氏得长保其富贵，而朝廷亦不至于寡恩。若文帝之防微杜渐，则又过于武帝远矣。

今评 张居正选取这一段故事，是要万历皇帝长大之后，警惕外戚的干政。

谒者：掌管传达和迎接宾客的官。汉郎中令属官。

矫制：矫，假托。假托奉皇上诏令而行之为矫制。汉律规定，矫制者，论弃市罪。

东海太守汲黯为主爵都尉。始，黯为谒者，以严见惮。河内失火，延烧千余家，上使黯往视之；还，报曰："家人失火，屋比延烧，不足忧也。臣过河南，贫人伤水旱万余家，或父子相食，臣谨以便宜，持节发仓粟以振贫民。请归节，伏矫制之罪。"上贤而释之。

张居正讲评 东海郡的太守，姓汲，名黯。武帝闻其在地方，守己爱民，廉能卓异，遂升他做主爵都尉之官。汉时主爵都尉，列于九卿。汲黯以太守而为九卿，盖因其贤而超迁之也。史臣因叙汲黯之为人说道："起初汲黯做谒者之官，主引奏赞礼之事，常在朝廷左右，以严正为武帝所敬惮。曾因河内郡失火，延烧了千余人家，武帝使汲黯持节往那里验看火灾。汲黯还朝复命说道：'这是百姓人家不谨，偶然失火，房屋连接因而延烧，非关天灾，不足忧也。臣经过河南地方，见贫民遭水旱之灾，饥饿流离者，至万有余家，甚者或父子相杀而食。灾变至此，深为可忧。臣目击百姓困苦，宜行赈济，若待奏闻朝廷，恐缓不及事。谨从权宜，辄自持节发仓中米粟以赈济之。然未奉明旨，擅便行事，臣之罪大矣。今请纳还使节，退而伏受矫诏之罪。'"武帝听说，喜汲黯能宣布主恩，全活民命，反以为贤而宥之。按《春秋》之义，大夫由疆，有可以利国家者，专之可也。今水旱为灾，人民相食，汲黯即以便宜发粟，救万姓之命，消不测之变，可谓得《春秋》之义矣。然非遇明哲之君，鲜不以专擅而得罪者。而武帝乃能嘉其功而恕其罪，不拘责之以文法，其雄才大度，亦于此可见。故观汲黯之事，可为人臣任事者之法；观武帝之赦汲黯，可为人君任人者之法。

今评 虽然汲黯、武帝两人行为的根本出发点，是为了汉家天下的长治久安，但这种品格、气度，是难能可贵的。

其在东海，治官理民，好清净。其治务在无为，引大体，不拘文法。黯为人，性倨少礼，面折，不能容人之过。时天子方招文学儒者，上曰："吾欲云云。"黯对曰："陛下内多欲而外施仁义，奈何欲效唐、虞之治乎！"上默然，怒，变色而罢朝，公卿皆为黯惧。上退，谓左右曰："甚矣汲黯之戆也！"群臣或数黯，黯曰："天子置公卿辅弼之臣，宁令从谀承意，陷主于不义乎！且已在其位，纵爱身，奈辱朝廷何！"黯多病，庄助为请告。上曰："汲黯何如人哉？"助曰："使黯任职居官，无以逾人；然至其辅少主，守城深坚，招之不来，麾之不去，虽自谓贲、育亦不能夺之矣！"上曰："然。古有社稷之臣，至如黯，近之矣！"

戆(gàng)：愚而刚直。贲：孟贲，战国时大力士。相传他勇武有威严，怒时"发直目裂"，气势逼人。育：夏育，战国时著名勇士。卫国人，传说能力举千钧。

张居正讲评 数，是责其罪。请告，是给假。守城深坚，是说人有持守，临大节而不可夺。譬如为将者，固守城池，深沟坚壁，不可攻取的意思。贲、育，是孟贲、夏育，二人古之有勇力者。汲黯在东海郡做太守时，凡临治官事，统理百姓，只好清净简默，与民相安。其治务在顺着那人情事理之自然，无所作为，不欲多事纷扰。一切设施措置，止是引用大体，不拘那琐屑事例，其为官如此。然汲黯为人，生性倨傲，少有礼文。但闻的人有过失，便当面挫折他，不能含容在心里，必说出而后已。那时武帝方招致天下文学儒臣，会聚在殿廷，讲图治理。武帝是个好名之君，每与群臣议论，必高谈仁义，远慕唐虞。动辄说我要如此、我要如此，其实不能躬行。汲黯当众人面前，唐突对说："古者帝王之治天下，皆以正心诚意、无私寡欲为本。今陛下心里，声、色、货、利种种私欲，纷扰于中，外面却要行仁义。这等样，却怎么学得那尧舜圣君，而成唐虞之治乎？"武帝因汲黯当众耻辱他，心不能堪，默然不语，发怒变色，因此罢朝。公卿大臣以黯触犯忌讳，祸且不测，都替他惊恐。武帝平素却知道他为人，退去宫中，对左右说："汲黯为人何其直戆之甚，一至于此！"及群臣朝退，或戒责汲黯，说他言语太直，面斥主上，非事君之礼。汲黯说道："天子置公卿辅弼之臣，凡事正欲其直言尽谏，以共成君德。岂是要依阿从谀，顺承意旨，陷主上于不义乎？且已在其位，做朝廷的官，须是守正直道，方为称职。若唯务自爱其身，缄默避祸，自己一身虽是全了，却不玷辱了朝廷官职？"夫汲黯之面诤，虽若伤于太激，而其刚方正直之节，则有大过人者，故武帝因此亦有取焉。他平日多病，一日因有疾，同僚官庄助替他请假调理。上因问庄助说："你评论汲黯之为人何如？"庄助对说："汲黯之为人，可大受而不可以小知。若使他寻常任职居官，其才能也不见有过人处；若着他辅佐少主，当危疑之际，正色立朝，城守深固，一切祸福利害都动摇他不得。人欲招之，未必能来；欲麾之，亦不能去。其操守坚定，确然不移，就是孟贲、夏育那样勇力，亦不能夺其志而易其守矣。此汲黯之所长也。"武帝说："此论诚然。古有社稷之臣，为国家所倚赖，国在与在，国亡与亡。至如汲黯之忠直，近于古之社稷臣矣。"夫武帝能容汲黯之戆直，且称为社稷臣，可谓有知人之明矣。然立朝未几，而即出之于淮阳，不竟其用，则亦何贵于能知哉？《大学》说："见贤而不能举，举而不能先，慢也。"正武帝之谓矣。

今评 汲黯说武帝"内多欲而外施仁义"，被历代史家认为是千古不移之论。

祠灶：此处所说祭祀灶神，是为炼丹砂为黄金。

蓬莱：古代传说中的神山。

二年，李少君祠灶却老方见上，上尊之。少君言："祠灶则致物，而丹砂可化为黄金，寿可益，蓬莱仙者可见；见之，以封禅则不死。"于是天子始亲祠灶，遣方士入海求蓬莱安期生之属。海上燕齐迂怪之士多更来言神仙事矣。

张居正讲评 却老，是养生延年之术。封禅，是祭泰山之礼。加土于山上，叫做封；设坛于山下，叫做禅。安期生，是古之仙人。武帝元光二年，此时即位已八年，颇好祈祷鬼神之事。有个方士李少君，平日会使些妖术惑人，闻武帝好鬼神，乃奉献祭灶祈福却老延年的方术。武帝甚尊信他。少君说道："祭灶，则可以召致鬼物，点化丹砂便成黄金。把这金炼成灵丹服食之，使人添寿，而东海蓬莱山中的仙人，也可与相见。既见了仙人，因而行封禅之礼，则仙道可成，而长生不死矣。"又说他曾游海上，见安期生。于是武帝慕其术，始亲自祭灶烧炼黄金，又遣方士入海，求蓬莱仙人安期生之类。那海上燕齐等处，妖言怪术的人见武帝好神仙，都欲欺哄朝廷，希图富贵，多更迭而来，争谈神仙之事矣。大抵人主之心，不可轻有所好；所好一见，则小人即以其术投之，逢迎煽惑，无所不至。武帝只为好鬼神、信方术、求长生，而方士邪人遂乘其间。自少君以祀灶之说进，其后少翁、栾大、公孙卿之属纷纷求售。虽其术后皆无验，并以诬罔被诛，而君德为之亏损，海内为之虚耗，末年痛悔，亦无及矣。然则人主之于好尚可不谨哉！

今评 秦始皇、汉武帝、唐太宗，均可说是叱咤风云的一代英主，但都希望长生不死而迷信方士。李少君欺骗汉武帝，惧骗局被揭穿，便诈死而逃跑了，而汉武帝还说他是羽化成仙而不死，真是愚不可及。

匈奴入上谷，杀掠吏民。遣将军卫青出上谷，公孙敖出代，公孙贺出云中，李广出雁门，各万骑击胡。卫青至龙城，得胡首虏七百人；公孙贺无所得；公孙敖、李广皆为胡所败，唯青赐爵关内侯。青虽出于奴虏，然善骑射，材力绝人，遇士大夫以礼，与士卒有恩，众乐为用，有将帅材，故每出辄有功。天下由此服上之知人。

上谷：郡名。战国燕置，秦代治所在沮阳（今怀来县东南）。
云中：郡名，治所在今内蒙托克托东北。
雁门：郡名，治所在今山西右玉县南。
龙城：匈奴祭天和大会诸部处。其地在今蒙古人民共和国鄂尔浑河西侧的和硕柴达木湖附近。

【张居正讲评】上谷，即今宣府。代，即今代州。云中，即今大同府。雁门，即今朔州。龙城，是匈奴中地名。武帝元光六年，匈奴入犯上谷地方，官吏百姓们都被其杀戮抢掠。武帝乃遣四个将军，分路出去：车骑将军卫青出上谷、骑将军公孙敖出代郡、轻车将军公孙贺出云中、骁骑将军李广出雁门，各领一万人马，往塞外征剿胡虏。独有卫青从上谷出去，直到龙城地方，斩获首级并俘虏共七百人，得胜回来。那公孙贺虽不曾败，也无所得。公孙敖与李广都被胡虏杀败了，公孙敖折了七千余军，李广被虏人捉去，全军尽没，单身逃回。以此只有卫青赐爵为关内侯，赏其功也。卫青本是平阳侯家人，出身微贱。然而他平日会骑射，材力过人。一旦贵显，又能接遇士大夫以礼，极其谦谨，抚士卒以恩，致其体恤。那众士卒们都欢喜替他出力，真有将帅之材。所以每次出塞，便有功绩。当时武帝识他于微贱之中，拔用他为将，不待左右荐引，不拘寻常资格，天下由此都服武帝能知人也。夫材有可用，虽奴隶不弃，真知独断，迥出常情，此可为用人之法。然四将出塞，劳师远征，丧卒几二万，获虏仅七百，得不偿失，此可为黩武之戒。

【今评】汉武帝时，派卫青、霍去病主动出击，大破匈奴，解除了匈奴对中国北方的威胁。卫青本是平阳公主家奴，本姓郑，因其同母姊卫子夫有宠，故冒姓卫。汉武帝不以其出身微贱，拔为大将军，出击匈奴，屡立大功，此可谓知人善任。

元朔元年，冬，诏曰："朕深诏执事，兴廉举孝，庶几成风，绍休圣绪。夫十室之邑，必有忠信；今或至阖郡而不荐一人，是化不下究，而积行之君子壅于上闻也。且进贤受上赏，蔽贤蒙显戮，古之道也。其议二千石不举者罪！"有司奏："不举孝，不奉诏，当以不敬论；不察廉，不胜任，当免。"奏可。

阖(hé)：全，总共。
孝、廉：汉代选拔官吏的科目之一，由郡国地方推举。被选中者任以郎官之职。

【张居正讲评】武帝元光元年，曾诏郡国举孝、廉各一人。到元朔元年，已经六载，并不见有举到者。这年冬月，又下诏说道："孝弟是百行之本源，廉耻乃士人之美节。古先圣王每加意于此，以风化于下。朕前此也曾深切告诏郡国守令等官，务要兴起清廉官吏，荐举孝子顺孙。庶几使人有所激劝，勉而为善，以移风易俗，承继先圣的美业，今却都

武帝

不举来。孔子说：'十家的小邑，也有生质美好忠信之人。'况以天下之广，岂无贤人堪以应举的？今乃合一郡之中，通不举荐一人，是守令等官不能宣朝廷的德化，以究竟于下，而使积行之君子，壅蔽而不得上闻也。且朕闻人臣能荐进贤士的，该受上赏，若蔽塞贤路，不能荐进的，该被显戮，这是古道如此。如今何独不然？你廷臣们可议拟那郡国守令，食二千石俸的官员，不举孝廉者应得何罪！"于是有司会议奏说："前有诏书着各郡国举孝，却乃不行遵奉，便于诏书有违，当以不敬论罪。兴起廉能，扬清激浊，乃郡国守令之任。今不能察廉，便是不称其任，当以不职免官。"奏准俱依拟行。按武帝此举，亦是良法。夫天下贤才，伏于草莽之中，朝廷岂能遍知？而郡国俗吏，但以簿书期会为事，又岂能以举贤为急务？今既责郡国以举贤，而又罪其不举者，则人人畏罪而思自尽，天下贤才岂有遗在草莽者哉！然非明核其所举之是非，而行连坐之法，又或有苟且塞责者，此不可不知也。

今评 下属不举孝廉，必有不举的难处，因为滥举要罚，不举也要罚，所以便不如不举。张居正能体察到这点，也是他历任各种官职，了解下情所致。

五年，公孙弘为丞相，封平津侯。丞相封侯自弘始。时上方兴功业，弘于是开东阁以延贤人，与参谋议。

东阁：颜师古说："阁，小门也，东向开之，避当庭门而引客，别于掾史官属也。"即指丞相府东门。

张居正讲评 平津，是乡名。武帝元朔五年，以御史大夫公孙弘为丞相。汉初丞相必以列侯为之，今公孙弘起自儒臣，原无封爵，武帝乃封他为平津侯，此后遂为故事。凡拜相者，必封侯，实自弘始也。此时武帝方欲制礼作乐，开边拓境，兴起功业。公孙弘自以遭遇异常，责任隆重，恐他识见有限，不足以谋国事，称上意。于是就丞相府东边，立个客馆，另开一阁门，以延见天下之贤人，与之参决谋议。其所得俸禄，多以供给宾客焉。盖天下之事，非一人所能周知，故人君以之谋于宰相，而宰相又必以之谋于士大夫。集众思以广忠益，尽群议以开聪明，这才是大臣公忠体国之道。公孙弘之开阁延贤，庶几有得于是。但史称弘意忌，有隙必报，如出董仲舒，徙汲黯。则其所延者，未必皆贤人，而其所谋者，未必皆正论矣。后之相天下者，惟法弘之延贤，而戒其报怨焉，可也。

今评 公孙弘有一个突出的缺点是性怀忌妒，外宽内嫉，张居正不满意他的为人，但对他为相后能"开阁延贤"，却是欣赏的，张居正有这种不因人废事的思想，正说明他具备为封建王朝执政大臣的素养。

卷之八 汉纪

正月，上行幸缑氏，礼祭中岳太室。从官在山下闻若有言"万岁"者三。诏加增太室祠。上遂东巡海上，行礼祠八神。公孙卿见大人，迹甚大，群臣言："见一老父牵狗，忽不见。"上以为仙人也，宿留海上，还封禅。其封禅祠，夜若有光，昼有白云出封中。天子还，群臣上寿颂功德。天子既已封泰山，无风雨，而方士更言蓬莱诸神若将可得，于是上欣然庶几遇之，复东至海上望焉。上欲自浮海求蓬莱，东方朔曰："陛下第还宫，静处以须之，仙人将自至。"乃止。遂去，并海上，北至碣石，巡至辽西，历北边，至九原，五月至甘泉。凡周行万八千里云。

> 缑(gōu)氏：在今河南偃师东南，因山得名，历代为军事要地。
> 中岳：嵩山的古称，在河南省登封县北。高峰有三：东为太室山，中为峻极山，西为少室山。有中岳庙、少林寺等名胜古迹。
> 碣石：在今河北昌黎以北。
> 辽西：郡名。治所在阳乐（今辽宁义县西）。

【张居正讲评】 缑氏，汉县名，在今河南府。中岳，是嵩山，其东一山名太室。八神，是八方之神。宿音秀。留音溜，是等待的意思。封，是加上。禅，是筑坛。泰山，是东岳。蓬莱、碣石，都是海中山名。九原，郡名，即今河套之地。甘泉，宫名。元封元年正月，武帝信方士公孙卿之言，车驾亲到河南缑氏县地方，登中岳太室山，行祭礼。那麽从官员在山下的，都说恰才听得似有呼万岁者三声，这是各官影响附会，以希武帝之意，原非实事。武帝却便信了，就诏祠官加增太室山的祭礼给三百户，以奉祠事。遂往东去巡行海上，以礼祀八方之神。公孙卿持节候神人无验，因诳说，见神人长数丈，尚有足迹在地，甚大。群臣都附和他，也说适间见一老父牵狗，口称要见天子，忽然不见。武帝以众人的言语与公孙卿相合，就信以为诸臣所见者必仙人也，因留住海上，守候仙人来。久之竟无所见，乃回到泰山，加土于山上，筑坛于山下，祭天地诸神，行封禅礼。那封禅的去处，夜间若有光明，昼间又有白云，从所封处腾出，这也是群臣附会欺诳，以此为应验。武帝回还，群臣庆贺，奉觞上寿，都称颂天子的功德。世俗传说秦始皇封禅，沮风雨不得上。今武帝既上封泰山，无风雨，正合方士所谓有封禅则不死，可上接蓬莱神仙者。而海上方士乘机更言，蓬莱山诸神仙若就可立见一般。于是武帝愈惑，心下欣喜，觊望得遇神仙，复往海上等待候望焉。又要亲自渡海，去求蓬莱山仙人所居之处。以万乘之尊，而亲蹈风波不测之险，纵自轻，如天下何？当时侍臣有个东方朔，婉词谏说："神仙只在人心，心静便得，躁便不得。陛下但回宫去，澄神息虑，静以待之，仙人将自至，何必远求蓬莱？"武帝才止不行，而其心犹未忘，遂去傍海而行。北至碣石，巡辽西，历北边，至九原，经过许多地方，自正月出去，到五月才回甘泉宫。凡行过一万八千里，其远如此，千乘万骑，劳费又可知矣。

【今评】 武帝佞仙，张居正以"诳说"、"欺诳"目之，当有鉴于明代宫廷佞仙之风颇盛而警诫小皇帝。

上以名臣文武欲尽，乃下诏曰："盖有非常之功，必待非常之人。故马或奔蹄而致千里，士或有负俗之累而立功名。

> 蹄：读 dì，踢。又读 tí，同"蹄"。

夫泛驾之马，跅弛之士，亦有御之而已。其令州、郡察吏、民有茂材、异等可为将相及使绝国者。"

【张居正讲评】 泛驾，是马之奔逸，不循轨辙的。跅弛，是落拓不检，遗弃礼法的人。武帝好大喜功，内兴制作，外征伐四夷，纷纷多事，尝欲求文武异才而用之。及在位日久，一时名臣文武之士或以年老物故，或以罪累见诛。看看凋落殆尽，不彀任使，乃于元封五年夏四月下诏，说道："自古圣帝明王，未有不待贤臣而弘功业者。故人主欲建非常的大功，必得那非常的大才而任用之，然后功名可立。但要用此非常之人，却不可以寻常尺度去论他，譬如养马一般。有一样马，乘之即奔，立则踶人，虽则不甚驯良，却有绝力，能一日而致千里。有一样人，赋性豪荡，不拘小节，往往为流俗所讥刺。虽则不甚谨厚，却有异才，干得事，能立功名。夫泛驾之马，人但见其奔逸不循轨辙，便以为弃物；跅弛之士，人但见其落拓不循规矩，便以为弃人。殊不知，只要自家会驾御他，若御得其道，则马之泛驾者，不害其能千里也；士之跅弛者，不害其为有用也。如今天下的人，岂没有智勇殊绝之士？苦为绳墨所拘，罪累见废，而伏于下位，遗于草野。如千里之马，困于槽枥者乎？其令州郡等官，察吏民中，但有俊茂之才，超出等类，可以为将、为相，及奉使远方绝国，不辱君命的人，便有些微过细累，不必苟责，都举荐将来，以备朝廷任使。"按武帝雄才大略，锐于有为，其用人往往不拘常格。如公孙弘以海滨牧豕之人，数年而至宰相；卫青、霍去病以侯家仆隶而为大将军；卜式、桑弘羊、孔僅，发于商贾；张汤、赵禹，出于刀笔小吏。武帝驱策而使之，咸得其用，卒以鞭挞四夷，威加海内，亦可谓得用人之术矣。然天下自此日益多事，而士大夫皆驰骛于功名，不复知有名节行检之可贵，以致廉耻道丧，风俗败坏，则其所损亦岂浅浅哉！若古圣王之用才则不然，明教化以养之、表节行以励之；兴之以三物、辨之以九德；贵贤而贱能，先德而后艺。故其风俗醇美，人才茂盛。卿大夫有素丝羔羊之节，而兔罝之野人，皆可以为腹心干城。较之武帝之用舍，不可同日而语矣。后世人主，欲求贤以辅治者，当鉴于斯。

【今评】 张居正指出了汉武帝用人，只用才而不培植道德，使得社会风俗败坏，道德沦丧，对国家发生极不利的影响。他主张用人要不拘一格，但也要用教化培养其道德，使之成为廉明之士，以优化社会环境而巩固国基。张居正的见解，可谓老于政治的真知灼识。

天汉元年，遣中郎将苏武与张胜、常惠使匈奴，单于使卫律召武，欲降之。律谓武曰："律前负汉归匈奴，幸蒙大恩赐号称王，拥众数万，马畜弥山，富贵如此！苏君今日降，明日复然；空以身膏草野，谁复知之！"武不应。律曰："不听吾计，后虽欲复见我，尚可得乎！"武骂律曰："汝为人臣子，不顾恩义，畔主背亲，为降虏于蛮夷，何以汝为见！"律知武终

畔：又同"叛"。

不可胁,白单于。单于乃幽武置大窖中,绝不饮食。天雨雪,武卧,啮雪与旃毛并咽之,数日不死。匈奴以为神,乃徙武北海上,使牧羝,曰:"羝乳乃得归。"别其官属常惠等,各置他所。

雨(yù)雪:下雪。雨,落下。
啮(niè):咬。旃(zhān):同"毡"。

张居正讲评

单于,是虏王的名号。窖,是地窖。羝,是公羊。乳,是生育。武帝天汉元年,因匈奴遣使来通好,遂遣中郎将苏武,与张胜、常惠等,往使匈奴以答其礼。及到了匈奴国中,那虏王单于却转加骄慢,不以礼相待。又使汉家先降顺的一个使臣,叫做卫律,呼召苏武,以兵威逼胁他,要他降顺。苏武抵死不从。卫律乃将好言语哄他说道:"我先年也为出差到此,只因惧罪不敢还朝,归顺了匈奴。幸蒙单于的大恩,就封我为丁灵王,统领着数万之众,马畜满山,其富贵如此。苏君你若是今日降顺了,明日也就是这等富贵,何等受用?若不降必遭杀戮,空把这个身子糜烂在草地里,有谁知道?死而无名,虽死何益?不如降顺的好。"卫律虽把这话去动他,苏武也只不答应。卫律又恐吓他说道:"你如今不早听吾计,到后面祸迫时,要再见我面,不可得了。"于是苏武大骂卫律说道:"汝本是汉家的臣子,忘恩失义,叛主背亲,为降虏于蛮夷,以苟全性命,偷取富贵,乃不忠、不孝、不义之贼也。这等的人,我要见你怎的!"卫律见苏武志节甚坚,知其终不可胁,乃将苏武的言语回报单于。单于大怒,乃囚闭苏武,放在个大窖里,绝不与他饮食,要饿杀之。苏武手中只是持着那使节,遇天下雪,就取雪和节上的旃毛并吞之,聊以充饥,捱到数日不死。匈奴见饿不死他,皆惊怪之,以为神灵,不敢加害。又迁徙苏武于北海之上,把一群公羊着他牧放。与他说:"待这公羊下羔儿时,才放汝归国。"夫公羊岂能生子?匈奴此言,所以示其终不得归之意也。又分别其同行官属常惠等,各安置他处,不得相近。如此拘囚困苦者,凡十九年,而苏武持节牧羊,竟不肯屈。夫死生在前,不足以动其心;而艰苦久历,亦不能以变其节。古所谓"不辱君命,临大节而不可夺"者,其苏武之谓乎?

今评 苏武被拘,坚贞不屈,持节十九年,成为我国古代维护国家尊严、不辱使命的代表和典型。

征和二年初,上年二十九,乃生戾太子,甚爱之。及长,性仁恕温谨,上嫌其才能少,不类己,皇后、太子宠浸衰,常有不自安之意。上觉之,谓大将军青曰:"汉家庶事草创,加四夷侵陵中国,朕不变更制度,后世无法;不出师征伐,天下不安;为此者不得不劳民。若后世又如朕所为,是袭亡秦之迹也。太子敦重好静,必能安天下。欲求守文之主,安有贤于太子者乎!闻皇后与太子有不安之意,可以意晓之。"大将军顿首谢。太子每谏征伐四夷,上笑曰:"吾当其劳,以逸遗汝,不亦可乎!"

卷之八 汉纪

张居正讲评

征和二年，是武帝在位第五十年。武帝早年无子，至二十九岁时，才生一子，名据，立为太子。初生时，武帝以得子迟，甚怜爱之。及太子长成，生性仁恕温谨，武帝却嫌他才能短少，不似已这般雄才大略。从此太子之母卫皇后与太子的恩宠渐渐衰减。他母子心下疑虑，恐遭废黜，常不自安。武帝知道他这意思，一日对皇后之弟大将军卫青说："我汉家自高祖以来，凡事都只是草草创立，未得完美。又加以四夷侵陵中国，扰害边方，我若因循，不变更制度，兴起礼乐，则后世子孙何以观法？坐视四夷为患，不出师征伐，任其侵陵，无所惩创，则天下何由安宁？我为此故，内修外攘，纷纷多事，不得不劳动百姓。若使后世子孙又复如我所为，纷扰不已，便与当时秦家一般。盖秦家只因征伐不已，百姓劳扰，遂至于亡。我身后子孙若复如此，是蹈其覆辙矣。今太子敦厚简重，性好安静，必能保守天下。天下多事之后，要求个谨守成法之主，岂有过于太子者？闻得他母子心下不安，你可将我这意思去晓喻他知道，着他安心，勿生疑虑也。"大将军顿首拜谢。太子平日见武帝南北征伐，用兵于四夷，天下劳扰，往往进谏。武帝笑说："如今四夷侵陵，必须征伐。劳动一番，才保得百年无事。我今身任了这劳苦事，经营停当，却把安逸太平之福遗下与汝，使汝坐享，却不是好？"武帝此言，与所以晓喻卫青者其意相符。其谓身当其劳，而遗后世以安者，亦是本心。但人主于父子之间，不可轻露爱憎之端，此端一露，则奸人遂得而乘之。武帝只为嫌太子才能少，不类己。此念一萌，其后江充遂有所观望，以行其逸谋。而巫蛊之祸起，太子竟坐死，不能自明。然则人主于子，爱憎之际，可不慎哉。

今评 以武功著称的汉武帝，不愿子孙像他那样对外用兵。同样的例子还有以放浪著称的嵇康，在《诫子书》中力劝其子循规蹈矩。由此可见人的行为多有时势所驱而非完全出于本意的。这是观察评价历史人物时应多注意的。

巫蛊(gǔ)：即巫术。巫是一种用祭祀或咒语驱使鬼神降祸于人的法术。蛊为传说中可以害人的毒虫。

大鸿胪：官名。汉武帝时改典客为大鸿胪，原掌接待少数民族等事，为九卿之一。后渐变为赞襄礼仪之官。王莽时改为典乐。

湖：县名，西汉置。治所在今河南灵宝县西北。

吏民以巫蛊相告言者，案验多不实。上颇知太子惶恐无他意，会高寝郎田千秋上急变，讼太子冤曰："子弄父兵，罪当笞。天子之子过误杀人，当何罪哉！"上乃大感寤，召见千秋，谓曰："父子之间，人所难言也，公独明其不然。此高庙神灵使公教我，公当遂为吾辅佐。"立拜千秋为大鸿胪，而族灭江充家。上怜太子无辜，乃作思子宫，为归来望思之台于湖，天下闻而悲之。

张居正讲评 巫蛊，是师巫咒诅之术。湖是县名，即今河南阌乡县。武帝末年，宫禁不严，妃嫔宫人都与外间师巫妇人交通，雕刻木人，祷祀祈福。其后宫人有彼此妒忌者，就说有人在背后咒诅主上。武帝信之，多所诛杀，遂成巫蛊之狱。逸臣江充因而诬陷皇太子，说太子也在宫中行咒诅之术。太子忿恨不能自明，因发兵捕斩江充。长安城中，因传说太子谋反。太子惧罪，走

出湖县地方，自缢而死。由是穷治巫蛊之狱，无辜被诬者甚众。其后法司按问，通无指实，多有冤枉。武帝以此想起太子当初，也是被江充诬赖，无处分辩，逼迫至此，仓卒惧罪，原无反意，心里渐渐明白，知太子之冤。适有高祖庙寝殿里一个郎官，叫做田千秋，来上急变替太子申冤。说道："今律法上，儿子盗弄父亲的兵器，罪止于笞。在平民且如此，况天子之子？纵是擅发武库兵，过误而杀人，何罪之有？乃加以谋反之名，使之抱痛而死，岂不冤哉？"于是武帝乃大感悟，即召田千秋面见，说道："父子间的事，乃人所难言者。自从太子死后，谁人与他一言？今你独明言太子之无他意，这乃是太祖高皇帝在天之灵，不忍太子冤死，故使你来指教我的。你是祖宗贻我的忠良之臣，便当为我的辅佐。"于是就拜田千秋为大鸿胪，列于九卿；把江充的家族尽数诛戮，以泄神人之愤。武帝哀怜太子无罪而死，乃别建一宫，叫做思子宫。又于湖县筑一台，叫做归来望思之台。言已望而思之，庶太子之魂归来也。天下闻而悲伤之。夫谗佞之臣，反覆倾险，以非为是，将无作有，虽明达之人，亦往往为其所惑。如伊戾之害宋太子痤、费无极之害楚太子建、江充之害戾太子。其意唯起于希宠避罪，而其祸乃至于戕害骨肉，倾覆国家。然楚、宋昏暗之君，被惑固宜。以武帝之刚明，亦遭其惨毒而不能察，虽纳千秋之说，灭谗臣之族，明太子之冤，然亦晚矣。夫大舜至仁，犹疾谗说之殄行；孔子大圣，亦恶利口之覆邦，况其他乎！后世人主，可不戒哉！可不察哉！

今评 巫蛊之祸是汉武宫廷的一桩惨剧，宫廷政治十分复杂，作为帝王要时时警惕佞臣之谗言，凡事不可轻信，要做认真的核查与了解，否则后果不堪设想。

四年，上乃言曰："朕即位以来，所为狂悖，使天下愁苦，不可追悔。今事有伤害百姓，糜费天下者，悉罢之！"田千秋曰："方士言神仙者甚众，而无显功，臣请皆罢斥遣之！"上曰："鸿胪言是也。"于是悉罢方士候神人者。是后上每对群臣，自叹："向时愚惑，为方士所欺。天下岂有仙人，尽妖妄耳！节食服药，差可少病而已。"

张居正讲评 武帝征和四年，在位五十余年矣。一旦觉悟前非，乃自家悔恨说道："朕即位以来，所行的事，多狂妄悖谬。如严刑、厚敛、征讨、土木、祷祀等项，致使天下的人忧愁困苦，不能聊生。深思既往之失，追悔无及。自今以后，凡事有伤害百姓的，滥费财赋的，尽行停止。"于是大鸿胪田千秋进说："今方术之士，言神仙者甚众，然求之数十年，绝无效验，其不足信明矣。臣请将那方士们，都罢斥遣去之，勿令左道惑人。"武帝说："鸿胪说的是。"于是悉罢遣诸方士之候求神仙者。自是之后，上每对群臣，辄自叹："向时愚昧迷惑，被方士们欺诳，妄意求仙。到今看来，天下岂有长生不死的人？凡所言的，都是妖妄耳。人但能节饮食，服药饵，培养元气，差可减少疾病而已，岂真有神仙不死者哉？"夫武帝痛悔既往之非，一切更改，汉业赖此遂以不坠，固可称矣。然是时

武帝行年已老,海内虚耗已极,而后知悔过,不亦晚乎?虽幸而不至于乱亡,然亦危矣。是以人君之图治,必朝警夕惕,无怠无荒。或举动一有不当,即如古帝王之从谏弗咈,改过不吝,庶可免于他日之悔也。

今评 孔子说:"朝闻道,夕死可矣。"汉武帝晚年对自己在位期间劳民伤财好大喜功的行为有所反省,也可以说是"闻道"了。张居正指出汉武帝,假若早一点能虚心纳谏,自我警惕,使天下受益,不是要好得多吗。

轮台:古地名。在今新疆轮台东南。本仓头国(一作轮台国)汉武帝时为李广利所灭,置使者校尉,屯田于此。武帝晚年颁发《轮台罪己诏》中的轮台即此,后并于龟兹。

上乃下诏,深陈既往之悔曰:"有司奏请远田轮台,欲起亭隧,是扰劳天下,非所以安民也,朕不忍闻!当今务在禁苛暴,止擅赋,力本农,修马复令以补缺,毋乏武备而已。"由是不复出军,而封田千秋为富民侯,以明休息富养民也。又以赵过为搜粟都尉。过能为代田,其耕耘田器,皆有便巧以教民,用力少而得谷多,民皆便之。

张居正讲评 轮台,是西域中地名。亭,是墩台。隧,是开通的道路。擅赋,是额外加派的粮差。马复令,是百姓领养官马,该免徭役的事例。武帝往时,好大喜功,极意兴作。内则求神仙,治宫室;外则征伐四夷,招来西域诸国,把国家的钱粮都消耗了,百姓困苦,不得安生。到晚年,深悔他往日所为的不是,乃下诏书说道:"朕前此纷纷多事,以致天下不安,方悔之无及。今有司官桑弘羊等,又奏请发兵募民,远去西域数千里外,开垦田亩,屯种于轮台地方,要就这荒远去处,筑墩台,开道路。若依他所请,未免又征调百姓,扰动劳苦,不得休息,非所以安天下之民。朕心恻然,何忍闻此?为今之计,天下既以虚耗,务在严禁有司官员苛刻暴虐,停止那不时擅兴的科派,使百姓们尽力于本等农业。纵是一时马少,只当修举旧例,着百姓们领养,免其杂差,其所派养马匹,但以补足旧额所缺之数,不致消乏武备便了,不必又别生事端,以致劳民动众。"这是武帝悔过的说话。自此之后,更不复出军征讨四夷,乃封丞相田千秋为富民侯,以明今日任用的本意,只要休息爱养天下之民,使之殷富而已。于是又以赵过为搜粟都尉。这赵过能行古代田之法,每田一亩,分作于沟三条,沟阔一尺,深一尺,叫做甽。就这甽里栽种,待禾苗长时,却将土爬平了,以壅其根,所以收成倍多。又恐怕地力或薄,不能年年收成,他这甽亩,每年更换一处,所以叫做代田。其用以起土、去草、耕耘的田器都有便利巧法,以教导百姓们依他使用,不费大力。用力虽少,得谷更多。百姓们都以为便,而从其教焉。武帝能用赵过,盖真有意于富民者矣。夫武帝悔心一萌,而善政立见,虽曰已晚,然所以补海内之虚耗,固汉家四百年之人心,而不为亡秦之续者,赖有此耳。人主不能无过,而贵于改过,岂不信哉?

今评 本段所记就是著名的"轮台罪己诏"。司马光说汉武帝"晚而

改过,顾托得人,此其所以有亡秦之失而免亡秦之祸乎"。

后元元年,时钩弋夫人之子弗陵,年数岁,形体壮大,多知,上奇爱之,心欲立焉;以其年稚,母少,犹豫久之。察群臣,唯奉车都尉霍光,忠厚可任大事,上乃使黄门画周公负成王朝诸侯以赐光。

> 黄门:官署名。在《汉书·霍光传》中,颜师古注:"黄门之署,职任亲近,以供天子,百物在焉,故亦有画工。"

张居正讲评 奉车都尉,是官名。武帝后元元年,戾太子既死。有个宠幸的赵婕妤住在钩弋宫,就号为钩弋夫人。他生得一子,名叫弗陵,怀身十四月才生。此时年方数岁,形体壮大,异于常人。又资性聪明,多智识。武帝以其类己,奇异而钟爱之。心里要立他为太子,只为他年纪幼小,其母钩弋夫人又方少年,恐怕后来或致母后干预朝政,又有吕氏之祸,因此犹豫不决,思量要求个托孤寄命的好大臣,以后事付托之。遍察群臣中,惟有奉车都尉霍光,平日侍从左右,小心谨慎,忠诚笃厚,堪以担当大事。乃使黄门待诏的画工,画周公背负着成王朝见诸侯的图,赐与霍光。盖默示以托孤之意,要他将来辅佐少主,而行周公之事也。其后霍光果能拥立昭帝,尽忠辅政,折燕王盖主之逆谋,汉业赖以不坠,武帝之付托可谓得人矣。

今评 霍光为人忠厚可信,并能坚持汉武帝末年的休养生息政策。为后来的所谓"昭宣中兴"铺平了道路,使汉代政权复为一振。

卷之九

汉 纪

昭 帝

名弗陵，是武帝之少子，在位十三年。

> 昭帝（前94—前74）：即刘弗陵。武帝子。前87—前74年在位。统治期间，由霍光、桑弘羊等辅政。移民屯田，多次派兵击败匈奴、乌桓贵族，加强了北方的防卫。始元六年（前81），曾召开盐铁会议。二十一岁时病死。
>
> 北海：指今贝加尔湖。在原苏联东西伯利亚南部。中国古称北海，曾为中国北方部族主要活动地区。

初，苏武既徙北海上，杖汉节牧羊，卧起操持，节旄尽落。及壶衍鞮单于立，国内乖离，于是卫律谋与汉和亲。汉使至，求武等，匈奴诡言武死。常惠私教使者谓单于，言："天子射上林中，得雁，足有系帛书，言武等在某泽中。"使者如惠语以让单于。单于惊谢，乃归武。武留匈奴凡十九岁，始以强壮出，及还，须发尽白。

【张居正讲评】 让，是怪责的意思。初时苏武既被匈奴迁徙在北海上牧羊，他自以汉朝的臣子，当时持节奉使而来，今虽被匈奴这等屈辱困苦，他一心只在中国，不肯改变。手里持着汉节牧羊，睡时也持着，起来也持着，到久后节上悬的璎旄都脱落了，他还不肯抛弃，所以表其始终一节，无二心也。及匈奴壶衍鞮单于年少新立，又国内骨肉乖离，常恐汉兵袭他，于是卫律替单于谋与汉家求和亲，愿两国通好，不复侵扰边界。汉家遣使者至匈奴往答之，就与他讨要先差苏武等一班使臣。匈奴不肯放还，诈说苏武已死了。于是苏武的副使常惠，乃乘夜私见使臣，设一个计，教他对单于说："我汉天子前日在上林苑中打猎，射得一只雁，那雁脚上系着一卷帛书，书上明写着苏武等。如今现在某泽中，你如何却说是死了？"使臣就依常惠的言语责问单于，单于不知是计，忽听得雁能传书，有这异事，乃相视大惊，只得从实谢罪，与使者说："苏武等委的在某泽中。"乃放出苏武等，送他回还。苏武拘留匈奴凡十九年，初奉使时年少壮，及还朝之日，须发已尽白了，其忠义之节，久而不变如此。后来汉朝拜他为典属国，赐钱二百万，公田二顷，又图画其像于麒麟阁上，所以表扬忠义，而劝万世之为人臣者也。然苏武在房中十九年，身居北海无人之境，其心岂望后来尚有还朝

之日,图形汉阁,标名青史哉?但以人臣事君,有死无二,义当如此。就使当时丧身异域,埋名千古,而其心终不肯变,这才是真实的忠心,无所为而为之者也。为人臣者,当以此为法。

今评 唐王维《老将行》云:"苏武仅为典属国,节旄空尽海西头",可见后世每以苏武赏不抵功。

秋,罢榷酤官,从贤良、文学之议也。武帝之末,海内虚耗,户口减半。霍光知时务之要,轻徭薄赋,与民休息。至是匈奴和亲,百姓充实,稍复文、景之业焉。

榷(què):旧时指某些商品的专营专卖。

张居正讲评 榷,是榷税。酤是卖酒。武帝之时,国家多事,财用不足,乃搜括天下的商税。凡民间一应商贩买卖的事,都是官府管领,榷取其利,无有遗漏。就是卖酒小生意,也要经由官府,上纳税课,谓之榷酤。夫以人君之尊,而与民争利如此,这是武帝的弊政。昭帝六年春,因天下举到贤良文学之士,乃下诏问他民间所苦的何事?那贤良文学等,都说官家自卖盐铁酒酤,极不便于民,请罢其法。是年秋,始罢监卖酒酤的官,听民间自行造卖,盖从贤良文学之议也。初武帝时,甲兵土木纷纷并起,徭役烦重,赋敛增多。至其末年,把海内的财力虚耗殆尽,户口人丁也减少了一半,天下几于乱矣。及霍光辅佐昭帝,采纳吏民之说,晓得当时政务的切要,只在休息养民一事。于是轻其徭役,以宽舒民力;薄其赋敛,以渐蓄民财。务与百姓们休息,不复去劳扰他。如此数年,海内安静无事,与匈奴相结和亲,不开边衅。于是百姓家皆有蓄积,安生乐业。当初文、景二帝富庶之业,至是乃稍稍复见焉。故武帝之后,汉之所以不亡者,大抵霍光辅佐之力也。夫武帝劳扰其民,而天下几亡;昭帝一休息之,而天下复安。是可见人君之政,莫先于养民,不但为一时救乱之宜,而实万世为君者之所当念也。

今评 "轻徭薄赋,与民休息",行之也易,其效也速。

元凤元年,上官桀之子安有女,即霍光外孙。安因光欲纳之,光以其幼不听,安遂因帝姊盖长公主内入宫为婕妤,月余立为皇后,年甫六岁,于是桀、安深怨光而德盖主。知燕王旦以帝兄不得立,亦怨望,乃令人诈为燕王上书,欲共执退光。书奏,光闻之不入。上问:"大将军安在?"桀对:"以燕王告其罪,不敢入。"有诏:"召大将军。"光入,免冠、顿首。上曰:"将军冠!朕知是书诈也,将军无罪。将军调校尉未十日,燕王何以知之!"是时帝年十四,尚书、左右皆惊。而上书者果亡,捕之甚急。后桀党与有谮光等,上辄怒曰:

长公主:天子的姐姐称长公主。婕妤:一作"倢伃"。妃嫔的称号。汉武帝时始置,自魏晋至明多沿置。
坐:特指办罪的因由。
如:连坐;反坐。

昭帝 宣帝

"大将军忠臣,先帝所属以辅朕身,有毁者坐之!"自是桀等不敢复言。

张居正讲评 尚书,是管文书的官。昭帝即位第七年,改年号为元凤元年。那时左将军上官桀的儿子上官安,是霍光的女婿,他生得一女,即是霍光的外孙。上官安央托霍光将这女儿纳入后宫,希图做昭帝的后妃。霍光嫌他年纪忒小,配不得昭帝,不肯依从,这是霍光知礼守正的好处。上官安又去央托昭帝之姊盖国长公主,替他引进,纳入后宫,先做婕妤,一月之后,就立做皇后,年才六岁。于是上官桀、安父子深恨霍光,而感盖国公主之恩。又知燕王旦原是帝兄,不得立为天子,心里也怨恨霍光,遂与燕王暗地交通,相与排陷霍光。乃使人假充做燕王差来的人,上本劾奏霍光,说霍光擅添幕府的校尉,谋为不轨等事。趁着霍光告假休沐的这一日上本,他却与公主就中哄着昭帝准奏,共执退了霍光。这是上官桀等欺昭帝年幼,未能辨察,故相与设谋,共害忠良也。霍光既被劾,待罪于外,不敢入朝。然昭帝虽幼冲,却天性聪明,问左右说:"大将军何在?怎么不见他来朝?"上官桀就对说:"因燕王劾奏他罪恶,故不敢入。"昭帝即时使人宣霍光入朝。霍光见昭帝,取了冠帽,叩头请罪。昭帝说:"将军戴起冠帽,朕知这本是假的,将军你有何罪?将军选调校尉未及十日,燕王离京师数千里,他怎么便得知?可见是假。"此时昭帝年才十四岁,乃能明察如此,尚书官及左右人等,莫不惊骇。那上本的人,果然惧罪逃去。其后上官桀的党类,但有谗谮霍光的,昭帝便发怒说:"大将军是忠臣,先帝付托他辅佐朕身,敢有再毁他的,定坐以重罪!"自此上官桀等惧怕,不敢复言,而霍光始得以安意尽忠也。夫以大臣辅少主,政自己出,谗谤易生,而又每事奉公守正,尤为奸邪小人所不悦。故周公辅成王,则有管蔡流言之变;霍光辅昭帝,则有桀安诈书之谋。幸赖成王终悟周公之忠,而昭帝则能立辨上官桀之诈,所以谗谤不行,忠勤得尽。若为二君者,少有不察,则不惟二臣不安其位,而周、汉之社稷亦危矣,可不畏哉!

今评 李德裕说:"人君之德,莫大于至明,明以昭奸,则百邪不能蔽矣,汉昭帝是也。"(《资治通鉴》卷廿三)张居正最后一段评议由此生发,宜细参。

卷之九 汉纪

宣 帝

初名病已,后改名询,是武帝曾孙,戾太子之孙,史皇孙之子。在位二十五年,庙号中宗。按:古者宗庙之礼,祖有功而宗有德。凡建庙称宗者,世世享祀,亲尽不祧。西汉十一帝,自高祖开基之后,惟文帝称太宗,武帝称世宗,宣帝称中宗而已。皆以功德茂盛,故特建庙号,非若后世之一概称宗者也。

宣帝(前91—前49):刘询,前74—前49年在位。戾太子孙。巫蛊之祸后,生长民间。昭帝死,他为霍光所立。强调"霸道"、"王道"杂治,重视吏治,综核名实。时匈奴分为南北,甘露二年(公元前52年),南匈奴呼韩邪单于降汉,次年到长安朝见。曾设置西域都护,对发展西域地区的生产,保障东西商路畅通,都有一定作用。

宣帝

帝兴于闾阎，知民事之艰难。霍光既薨，始亲政事，厉精为治，五日一听事。自丞相以下各奉职奏事，敷奏其言，考试功能。侍中、尚书功劳当迁，及有异善，厚加赏赐，至于子孙，终不改易。枢机周密，品式具备，上下相安，莫有苟且之意。

> 闾(lǘ)阎：里巷的门，亦借指平民。
> 薨(hōng)：周代诸侯死之称。

张居正讲评　闾阎，是里巷的门。初宣帝本是戾太子之孙，戾太子既得罪自杀，子孙皆从坐。宣帝时在襁褓，故得全，后来流落民间，依着母家史皇亲存活。及昭帝崩无嗣，霍光访求于民间，迎立为帝。宣帝一向生长在外，起于闾阎而登大位，所以尽晓得外面的事情及百姓们生理艰难的情状。及霍光既薨，宣帝始亲大政。即厉精图治，每五日一临朝，亲决政事。自丞相以下，各衙门官有事，都着他当面奏闻，一一敷陈其事，听他说某事当如何举行，某事当如何处置。到后来又考验功能，看他说的某事，曾否举行，处置的某事，果否停当，一一都核实考成，不使有欺罔之弊。那时官皆久任，不轻易迁转。侍中、尚书这样官，尤为亲近切要。凡积有年劳，应该迁转，或有奇才异能，任得国家大事的，都只厚加赏赐，或赉以金帛，或增其禄秩，至于荫及其子孙，自家却仍居此官，终不改易。又善立法制，凡各衙门事务，出入都有关防，完否都有稽查，枢机周密，无一些疏漏。每事都立个科条，定个规则，与人遵守，品式备具，无一些缺略。行之既久，上下相安，百官都奉法守职，莫敢有怀苟且之意，以虚文塞责者。汉之治功，至是称为极盛焉。大抵民不安其生，由于官不称其职；官不称其职，由于人君不亲政事，而群臣苟且以塞责也。宣帝有见于此，故既试功以考验之，又立法制以维持之，而当时遂有吏称民安之效。所以皋陶之告舜，必曰："率作兴事"，又曰："屡省乃成。"此真人君图治之要务也。

今评　自幼生长民间的汉宣帝，知道人民的疾苦实情，所以即位以后，能勤于政事，使汉室再度复兴。

及拜刺史、守、相，辄亲见问，观其所由，退而考察所行以质其言，有名实不相应，必知其所以然。常称曰："庶民所以安其田里，而亡叹息愁恨之心者，政平讼理也。与我共此者，其惟良二千石乎！"以为太守，吏民之本，数变易，则下不安；民知其将久，不可欺罔，乃服从其教化。故二千石有治理效，辄以玺书勉厉，增秩、赐金，或爵至关内侯；公卿缺，则选诸所表，以次用之。是故汉世良吏，于是为盛，称中兴焉。

> 质：实，证实。
> 玺书：古代以印信封记的文书。秦以后专指皇帝的诏书。
> 秩：官吏的俸禄。引申以指官吏的职位或品级。

张居正讲评　汉时分天下为十二州，每州设刺史一员，督察州内所属的郡国，大略如今巡按御史之职。守，是郡守，即今之知府。相，是王国的辅相，即今之长史。二千石，指郡守国相说。这两样官，每岁食俸米二千石。玺书，是用宝的敕谕。关内侯，是小侯，无封国，但食租税于关内的。宣帝长于民间,知百姓们的困苦。只因有司官不职,那郡守、国相,为各县官的表率,刺史又是监临官,这三样外官,所系尤重。所以每遇除拜刺史与郡守、国相,必引来面见,访问地方事情,问民疾苦。试看他所用以治民者,其道何如。既亲问了,又恐他说得虽好,而所行未必皆然,等他到任之后,又详细考察他所行的政事何如。若言行不相顾,徒有虚名而无实政的,都一一体访得实。人不能欺,其综核之精如此。宣帝尝叹说:"百姓们所以得安其田里,而无叹息愁恨之心者,以有司官刑政公平,狱讼得理也。我以一人之身,而居万民之上,天下事情,岂能一一周知?天下人民,岂能个个得所?全赖那郡国守相官替我分忧。如一郡之中,得一好太守,则一郡之民自安矣;一国之中,得一好国相,则一国之民自安矣。可不重乎?又以为太守乃一郡吏民之纲领,若数数更易,则不惟送旧迎新,劳费百姓,且人无固志,凡事苟且,下人亦皆有欺玩之意,上下不能相安。必须行久在之法,百姓们知他将来在地方日久,民情吏弊,凡事都欺瞒他不得,乃肯服从他的教化,以令则行,以禁则止,而上下相安也。"宣帝之意如此,所以当时做守相二千石官的,通要久任。若是历任未久,就有贤能功绩,也未便迁转他。但先降敕书奖励,或就彼加升官级,或赏赐金帛,或有赐爵至关内侯的,仍令在任管事。到做得年深了,遇朝里公卿有缺,即选那前日所旌表的好守相,次第超补。如黄霸以太守入为太子太傅,赵广汉以太守入为京兆尹是也。夫宣帝之留心守相如此,所以那时做官的,人人勉励,都实心替国家干事,百姓都得以安生乐业。汉家一代循良之吏,惟此时最盛,而天下太平,号称中兴之治焉。尝考武帝时,民穷盗起,为吏者罕有可称。至宣帝时,乃循吏并出,是岂治民之才独产于宣帝之世哉?盖武帝东征西伐,不恤其民;而宣帝则知民事之艰难。武帝尊用酷吏;而宣帝则褒赏循吏。武帝于吏之巧文避法者不能察,而宣帝则综核名实,此其治效之所以异也。然则人主欲追宣帝之治者,可不知所务哉。

今评 有良法而无循吏,则法亦黜败。明法、择吏是一个问题的两个方面,汉宣帝所行政措,可谓深得要领。

廷尉史路温舒上书曰:"陛下初登至尊,宜改前世之失,正始受命之统,涤烦文,除民疾,以应天意。臣闻秦有十失,其一尚存,治狱之吏是也。夫狱者,天下之大命也,死者不可复生,绝者不可复属。《书》曰:'与其杀不辜,宁失不经。'今狱吏则不然,上下相殴,以刻为明,深者获公名,平者多后患。故治狱之吏皆欲人死者,非憎人也,自安之道在人之死。太平之未洽,凡以此也。俗语曰:'画地为狱,议不入;刻木为吏,期不对。'此皆疾吏之风,悲痛之辞也。唯陛下省法制,宽刑罚,则太平之风可兴于世。"上善其言。

张居正讲评

初武帝时,治狱之吏,务为深刻,宣帝在民间深知其害。至是廷尉衙门有个掾史,叫做路温舒,上书说道:"今陛下始受天命,居至尊之位,当尽改前世的弊政,以正始受命的统纪,洗涤烦苛的文法,除去百姓的疾苦,以应上天眷命之意。臣闻昔日秦之所以亡者,其过失有十件,如废文学、好武勇、贱仁义、罪诽谤等事。自汉兴以来,把这些弊政,渐渐都改革了,只有一件至今尚存,则问刑官苛刻,不恤民命是也。这刑狱乃天下人性命所系,不可轻忽。一入于死,难以再生;肢体断了岂可复续? 所以《书经》上说:'与其杀无罪之人,使之含冤而死;宁可失经常之法,而从轻以生全之。'古人之重民命如此。今之问刑官则不然,只是要故入人罪,不肯替人申理。朝廷以此责之郡县,官长以此责之僚属,上下互相驱迫,皆务以刻为明。问事深刻的,反说他是有风力的好官,名誉顿起;平恕的,反说他罢软不称其职,多致后患,以此成风。故问刑官都百般锻炼,只要人死,他也不是与那罪人有仇而憎恶之,盖能入人于罪,才保得自家无罪。自安之道,在人之死,其势不得不为深刻,故冤抑之气,上干天和;太平之治,未得浃洽于天下者,坐此故也。俗语说:'把地上画做个牢狱,叫人进去,人也不敢入;把木头刻做个问刑的官,叫人去对理,人也不敢对。'这都是说如今做法司官的刻薄成风,不惜人命,盖疾恶而悲痛之辞也。臣愿陛下减省法制,勿为烦苛,宽缓刑罚,勿尚深刻。则狱吏之弊可渐涤除,太平之风可渐兴起矣。"宣帝览书,称道他说的好。自此斋居决事,刑狱称平矣。大抵有罪之人不可姑息,无罪之人不可亏枉。惟公而明,则得其情,而天下无冤民矣。

今评

"故治狱之吏皆欲人之死者,非憎人也,自安之道在人之死",此论时势人情,一语破的。可以推而广之:吏之良莠不仅是个人的品质问题,风气体制是更深层的原因。

十二月,诏曰:"间者吏用法,巧文寖深,使不辜蒙戮,朕甚伤之! 今遣廷史与郡鞫狱,任轻禄薄,其为置廷尉平,秩六百石,员四人,其务平之,以称朕意!"于是每季秋后,请谳时,上常幸宣室,斋居而决事,狱刑号为平矣。

鞫(jū):审问。
谳(yàn):审判定案。

张居正讲评

廷尉平,是官名,即今大理寺评事。宣室,是未央宫中殿名,乃斋戒的去处。谳,是审录罪囚。宣帝有感于路温舒之言,这年十二月,下诏说道:"近日郡县问刑官,决断罪囚,引用法律,多曲为附会,舞文弄法,日渐深刻,致使那无罪的人,枉被杀戮,朕心甚为怜悯。旧制遣廷尉掾史,出去与郡守推鞫狱囚。本要平刑,但廷尉史官小,任轻禄薄,恐体统不尊,有司或轻视他,势不能行。自今以后,为特设廷尉平之官,稍重其品秩,食俸六百石,定其员数,总置四人,专务平郡县刑狱,使适轻重之宜,以称朕哀矜无辜之意。"于是每岁季秋后,审决之时,有司奏请各重罪犯人。有该处决的,有该减等的,宣帝不敢安处在宫中,常临幸宣室,就斋戒的去处,洗心涤虑,亲自裁决,重其事而不敢忽。问刑官见上留意于此，也都悉心详审。一时狱刑号称平允，无复有任情轻重者矣。尝观汉世，尽心刑名，未有如宣帝者。既置廷尉平，以平郡县所鞫之狱；又斋居决事，以平廷尉所上之狱。分理于人，以详其法；亲决于己，以审其情。此所以狱无冤抑，而治称中兴欤。后世用刑者，宜取法于斯矣。

今评 文景崇黄老，倡无为而治；汉武罢黜百家，独尊儒术，又重威权；至宣帝则"尽心刑名"，肃清吏治。张居正叙中寓评，深得要领。观西汉前中期这三阶段之政治史，可悟到宣帝之重刑名，实为前二阶段休养生息、统一思想之必然推移，唯其如此，虽重刑名而不堕刻厉之恶道。时世推移，一时有一时之中心问题，明主之所以为明，正在于能顺应时世，把握要领。

勃海太守龚遂入为水衡都尉。先是，勃海左右郡岁饥，盗贼并起，二千石不能擒制。上选能治者，丞相、御史举遂，上拜为勃海太守。召见，问："何以治勃海，息其盗贼？"对曰："海濒遐远，不沾圣化，其民困于饥寒而吏不恤，故使陛下赤子盗弄陛下之兵于潢池中耳。今欲使臣胜之邪，将安之也？"上曰："选用贤良，固欲安之也。"遂曰："治乱民犹治乱绳，不可急也；唯缓之，然后可治。臣愿丞相、御史且无拘臣以文法，得一切便宜从事。"上许焉，加赐黄金。乘传至勃海界，郡闻新太守至，发兵以迎。遂皆遣还。移书敕属县："悉罢逐捕盗贼吏，诸持锄、钩、田器者皆为良民，吏毋得问；持兵者乃为贼。"遂单车独行至府。盗贼闻遂教令，即时解散，弃其兵弩而持钩、锄，于是悉平，遂乃开仓廪假贫民，选用良吏慰安牧养焉。遂见齐俗奢侈，好末技，不田作，乃躬率以俭约，劝民农桑。民有带持刀剑者，使卖剑买牛，卖刀买犊，曰："何为带牛佩犊！"劳来循行，郡中皆有畜积，狱讼止息。由是被召。

传（zhuàn）：驿马车。分为三等，高等四匹健马称"置传"，中等四匹中马称"驰传"，末等四匹普通马称"乘传"。

张居正讲评 渤海，是郡名。水衡都尉，是官名。潢池，是积水的洼池。宣帝地节四年，召渤海郡太守龚遂到京，将大用之。因他年老不堪公卿之任，遂拜为水衡都尉。盖取其官职亲近，事务清闲，所以优待之也。先年渤海及左右邻郡，连岁饥荒，有司不恤其民，盗贼处处生发，二千石官都不能擒制。宣帝忧之，命公卿大臣，各选举有才略堪做这郡太守者。那时丞相、御史都说龚遂可用，于是宣帝就拜他为渤海太守，召来面见。问他说："如今渤海郡盗贼甚多，我用你为太守，你有何方法，能使盗贼止息？"龚遂对说："盗贼之起，非出本心，其初都是陛下的赤子，只为这渤海郡在东海边，地方窎远，不得沾被圣化，又遇着岁荒，其民困于饥寒，有司官不加怜恤，那饥寒困苦的，无可告诉，不得

已失身于盗贼，为一时苟活之计，致使陛下的赤子，偷弄陛下之兵于洼池中，以鼠窃狗偷为事耳，非真有他志也。今陛下命臣为太守，责臣以除盗，不知欲臣以兵剿而胜之邪，或以德抚而安之邪？"宣帝说："我选用贤良太守，正要抚安百姓耳，但不知抚安之道何如？"龚遂对说："臣闻治乱民，如解那结住的绳索一般，不可太急。绳子结了，须慢慢地理他，然后可解。百姓方乱，须慢慢地处他，然后可安。若急之，则愈加扰乱矣。臣愿丞相、御史且莫拘臣以文法也，勿责效于旦夕，但凡可以安民的，许臣得一切以便宜行事，庶几盗可化而民可安也。"宣帝见他说的有理，就依他所奏，仍赏他黄金以宠其行。龚遂既受命，就驰驿到渤海郡界上。郡中闻有新太守到，发军马来迎接。龚遂一个也不用，都发放回去，一面行文书，戒敕所属各县，把捕盗的官吏尽行散遣。只晓谕百姓们说："但是手里执着锄头镰刀并各样农器的，便是好百姓，官府不必问他；惟是执着刀枪弓弩的，才是盗贼，方许拿问。"于是龚遂坐着一辆车子，独自行到府中，也不要人马防护，这是示百姓以不疑也。那做盗贼的，闻得新太守教条如此，都即时解散，丢弃了刀枪弓弩，去持着钩锄田器，各安生理，变为良民，不须剿捕，都平静了。乃开仓廪，把有司蓄积的米谷假借与贫民为资；又选用郡中的好官，以慰安牧养之，使无失所。龚遂又见渤海是古齐地，齐俗奢侈，好做工商末技，不事田作，所以民穷盗起，乃躬行俭约，以倡率百姓，劝他务农田，治蚕桑，以为衣食之资。郡中百姓，但有带持刀与剑的，就教他卖了剑去买牛，卖了刀去买犊。且晓谕他说："你这一口剑，就是一只牛，一口刀，就是一个犊。你为何将这牛与犊带在身上，有何用处？今变卖了去耕田，务本等生理，却不是好？"又亲自循行田亩中，劳来劝勉那务农的人，使他及时耕作。自是百姓感化，不敢为非，郡中渐渐都有蓄积，衣食足，礼义兴，狱讼止息，无复有为盗贼者矣。龚遂之治渤海，其功绩显著如此，宣帝征召他为水衡都尉，盖由此故也。夫渤海之盗，前守以一郡之兵，制之而不足；龚遂以咫尺之书，散之而有余。可见弭盗之方，不在逐捕，而在抚循矣。然渤海之盗，起于年岁饥荒，百姓穷迫，故龚遂得以抚绥解散之。若强暴无赖之徒，不因饥寒，无所逼迫，而横行郡邑，劫掠人民，若以龚遂之法治之则迂矣。遇着这等的，必须先用威以剿除之，后用恩以抚绥之，而后可。

今评 商汤网开三面，龚遂治勃，即用此法。是儒法兼用德威并加，汉宣之世虽重刑名而与暴秦不同此为明证。

魏相上书谏曰："救乱诛暴，谓之义兵，兵义者王；敌加于己，不得已而起者，谓之应兵，兵应者胜；争恨小故，不忍愤怒者，谓之忿兵，兵忿者败；利人土地、货宝者，谓之贪兵，兵贪者破；恃国家之大，矜民人之众，欲见威于敌者，谓之骄兵，兵骄者灭。间者匈奴未有犯于边境，今闻欲兴兵入其地，臣愚不知此兵何名者也！今年计子弟杀父兄、妻杀夫者，凡二百二十二人，臣愚以为此非小变

吾恐季孙之忧句：季孙，是鲁国最有权势的贵族，这里指季康子，名肥。颛臾（zhuān yú），小国，是鲁国的属国，故城在今山东费

宣帝

县西北。萧墙，国君宫门内当门的小墙，又叫做屏。全句是说季孙氏见疑于哀公，将有内变。

也。今左右不忧此，乃欲发兵报纤介之忿于远夷，殆孔子所谓'吾恐季孙之忧，不在颛臾而在萧墙之内也'。"上从相言。

张居正讲评 萧墙，是门内的墙。宣帝因匈奴尝侵扰西域屯田的军士，遂与将军赵充国等商议，要兴兵伐他。丞相魏相恐劳民动众，上书谏说："臣闻武不可黩，兵贵有名。彼因敌国之暴乱，乃出兵讨之，以救其乱，而诛其暴，这叫做义兵，兵出于义，则人心归服，可以为王；因敌国先来加兵于我，不得已，出兵以御之，这叫做应兵，兵出于应，则士气奋厉，可以取胜；若争恨小故，不忍其愤怒之心，而必出兵以报之，这叫做忿兵，兵出于忿，则轻举妄动，必至于伤败；若利敌人之土地货宝，而出兵以夺之，这叫做贪兵，兵出于贪，则见利忘害，必至于覆破；若自恃其国家之大，矜其人民之众，而大兴师旅，欲以示威于敌国，这叫做骄兵，兵出于骄，则士卒苦其劳，敌国乘其敝，不至于灭亡不止矣。可见兵有顺逆，则事有成败，不可不慎也。近年以来，匈奴常通和好，未见有侵犯我边境，纵是争些屯田小事，亦不足介意。今闻朝廷之议，欲因匈奴衰弱，遂兴兵深入其地。臣愚不知此兵是出何名者也。以义兵，则匈奴之暴未著；以应兵，则边境之警未闻。其无乃近于骄忿之兵乎？且今年天下所奏刑狱的起数，计子弟杀父兄、妻杀夫的，凡二百二十二人。臣愚以为此非小可的变故，风俗败坏至此，深为可忧。今左右群臣皆不忧此，乃欲发兵报纤芥小忿于远夷，臣恐下伤人民之命，上干阴阳之和，外寇未平，内变先作。如孔子所说'吾恐季孙之忧，不在颛臾，而在萧墙之内也'，可不惧哉？"于是宣帝感动，就从魏相之言，弃了屯田的地界与匈奴，不复争焉。自古帝王制御夷狄之道，莫急于自治其内。若朝廷之上，纪纲振肃，邦国之间，风俗醇美，内地无虞，根本牢固，虽有夷狄外患，亦不足忧。若内治不修，百姓不安，虽无夷狄外患，亦为可虑。魏相不以匈奴为患，而惟以风俗为忧，深见远虑，戢兵保民，真可谓贤相矣。

今评 魏相"五兵"之说，亦大本孟子"得道多助，失道寡助"之论，无甚新意。又引孔子论季孙氏祸起萧墙之说，则开后世"攘外必先安内之议"。

故事：旧事。便宜：方便，适宜。此用作动词。

魏相好观汉故事及便宜奏章，数条汉兴已来国家便宜行事及贤臣贾谊、晁错、董仲舒等所言，奏请施行之。相敕掾史按事郡国，及休告，从家还至府，辄白四方异闻。或有逆贼、风雨灾变，郡未上，相辄奏言之。与御史大夫丙吉同心辅政，上皆重之。

张居正讲评 宣帝时，以魏相为丞相。魏相为人有治才，通达国体，他见得古今异宜，帝王迭兴，都有个立国规模。为后世子孙者，只当遵守他祖宗的法度，不宜远慕上古，徒务虚名而无实用。汉自高帝至

今六世，中间阅历事变已多，一切治革损益，纤悉具备。在今日为君为臣的，只该讲求旧法，补偏救弊，自足以致太平，不必远有所慕。所以他平日只喜观汉家的故事，及先朝贤臣所条陈便民切要的章奏，把国家的事体，一一都讲究得熟了。及为丞相时，所条奏的，都是汉兴以来，一切便国宜民已行的故事。及文帝、武帝时贤臣，贾谊、晁错、董仲舒等所上的章奏，一一奏请施行。既不务虚名而慕古，亦不出意见而喜新，但求以利国家而已。他又见得天下太平，朝廷易生骄逸；那四方非常之事，足为警戒的，恐有司未必尽报，朝廷无由得知。于是敕告丞相府中掾史：但是出去各地方勘事转来复命的，及给假回籍，从他家里回到衙门的，都着他陈说各地方所见异常的事。或有悖逆盗贼及风雨不调、水旱疾疫、灾变的事，各处有司官未及上闻，魏相先都知道了，已即奏过宣帝。因此有司不敢隐匿，四方民情疾苦得以上闻。他与御史大夫丙吉都是宣帝所任用者，魏相性严明，丙吉性宽厚，然两人一心尽忠于上，共辅朝政，彼此相济，绝无猜忌嫌疑之意，宣帝都敬重之。这一段，是叙魏相之贤。观其好观汉家故事，见他深识治体；观其奏白四方事情，见他留心民瘼；观其与丙吉宽严不同，而能同心共济，又见他能公忠体国，克己忘私。此魏相之所以为贤也，后之为臣者宜以之为法。

今评 魏相认为要认真研究本朝的经验教训，择善而从，这不失为一种务实的治国精神，好大喜功的政治家应以此为戒。

帝以萧望之经明持重，论议有余，材任宰相，欲详试其政事，复以为左冯翊。望之从少府出为左迁，恐不合意，即称病。上闻之，使侍中金安世谕意曰："所用皆更治民以考功。君前为平原太守日浅，故复试之于三辅，非有所闻也。"望之即起视事。

左冯(píng)翊：官名、政区名。汉太初元年(公元前104年)改左内史置。职掌相当于郡太守，辖区相当于一郡，因地属畿辅，故不称郡，为三辅之一。治所在长安(今西安市西北)。
平原：郡名，西汉时置，治所在今山东平原县西南。

张居正讲评 汉时把京畿内分作三郡，一曰京兆、二曰左冯翊、三曰右扶风。这三郡，皆以辅翼京师，总叫做三辅。少府，是九卿官，管内府上用的钱粮。左迁，是降调。汉时以右边为上，左边为下，所以降官的叫左迁。宣帝时，有个文学贤臣萧望之，宣帝知其才，亲自擢用，三年间，超迁至少府卿。以他经术精通，持守端重，又咨访他国家大事，他能援古证今，论议有余，其材他日可以为丞相。但未知其政事何如，欲详悉试验他，然后大用。乃复除望之为左冯翊，把这繁难的地方着他做，以观其治民之才何如。这本是宣帝的美意，但望之以为少府卿又着他出去治郡，似与降调一般，因此望之心怀疑虑，恐有不合上意处，故有此转，即称病乞休。宣帝闻之，乃使侍中金安世到望之家，宣谕他说道："朕凡简用大臣，都先使他经历治民，以考其功绩，而后用之。你前日虽曾做平原太守，不多时，历任日浅，功绩未曾表见，故今复试之于三辅，欲以详考其治民之材耳，非他有所闻而左迁之也。"于是望之才安，就去赴任管事。后为冯翊三年，果能称职，累迁至御史大夫。这一节，见宣帝不轻于任相如此。盖宰相上佐天子，处分天下事，非才德并茂、文学政事兼优者，不足以胜其任。故宣帝虽知望之之才，而犹必试之于三辅，可谓慎且重矣。

【今评】 "听其言而观其行"，绝不能以言取人。汉宣帝考察萧望之的实际才能，可见他任选官吏之谨慎，这也是在汉宣帝时期，汉朝出现了一批循吏的原因。

督邮：官名。汉代各郡的重要属吏，代表太守督察县乡，宣达教令，兼司狱讼捕亡等事。每郡有分两部、四部和五部的，每部各有一督邮。唐以后废。

京兆尹：官名，在汉代亦为政区名。汉太初元年（公元前104年）置，因地属畿辅，故不称郡。为三辅之一。治所在长安（今西安市西北）。

颍川太守黄霸力行教化而后诛罚，务在成就全安之。长吏许丞老，病聋，督邮白欲逐之。霸曰："许丞廉吏，虽老，尚能拜起送迎，重听何伤！"或问其故，霸曰："数易长吏，送故迎新之费，及奸吏因缘，绝簿书，盗财物，公私费耗甚多，皆出于民。所易新吏又未必贤，或不如其故，徒相益为乱。凡治道，去其泰甚者耳。"霸以外宽内明，得吏民心，户口岁增，治为天下第一，征守京兆尹。

【张居正讲评】 颍川，是汉郡名。长吏，是县令以下通称。许丞，是许县县丞。督邮，是郡守差去督察属县的官。京兆尹，即今府尹。宣帝时，良吏最盛，以黄霸为首。黄霸做颍川郡太守，力行教化，不尚诛罚，务在成就、全安那百姓们，化导他为善，非甚不得已，不加刑罚。所属长吏，有个许县县丞，年老耳聋，督邮官访察回来，说这官老疾，该着他致仕回去。黄霸说："这县丞是个清廉的好官，虽是年老，筋力未衰，尚能参见官长，拜起送迎。纵使耳聋重听，何害于事？着他照旧供职。"或问说："这官已老，何故留他？"黄霸说："夫长吏者，为民父母，不可轻率变动。若屡次更易，此往彼来，百姓们送这旧的，迎那新的，一切支应礼节，不无费用。又有一等奸猾吏胥，乘此交代之际，旧官已去，新官初到，出入文卷，都在其手，因而隐匿弃绝，侵盗财物，无可稽查。公私费耗甚多，都是民之膏血。及至换来的新官，又未必胜似旧的，或反不如前官，徒增这一番扰乱，有损无益。故有司官，苟非贪酷为民害的，纵是老疾，不必数易。凡治道只去其太甚者耳，岂可琐屑纷更？事在得已，且勿轻动。"黄霸之为治，外虽宽厚，内实精明，以此能得官吏百姓的心，个个都道他好。郡中户口，每岁增加，考其治绩，为天下第一。宣帝遂征召他，着权署京兆尹事。盖不次超擢，以旌其能，可谓得激劝之道矣。夫自汉以来，称循吏者莫如黄霸。然霸之抚百姓，待属官如此，何尝以严峻为风力哉？至其论数易长吏，公私费耗之弊，又可以知守令之当久任矣。此任人者，所宜深思也。

【今评】 此论官吏不宜数更。就治政之连续性而言，有一定道理。但凡事都有一定的度，在任太久，亦可能因循守旧，久任与调动，亦随人随地随时而异，不可拘于一墟。

初，上闻褒有俊才，召见，使为《圣主得贤臣颂》。其辞曰："夫贤者，国家之器用也。故人君者勤于求贤，而逸于得人。昔贤者之未遭遇也，图事揆策，则君不用其谋；陈见悃诚，则上不然其信。是故伊尹勤于鼎俎，太公困于鼓刀，百里自鬻，甯子饭牛，离此患也。及其遇明君、遭圣主也，运筹合上意，谏诤即见听，进退得关其忠，任职得行其术。故世必有圣知之君，而后有贤明之臣。故虎啸而风冽，龙兴而致云，蟋蟀俟秋吟，蜉蝣出以阴。《易》曰：'飞龙在天，利见大人。'《诗》曰：'思皇多士，生此王国。'故世平主圣，俊乂将自至；明明在朝，穆穆布列；聚精会神，相得益章；虽伯牙操递钟，逢门子弯乌号，犹未足以喻其意也。故圣主必待贤臣而弘功业，俊士亦俟明主以显其德。上下俱欲，欢然交欣，翼乎如鸿毛遇顺风，沛乎如巨鱼纵大壑，休征自至，寿考无疆，何必偃仰屈伸若彭祖，呴嘘呼吸如乔、松哉！"是时上颇好神仙，故褒对及之。

嚣：通"嚣"。遭受。
逢（páng）门：亦作"逢蒙"。夏代善于射箭的人。乌号（háo），古良弓名。
休：旧指吉庆；美善；福禄。
寿考：犹言高寿。
彭祖：传说故事人物。姓籛名铿，颛顼玄孙，生于夏代，至殷末时已七百六十七岁。旧时因以彭祖为长寿的象征。
乔：王乔，神话人物。传为东汉河东（郡治今山西夏县北）人，曾任叶县令，有神术。
松：赤松子，中国古代神话中的仙人。相传为神农时雨师，一说为帝喾之师。后为道教所信奉。

【张居正讲评】悃，是诚信。鼎俎，是烹调饮食的器具。世传伊尹善知五味，在微贱时，曾身负鼎俎为庖厨之事，后来成汤知其贤，举以为相。鼓刀，是摩刮其刀。世传太公未遇文王时，曾做屠户，宰杀牲口，后来文王知其贤，尊之为师尚父。百里，是百里奚。自鬻，是自卖。百里奚贫时，曾自卖与人，替人牧羊，后来秦穆公举以为相。甯子，是甯戚。饭牛，是喂牛。甯戚贫时做车户，在车下喂牛，叩牛角而歌。齐桓公听其歌词，知其非常人，举而用之，任以国政。伯牙，是古之善抚琴者，递钟，是琴名。逢门子，即逢蒙，古之善射者。乌号，是弓名。初宣帝闻益州人王褒，有俊美之才，善为文章，取他来京。宣入面见，命他做个圣主得贤臣的颂，王褒遂献颂一篇。其辞说道："夫贤才之人，能为人君建功立业，随用随效，就如工匠手中的利器一般。匠人无利器，则不能成工作之事；人君无贤臣，则不能建太平之业。所以为人君的，当其未得贤人之时，须旁招博访，卑身屈己。或求之于在朝，或求之于在野，只要得个贤臣与之共理，就如匠人寻求利器的一般，这时节何等勤劳。及其既得贤人之后，便把国家的政务，一一都付他干理，自家只是总个大纲，不必身亲劳苦。譬如工人得了利器，自然不费气力，这时节何等安逸。然则人君之欲致治者，莫贵于得贤明矣。然不惟人君贵于得贤，而贤人亦贵于得君。古昔贤人未遇明君之时，上之人都不知他。为国家图谋事功，揆度计策，则君不用其谋；披沥肝胆，陈露忠诚，以自效于君，则君不然其信。所以伊尹勤劳于鼎俎，太公久困于鼓刀，百里奚卖身，甯戚养牛，皆遭罹此患也。及其遇了明君，遭逢圣主，运筹画策，即合上意。谏诤过失，即见听纳；进退左右，则得通其忠；居位任职，则得行其术。如伊尹居保衡之重，太公受尚父之尊，百里奚之相秦国，甯戚之任齐政，载之青史，至今称之。夫此一贤人也，遇主则见用，不遇则见疑，身之穷通，名之荣辱，顾所遇何如耳。然自古贤臣易得，明君难遇。故世必有圣智之君，而后有贤明之臣。有了君，则自然有臣，就如虎啸而风声自然凛冽，龙兴而云气自然拥护，蟋蟀必待秋才吟，蜉蝣必待阴才出。

宣帝

这虫豸变化，也各有时候，况贤臣效用，岂不待圣明之时？所以《易经》上说：'飞龙在天，利见大人。'言人君以圣德而居尊位，正如神龙飞在天上；为臣的，遇这时节，利见这等的大人，以行其志而取功名。《诗经》上说：'思皇多士，生此王国。'思，是语助辞。皇字，解做美字。言美哉此众多之贤士，都生在周文王的国中。这等看来，可见世道清平，主上明圣，那俊乂的贤士，感时思奋，自然出来效用。圣君明明在朝，贤臣穆穆布列，元首股肱，联合为一体，精神意气聚会于一堂。君得臣，而益见其圣；臣得君，而益见其贤。主既圣，臣又贤，以圣主而用贤臣，两下里情投意合，言听计从。便就是以善抚琴的伯牙，而操递钟之古琴；以善射的逢蒙，而弯乌号之良弓，也比不得那君臣相得的意思。故圣主的功业，不能独成，必须待贤臣而后弘大；俊士的德行，不能自见，必须待明主而后显著者也。君要得这样臣，臣也要得这样君，上下俱欲，欢然交欣，就如那鸿雁的毛羽，遇着顺风，翼然奋迅；大鱼在溪壑乘着顺水，沛然放纵，何功不可立？何事不可为？垂衣拱手，坐致太平，天地之休征自应，人君之寿考无穷，这就是长生的道理。又何必偃仰屈伸如彭祖，呴嘘呼吸如乔、松，然后可以得寿哉！"彭祖、王乔、赤松，都是古时仙人，偃仰屈伸，呴嘘呼吸，是导引运气之术。这时宣帝颇好神仙，故王褒应制作颂，篇终及此，所以寓讽谏之意焉。

今评 汉赋主铺陈，曲终奏雅，篇末见义。执此读王褒文可也。

卷之九 汉纪

> 呼韩邪单于(？—前31)：名稽侯狦，为其兄郅支单于所败，于宣帝甘露二年(前52年)归附汉朝，汉匈和好长达六十余年。
> 五原：郡名。汉元朔二年(前127年)置。治所在九原(今包头市西北)。

二年，匈奴呼韩邪单于款五原塞，愿奉国珍朝。诏议其仪。丞相、御史曰："宜如诸侯王，位次在下。"太傅萧望之以为："宜待以不臣之礼，位在诸侯王上。"天子采之，令单于位在诸侯王上，赞谒称臣而不名。

张居正讲评 款字，解做叩字。五原塞，是五原郡的边塞。自汉兴以来，匈奴强盛，常与中国抗衡。至宣帝时，匈奴衰乱，呼韩邪单于与郅支单于争立，被郅支杀败，恐不能自保，乃谋事汉，以求中国之助。甘露二年，单于亲领人马，到五原郡的边塞，叩请边吏，说他愿奉国内珍宝来朝汉天子，比于藩臣。宣帝许之，先命公卿大臣议定他朝见的礼仪。那时丞相御史议说："先王之礼，先中国而后夷狄。今待虏酋宜如诸侯王之礼，但其位次须在诸侯王之下。"独太子太傅萧望之议说："匈奴本是汉之敌国，政教所不加。今虽来朝，宜待以不臣之礼，位次在诸侯王上。"宣帝采用望之之议，令单于位在诸侯王上。当朝谒时，赞礼者只称臣而不称名，盖以客礼待之也。自古边境之安危，常视胡运之盛衰。汉兴以来，德莫盛于文帝，威莫强于武帝，然不能使匈奴之臣服也。至宣帝时，乃称臣纳款稽首来朝。虽由宣帝贤明、中国治安，然亦适当虏运之衰，故宣帝待以不臣之礼，以示非威德之所能致，盖天子之谦德也。自是终西汉之世，匈奴感恩归义，朝贡不绝，边境无事者数十年，岂非其礼让恩信，有以深结其心故哉。

> **今评** 汉宣帝是一位有远见而心胸开阔的皇帝,张居正以时势论文帝以德、武帝以威、宣帝以谦,更有见地。

上以戎狄宾服,思股肱之美,乃图画其人于麒麟阁,法其形貌,署其官爵、姓名;唯霍光不名,曰"大司马、大将军、博陆侯,姓霍氏",其次张安世、韩增、赵充国、魏相、丙吉、杜延年、刘德、梁丘贺、萧望之、苏武,凡十一人,皆以功德知名当世,是以表而扬之,明著中兴辅佐,列于方叔、召虎、仲山甫焉。

> 股肱(gōng):大腿和胳膊。古代用以比喻左右得力的助手。
> 麒麟阁:在未央宫中。未央宫故址在今陕西西安市长安故城内西南隅,萧何主持修筑。

张居正讲评 是时匈奴呼韩邪单于入朝。宣帝见塞外戎狄都来宾服,因此思想起一时辅佐的贤臣,为吾之股肱,运谋宣力,内修外攘,以致有今日。追念他的好处,不可泯灭,竟表而扬之,以明示四夷,永垂来世。乃使画工图画其人于未央宫中麒麟阁上,模仿他的形容体貌,佥署他的官爵姓名。第一个是霍光,独不书其名,上面只写说"大司马、大将军、博陆侯,姓霍氏"。因他曾受武帝顾托,拥立昭帝,其后又定策迎立宣帝,辅佐三朝,功德茂著,故尊重之,而不名也。其次是车骑将军富平侯张安世、前将军龙额侯韩增、后将军营平侯赵充国,都有定策宿卫,及征讨戎狄之功。丞相高平侯魏相、丞相博阳侯丙吉,有同心辅政之功,太仆建平侯杜延年、宗正刘德、少府梁丘贺、太子太傅萧望之,也都各随职业,尽忠效劳。典属国苏武,曾在匈奴中,持节一十九年,为戎狄所敬重。这十一个人,都有大功德于社稷,当世的人,都知其名,以此用图画表而扬之。要显见这中兴的辅佐,就比着周宣王时方叔、召虎、仲山甫三人一般。盖宣王是周家中兴之贤君,方叔、召虎、仲山甫,都是中兴之名臣,今所图画的十一人,亦可与他并美而无愧焉。宣帝此举,一以不忘诸臣之功,见得宾服之有自;一以明示来朝之夷,见得中国之有人;一以流传于天下后世,见得当时君臣相与之盛,且以为后来辅佐者之劝。盖其意微矣。

> **今评** 图画功臣于麒麟阁,其功用讲评已论其详。后唐太宗图画十八功臣于凌烟阁,即仿于此。

卷之十

汉纪

元 帝

名奭(shì),是宣帝之子,在位十六年。

> 元帝:刘奭(前76—前33),公元前49—前33年在位。汉宣帝长子。好儒家学说。即位后,征用儒生,委之以政。先后任用贡禹、薛广德、韦玄成、匡衡等为丞相。西汉开始由盛渐衰。

初元元年,上素闻王吉、贡禹皆明经洁行,遣使者征之。吉道病卒。禹至,拜为谏大夫。上数虚己问以政事,禹奏言:"古者人君节俭,什一而税,亡他赋役,故家给人足。臣愚以为如太古难,宜少放古以自节焉。"天子善其言,诏令诸宫馆希御幸者勿缮治;太仆减谷食马;水衡省肉食兽。

张居正讲评　太仆,即今之太仆寺。水衡,即今之上林苑监。王吉、贡禹两人当宣帝时致仕回家。元帝素闻这两人都通经术,且操行廉洁,心甚重之。即位之初,特差使臣赍诏去行取来京。此时两人都已年老,王吉在路上病故,只贡禹到京。元帝除授他做谏大夫,常虚心问他以政事。贡禹奏说:"为政莫先于爱民,而爱民必先于节用。古时人君躬行节俭,宫室有限,服用朴素,宫女不过数人,御马不过数匹,所自奉的甚简。故其取民之财,每十分则税他一分,其用民之力,每一岁只使他三日,此外再无别项科敛差役烦扰百姓。所以当时的百姓家家富给,人人充足。后世宫室太广,服用太侈,宫人与御马太多,而百姓太困。臣愚以为今朝廷用度,欲尽如上古之制固难,然亦须略仿古制以自撙节,减损服御,停止工作,凡事务省约以利贫民,庶几得节用爱人之意。"元帝喜他说的有理,遂下诏命诸离宫别馆,车驾不到的去处,不必修理。又命太仆衙门减去食谷的马,水衡衙门省去食肉的兽。他如革服官、省卫卒、弃宜春之苑、罢角抵之戏,这都是采用贡禹的言论,其所利于民者多矣。故元帝之于汉,虽为中材之主,而节俭一事,则实后世之所当法也。

今评　"中材之主",是张居正为汉元帝定论。

元帝

永光元年秋，上酎祭宗庙，出便门，欲御楼船。薛广德当乘舆车，免冠顿首曰："宜从桥。"诏曰："大夫冠。"广德曰："陛下不听臣，臣自刎，以血污车轮，陛下不得入庙矣！"上不说。光禄大夫张猛进曰："臣闻主圣臣直。乘船危，就桥安；圣主不乘危。御史大夫言可听！"上曰："晓人不当如是邪！"乃从桥。

张居正讲评 酎，是新熟的醇酒。汉家常以正月造酒，酝酿到八月间，才取以荐宗庙，叫做酎祭。永光元年秋，元帝当酎祭宗庙，从长安城西便门出去，要就水路乘楼船以行。御史大夫薛广德拦着车驾，除下冠帽叩头说道："车驾该从桥上去，不可乘船。"元帝未及听从，且着他戴了冠帽起来。广德一时急切奏说："陛下若不听臣，必要乘船，臣就自家刎死，把颈血来秽污了车轮。陛下不得洁净，难以入庙行礼矣。"元帝见他言语说得太直戆，心下不喜。于是光禄大夫张猛进前解说："臣闻自古以来，主上明圣，臣下乃敢直言。盖以主圣，则能宽容听纳，人臣得以尽言而无所忌讳故也。今论事理，乘船则风波危险，就桥则道路安稳，圣主举动务为安稳之图，不履危险之地。今广德恃圣主在上，言语虽欠婉曲，然意在爱君，不欲其乘危，似可听从。"元帝的意思方才回转，向张猛说："晓悟人的言语，都似你说得这等从容明白，岂不是好！何用急迫至于自刎，如薛广德所言耶？"乃从桥而行。夫酎祭非无故而出，乘船亦未必皆危。而广德谏之，其迫切如此，盖以人主一身宗社生灵所系，不可顷刻而忘慎重也。又况逸游田猎，登高临深，车驰马骤，轻万乘之尊而忘不测之虑者哉。此忠臣之爱君，所以不惜尽言，而圣主之所必察也。

今评 但汉元帝的答话很值得回味：对人谏言，应该从容说明道理，不必这样鲁莽迫切。

石显惮周堪、张猛等，数谮毁之。刘更生惧其倾危，上书曰："臣闻舜命九官，济济相让，和之至也。众臣和于朝，则万物和于野，故《箫韶》九成，而凤凰来仪。至周幽、厉之际，朝廷不和，转相非怨，则日月薄食，水泉沸腾，山谷易处，霜降失节。由此观之，和气致祥，乖气致异，祥多者其国安，异众者其国危，天地之常经，古今之通义也。正臣进者，治之表；正臣陷者，乱之机也。夫执狐疑之心者，来谗贼之口；持不断之意者，开群枉之门；谗邪进则众贤退，群枉盛则正士消。故《易》有《否》、《泰》，小人道长，君子道消，则政日乱；君子道长，小人道消，则政日治。今以陛下明知，诚深思天下之心，杜闭群枉之门，广开众正之路，使是非炳然可知，则百异消灭而众祥并至，太平之基，万世之利也。"

九官：传说舜置九官：即禹作司空，弃为后稷，契作司徒，皋陶作士，垂为共工，益作朕虞、伯夷作秩宗，夔为典乐，龙为纳言。见《尚书·舜典》。

箫韶：虞舜乐名。也作"韶箾"。韶，是继的意思，是说舜能继尧之德。箫是乐器之小者。

元帝

张居正讲评

元帝时，用舍不明，邪正混进。光禄勋周堪、太中大夫张猛等，都以正直无私，为石显所倾陷。刘更生恐怕谗说得行、正人蒙祸，乃上书说道："臣闻虞舜之朝，命禹、稷、夔、龙等九人做九官，所用的都是君子。那时群贤同心，都济济然以德相让，略无猜忌的意思，何等和顺！众臣既和于朝，则和气感动，万物亦皆和于野。故《箫韶》之乐奏至九成，感得凤凰瑞鸟来仪于庭，而虞以之兴。至周幽王、厉王之际，尹氏皇父等用事，所用的都是小人。这小人与君子不和，积成仇隙，更相非谤，互相怨恨，必欲谋害忠良。那时天地之变交作：日月薄蚀而无光，水泉沸起而不安，山陵或崩陷而成谷，溪谷反填满了成山；又夏月降霜，不顺节令。天灾物变，聚于一时，而周以之亡。由虞周之事观之，可见和气致祥，乖气致异。祥瑞多者，其国必安；灾异众者，其国必危。此天地之常经，古今之通义，未有能易者也。如今阴阳不调，灾异数见，皆小人倾陷君子，怨气充塞之所致也。蹈衰周之覆辙，而欲追有虞之盛治，岂不难哉！夫国家之治乱，系于邪正之进退，正臣进用，便是治平的标表。盖正人见用，则所引进者必皆正人，君子满朝，政事修举，国家岂有不治者乎！正臣陷害，便是乱亡的机括。盖正人既去，则奸邪从此得志，小人在位，政事废坏，国家岂有不乱者乎？然邪人所以能害正者，由上心多疑也。人君于贤人，既知他是忠正的，就该信任他；若心里又疑他未必是贤，或前或却，这叫做狐疑。那小人窥见主上如此不信任贤人，便来百般谗谮贼害他，君子何由得安其位？于那谗贼的人，既知他是小人，就该斥去他，却又优游姑息，不能断然去之，这叫做不断。那小人无所惩戒，越发放肆，都引类而来，是开群枉之门，而招之使进矣。君子、小人势不两立。谗邪既进，则众贤必退；群枉既成，则正士自消。所以《易经》中有《否》、《泰》二卦，阳为君子，阴为小人。三阴并进，小人的道长，君子的道消；阴胜过阳，则政日乱而为否，否者，闭塞而昏乱也。三阳并进，君子的道长，小人的道消；阳胜过阴，则政日治而为泰，泰者，亨通而昌盛也。邪正之消长，关乎世运之盛衰如此，为人君者，可不早辨而决断之乎？今以陛下这等聪明圣智，诚能深思天下人的心，都好正而恶邪，于是去谗必断，以杜塞群枉之门；任贤勿疑，以广开众正之路。使邪正是非炳然明白，而举错各当，勿致混淆，则政有治而无乱，世有泰而无否，百灾自然消灭，众祥莫不毕至，以施于天下，乃太平的基本以贻于子孙，为万世的利益，岂不美哉！大抵君子、小人势不并立。君子恶小人坏败国家的事，故常欲去小人；小人恶君子攻发他的过恶，亦常欲害君子。顾人君所信任者何如耳？舜之世，不能无小人，然舜诛共工、驩兜，而惟禹、稷、夔、龙之徒是用，所以君子得位而九官成济济之功；幽厉之世，不能无君子，然幽、厉疏召公、芮良夫，而惟尹氏皇父之徒是用，所以小人得志，而谗口肆嚣嚣之祸。朝廷之乖和、国家之治乱，惟在君子、小人一进退之间而已矣。元帝恭俭儒雅，亦是汉家贤君，只缘邪正之际，优游不断，知萧望之、周堪、张猛之贤，而不能信用；知石显之奸而不能斥退，致使君子被祸、小人擅权，而汉室遂衰，岂非万世之明鉴哉！"

合评 汉元帝于邪正之间当断而不能断，导致知萧望之之贤而不能用；知石显之奸而不能去，究其原因，乃人主乐于小人之阿谀奉

承，以遂其私也。

成　帝

名骜，是元帝之子。在位二十六年

> 成帝：刘骜，前32—前7在位。
> 《洪范五行传论》：刘向著，以上古至秦汉之际的各种变异，附会为朝政、人事祸福的征兆，认为发生自然灾害就是上天对人的一种警告和惩罚。宣扬"天人感应"说和谶纬神学。书已佚，基本内容见于《汉书·五行志》。

刘向以王氏权位太盛，而上方向《诗》、《书》古文，向乃因《尚书·洪范》，集合上古以来，历春秋、六国至秦、汉符瑞、灾异之记，推迹行事，连傅祸福，著其占验，比类相从，各有条目，凡十一篇，号曰《洪范五行传论》，奏之。天子心知向忠精，故为凤兄弟起此论也；然终不能夺王氏权。

张居正讲评　刘向，即是刘更生，后改名向，是汉之宗室。《洪范》，是周书篇名，箕子以天道告武王的说话。成帝时，常有日食星陨、山崩水溢各样灾异。刘向自以汉家同姓之臣，见得外戚王氏权位太盛，宗社将危，欲上书论谏。而此时成帝方留意于《诗》、《书》古文，刘向乃借《诗》、《书》以寓论谏之意。看得《尚书·洪范》篇，箕子为武王陈五行五事、休征咎征之应，正可以发明天道，感悟君心。于是就因这书中所说的休咎，采集上古以来，历春秋战国至秦汉时，史书所记祥瑞灾异之类，每件必推寻其行之得失，以原灾祥之所始。又连附以后来祸福，以究灾祥之所终。如某时有某灾异，是因某君臣行的某事不顺，其后果有某祸，皆明著占验，以见变不虚生。又以木火土金水之五行，貌言视听思之五事，加以皇之不极，分做十一门类。其说以为田猎不宿，饮食不享，出入不节，则有木不曲直之异；弃法律，逐功臣，易嫡庶，则有火不炎上之异；治宫室，犯亲戚，则有稼穑不成之异；好战攻，饰城郭，则有金不从革之异；简宗庙，逆天时，则有水不润下之异；貌不恭，则其罚常雨；言不从，则其罚常旸；视不明，则其罚常燠；听不聪，则其罚常寒；思不睿，则其罚常风；皇不极，则其罚常阴。每门类之下，各引古今灾异为证，以类相从，悉有条目，其书凡十一篇，叫做《洪范五行传论》，奏上成帝。盖欲成帝览前代之休咎，悟今日之得失，庶几遇灾知惧，裁抑外戚以应天意也。成帝本是聪明的人，又多读古书，心里也知刘向忠诚爱国，故意为王凤兄弟专权，特起此论。但内制于太后，外制于诸舅，终不能夺王氏之权。其后王立、王商、王根相继执政。至于王莽，遂篡汉室，而向之书，徒托诸空言而已。

今评　成帝优柔寡断，受到母亲王太后和诸舅的制约，不能除去外戚，最后酿成王莽篡权，汉朝灭亡。尽管刘向用心良苦，也没有取得什么积极效果。

成帝

莽：王莽（前45—23），新王朝的建立者。公元8—23年在位。字巨君，汉元帝皇后侄。西汉末，以外戚掌握政权，初始元年（公元8年）称帝，改国号为新，年号始建国。统治期间实行社会经济改革，但法令苛细，赋役繁重，后为绿林军所杀。

永始元年，五侯子乘时侈靡，以舆马声色佚游相高。王曼子莽因折节为恭俭，勤身博学，外交英俊，内事诸父，曲有礼意。凤死，以莽托太后及帝，久之，封莽为新都侯，爵位益尊，节操愈谦，振施宾客，家无所余，虚誉隆洽，倾其诸父矣。

张居正讲评 五侯：是成帝的母舅王谭、王商、王立、王根、王逢时五人，成帝一日都封为列侯，故叫做五侯。永始元年，那五侯家子弟，恃着朝廷的恩宠，门户方盛。乘此时，争尚侈靡，都以车马骈从、声乐、女色、佚乐、游宴为事，一个要胜似一个。独有王曼早故了，不曾得封。王曼的子王莽是个极奸诈的人，他既孤贫，心里贪慕着五侯家的富贵，却故意矫情立异，以求名誉，乃自家屈体贬损，装做个恭谨节俭的模样，勤劳其身，从师问学，博通经传，外面结交英俊的贤士，内里承事伯叔诸父，都委曲而有礼意。此时他伯父王凤为大司马，秉朝政。王凤病时王莽假意侍奉，极其恭谨。王凤感他这意思，临死时，把他付托与太后及成帝，要抬举他，以此成帝常记着在心上，数年后，就封王莽做新都侯。王莽得计，愈加矫饰，爵位越发尊重，他节操越发谦谨，家中但有财物，就把来施与宾客，专于那恤孤济贫的事，自家更无蓄积。那时人都被他瞒过了，人人称颂他的好处，王莽的虚名日益隆盛，一时遍洽中外，倾压其诸父之上矣，其后竟代王根为大司马，专擅朝政，遂篡汉室。夫外戚之习专为侈靡，志在车马声色，此其常态耳，至于折节为恭俭以收众心，此其大奸不可测也。故王莽初时，以此欺哄其伯叔宾客，以致声名、取爵位，爵位既极，又以此欺哄天下的人，而倾夺汉室，此所谓渐不可长者。向使成帝于诸舅，止厚其恩赉，勿令秉政，使他无可希觊，虽有王莽之奸，亦何所施乎？善处外戚者，不可不深思也。

今评 语云："大奸似忠，大诈似信。"王莽即其人。在上位者宜以此为鉴。

卷之十 汉纪

槐里：县名，治所在今陕西兴平县东南南佐村。
尸位素餐：像祭祀时的尸一样，居高位受祭，不做事。尸，代死者受祭的人。
尚方斩马剑：皇帝用的剑。师古注："尚方，少府之属官也，作供御器物，故有斩马剑，剑利可以斩马也。"
旌：表扬。

故槐里令朱云上书求见，公卿在前，云曰："今朝廷大臣，皆尸位素餐，臣愿赐尚方斩马剑，断佞臣一人头以厉其余！"上问："谁也？"对曰："安昌侯张禹！"上大怒曰："小臣居下讪上，廷辱师傅，罪死不赦！"御史将云下；云攀殿槛，槛折。云呼曰："臣得下从龙逢、比干游于地下，足矣！"御史遂将云去。于是左将军辛庆忌免冠，叩头殿下曰："此臣素著狂直，使其言是，不可诛；其言非，固当容之。"上意解。及后当治槛，上曰："勿易，因而辑之，以旌直臣！"

张居正讲评 槐里，是汉时县名。素餐，是空食俸禄。尚方，是内府。讪，是谤。龙逢，姓关，是桀之臣，比干是纣之臣，二人皆以直谏，为桀、纣所杀。是时，王氏专权乱政，朝臣多趋附之。有安昌侯张禹以经学为帝师，乃

成帝所尊信者。他也惧怕王家威势，遂曲意党护，与他结好以自保富贵，其负国之罪大矣。有原任槐里县令朱云为人刚直敢言，恶张禹如此，乃上书求面见天子言事。公卿都侍立在前，朱云向前直说："如今朝廷大臣，个个尸位素餐，叨享朝廷的爵禄，无有肯尽忠于上者，臣窃愤恨之，愿赐内府斩马剑与臣，先斩断一个佞臣的头，以警其余。"成帝问："佞臣是谁？"朱云对说："是安昌侯张禹。"成帝大怒说："小臣无礼，居下谤上，当大廷中辱我师傅，其罪该死不赦！"侍班御史就拿朱云下殿。朱云攀扯殿前槛干死不肯放，御史又拿得急，把槛干扯断了，朱云乃大叫说："昔桀杀关龙逄、纣杀比干，臣今亦以直言被戮，得从二臣游于地下，同为忠义之鬼，臣愿足矣！但不知圣朝后日何如耳！"御史遂拿朱云出去，罪且不测。于是左将军辛庆忌取去冠帽，叩头于殿下说道："此臣从来狂直，使他说的是，则不可诛；纵使说的不是，然其心只是为国，亦当优容之。"于是成帝怒意解释，朱云才得免死。到后来修理栏干，成帝吩咐说："这栏干不必改换，只把那坏了的修补起来，留个遗迹，使人知道是朱云所折，以旌表直言之臣。"夫奸臣擅权，其初犹有忌惮之心，只因邪佞小人惧怕威势，贪图富贵，群然阿附，结成一党。至于忠臣义士，间或有发愤直言者，又不蒙听纳而反以得罪，则奸臣之势遂成，而人主孤立于上矣。所以为君者最要优容狂直之言，以潜消壅蔽之祸。今成帝知宥朱云，且辑槛以旌之，然不能疏张禹之宠、抑王氏之权，而汉之天下竟为王氏所篡，岂不深可恨哉！

今评 朱云折槛诚为美谈，成帝虽然认为朱云直言敢谏的精神可嘉，但他并没有采纳朱云的意见。

哀 帝

名欣，定陶恭王之子也。成帝无嗣，召而立之，在位六年。

_{哀帝（前24—前1）名欣。定陶王刘康之子，过继于成帝，立为太子。前6—前1年在位。}

帝睹孝成之世，禄去公室，及即位，屡诛大臣，欲强主威以则武、宣。然而宠信谗谄，憎疾忠直，汉业由是遂衰。

张居正讲评 哀帝在藩府时，见得成帝之时，外戚擅政，威福下移，权胜私门，禄去公室，皆以主威不立之故。及即位之后，屡次诛杀大臣，欲以尊强主威，仿效以前武帝、宣帝的行事，其志未尝不锐，而乃宠信谗谄之人，如侍中董贤等，皆以嬖佞而至三公，憎疾忠直之士，如丞相王嘉等，皆以直言蒙祸，以此举动，岂能使人心悦服，虽杀之而不畏矣，所以汉家基业从此遂衰，不可复振，王莽因得篡而代之。夫济弱者不于威，而建威者在于德。哀帝承元成之后，国势已弱，奸臣擅命，诚能正身修德，信任忠贤，秉至公以明赏罚，操威福以驭海内，则奸邪无敢肆其志而主威立矣，不知出此而徒欲假诛杀以振之，尚可得乎，其致倾危,非不幸矣。

今评 此戒无德而欲借诛杀以立威者。

平 帝

_{平帝(前8—5):名衎(kàn),汉元帝庶孙,中山孝王刘兴之子,哀帝死后,无子,取入为帝,时年九岁,政归王莽,公元1—5年在位。南顿:县名,在今河南项城县。}

名衎,中山王之子。哀帝崩,无子,大臣迎而立之,在位五年,王莽弑之。

初,长沙定王发四世孙南顿令钦生三男:缜、仲、秀。缜性刚毅,慷慨,有大节。秀隆准日角,性勤稼穑。缜常非笑之,比于高祖兄仲。宛人李守,好星历、谶记,尝谓其子通曰:"刘氏当兴,李氏为辅。"及新市、平林兵起,南阳骚动,通从弟轶谓通曰:"今四方扰乱,汉当复兴。南阳宗室,独刘伯升兄弟泛爱容众,可与谋大事。"通笑曰:"吾意也!"遣轶往迎秀,与相约结,定谋议。归舂陵举兵,于是缜自发舂陵子弟。诸家子弟恐惧,皆亡匿。及见秀绛衣大冠,皆惊曰:"谨厚者亦复为之!"乃稍自安。凡得子弟七八千人,与下江将王常及新市、平林兵合。于是诸部齐心,锐气益壮。

张居正讲评 宛,是县名;舂陵,是乡名;都在今河南南阳府。王莽既篡汉祚,暴虐无道,至其末年,天下叛之,盗贼并起。一伙在江夏新市地方,王匡、王凤为首,叫做新市兵;一伙在江夏平林地方,陈牧为首,叫做平林兵;一伙在荆州地方,王常为首,叫做下江兵。这时节,天下人心皆复思刘氏,于是光武皇帝乘时起兵,以兴复汉室。这一段是记光武初起兵时事。初景帝第六子名发,封于长沙,谥为定王。定王四世孙名钦,为南顿县令,生三子:长的名缜,字伯升;次的名仲;少的名秀。秀即光武皇帝。刘缜为人生性刚毅,慷慨有豁达大节,不治产业。光武状貌生得异常,鼻准隆高,额上有骨耸起,叫做日角,性却勤于稼穑,喜治产业,与缜不同,缜常讥议戏笑他,比他做高祖的兄刘仲一般。盖刘仲只知治生,无远大之志,故为高祖所笑。光武岂是这样人?乃处乱世,韬晦当如此。那时宛县人李守,好习天文符命的书,豫先知道兴废。当王莽篡汉时,私对他儿子李通说:"看图谶上,刘家气运还当中兴,我李家当为他的辅佐。"及至新市、平林兵起,迫近南阳,郡中骚动。李通有个同祖兄弟叫做李轶,对李通说:"今四方扰乱,汉当复兴。汉家宗室在南阳郡的,只有舂陵乡刘伯升兄弟,散财结客,泛爱容众,可与他共图大事,兴复汉室也。"李通心下常记得他父亲的言语,便笑说:"这乃是我的本心。"此时光武在宛县,李通就着李轶去迎接他来,与他相约结定谋议,回到舂陵地方,同起义兵。于是刘缜亲自金发舂陵子弟为兵,那各家子弟心下怕惧,都逃躲了,不肯从他。及见光武穿着大红、戴着大帽,都惊异说道:

"他平生谨厚,不肯胡为。如今也做这等事,想是大事可成,但从他去不妨。"子弟们乃稍稍自安,出来应募,共得子弟七八千人。一面去招集各伙在山泽的,与下江将帅王常,及新市平林的兵马,会合一处,以助声势。于是王常、王凤、陈牧等诸部齐心,南阳子弟锐气益壮矣。夫南阳之人,刘縯以豪侠率之而亡匿,光武以谨厚倡之而服从,可见此时众心之所属,已在光武矣。济大事者,以人心为本,此汉室之所以复兴也。

今评 当时流行谶纬之说,光武龙兴,亦以谶纬神圣其事。

更始遣将攻武关,三辅邓晔、于匡起兵应汉,开武关迎汉兵。诸县大姓亦各起兵称汉将,而长安旁兵四会城下。九月,戊申,兵从宣平门入。火及掖廷、承明,莽避火宣室,旋席随斗柄而坐,曰:"天生德于予,汉兵其如予何!"庚戌,旦明,群臣扶莽之渐台。晡时,众兵上台斩莽首,分莽身,节解脔分,争相杀者数十人;传莽首诣宛,县于市;百姓共提击之或切食其舌。

武关:在今陕西商洛县。
三辅:政区名,所辖皆京畿之地,相当今陕西中部地区。
掖廷:皇宫中的旁舍,宫嫔所居的地方。
宣室:汉未央宫中的宣室殿,是皇帝斋戒的地方。
晡时:傍晚的时候。
县:(古)同"悬"。

张居正讲评 更始,是汉之宗室,名叫刘玄。王莽之末,汉兵并起,共立刘玄为天子,号更始皇帝。渐台,是太液池中的高台。脔,是肉块。汉兵既大破王莽兵于昆阳,乘胜长驱,于是更始遣其大将军申屠建攻打武关,欲入关中。那时人心思汉,三辅地方豪杰有邓晔、于匡,两人共起义兵为汉兵内应,开武关迎纳汉兵。关中各县的大户也都起兵自称汉将,愿助汉兵共诛王莽。而长安旁近去处的义兵也四面齐至,会于长安城下。九月戊申日,汉兵攻破宣平门入城,举火焚烧宫室,延及掖廷宫、承明殿。王莽走去宣室前殿避火,不知死在旦夕,尚且为魇镇之术,乃移席随北斗柄所指而坐,对群臣说:"天生德于我,使我受命为天子,汉兵其奈我何?"其欺天罔人如此。至庚戌日平明,兵火愈迫,群臣扶王莽往太液池中的渐台,欲阻水以避之。汉兵遂围其台。至日晚时,众兵上台,斩了王莽的首级。众将士们将王莽的身尸碎割了,逐节而解,逐块而分,都拿去请功,因此相争相杀者至数十人。此时更始都于宛县,申屠建乃传送王莽首级至宛,枭之于市。百姓们都怨恨王莽,共取其头掷击之,或切食其舌。自古乱臣贼子受祸之惨,未有如王莽者。盖汉家德泽尚在人心,王莽乃乘其孤寡,逞其奸诈,一旦夺而有之,是以人心共愤,义兵四合,不旋踵而遭屠戮之祸,此可以为万世篡贼者之戒矣。

今评 王莽篡夺汉室政权后,由于复古倒退,引起社会政治经济的一片混乱,导致自己的覆灭。事实上,东汉政权是在农民起义推翻新莽政权的基础上重新建立起来的,并非西汉政权的直接延续。

卷之十 汉纪

洛阳：在今河南省西部，为我国古都之一。
司隶校尉：官名。汉武帝时始置，掌纠察京师百官及所辖附近各郡，相当于州刺史。
帻(zé)：包头发的巾。初为民间所服，到西汉末年上下通行。

更始将都洛阳，以刘秀行司隶校尉，使前整修宫府。秀乃置僚属，作文移，从事司察，一如旧章。时三辅吏士东迎更始，见诸将过，皆冠帻而服妇人衣，莫不笑之；及见司隶僚属，皆欢喜不自胜，老吏或垂涕曰："不图今日复见汉官威仪！"由是识者皆属心焉。

【张居正讲评】洛阳，在今河南府。刘秀，即光武皇帝。司隶校尉，是官名。三辅，是京兆、冯翊、扶风三郡。帻，是裹头的巾。初，更始建都于宛，及取了洛阳，又要迁都于洛阳。此时光武尚在更始部下为将军，更始乃命他行司隶校尉的事，着他前去整理修葺洛阳的宫阙官府。汉家旧制，司隶校尉主督察三辅等地方，其僚属有从事史十二人，以司督察。光武既做这官，便设置僚属，作为文书，移与属县，其从事人员主司督察，一如旧制。那时三辅地方的官吏士卒，往东去迎接更始，见他手下各将帅过去的，只用巾帕包头，不戴冠帽，又穿着短窄的衣服，似妇人装束一般，莫不笑之。及见光武的僚属，其衣冠结束，都是旧时的制度，件件齐整，百姓们欢喜不自胜。其中老吏曾见旧日太平景象的，或感怆垂涕说道："不意今日扰乱之后，复得见前时汉家官属的威仪如此。"自是有见识的，都归心于光武，愿推戴之矣。夫观当时百姓，一见汉官威仪，遂至于垂涕叹息，则人心思汉可知矣。宜汉之已废而复兴也。此虽光武之动依礼法，有以得人心，亦孰非其祖宗之遗泽，尚存而未泯哉！

【今评】所谓"人心思汉"、"重见汉官威仪"，反映了当时人们的正统思想。光武巧妙地利用了这种传统观念，是其得天下的原因之一。

大司马：官名。汉武帝罢太尉置大司马。东汉初为三公之一，旋改太尉，末年又别置大司马。
黜(chù)，贬斥；废除。陟(zhì)，进用。

更始拜刘秀行大司马事，持节北渡河，镇慰州郡。秀至河北，所过郡县，考察官吏，黜陟能否，平遣囚徒，除王莽苛政，复汉官名；吏民悦喜，争持牛酒迎劳，秀皆不受。

【张居正讲评】汉家以大司马秉朝政，官品最尊。此时更始已平河南、都洛阳，乃除授光武行大司马的事。就着他持了符节，渡河而北，循行各州郡，镇抚慰安之。这时王莽暴虐，官吏不才，赋繁刑重。光武既到河北，所过郡县，便引见那郡守县令以下各官吏，一一考察其行事。有贤能的，即升迁之；其不职的，便罢黜之。狱中囚徒，轻重罪名都审录过，拟议停当，即时发遣。尽除去王莽琐碎的法度，崇尚宽大。前此王莽妄拟成周改汉官名，如郡守改名大尹，县令改名县宰，似此等类，一切革去，复用汉家旧时官名。于是官吏百姓们个个欢喜，都争先来迎接，牵牛担酒，献上光武，以犒劳军士。光武不欲烦费百姓，都辞了不受。昔高祖入关，除秦苛法，吏民争以牛酒迎献，高祖悉却不受，恐烦劳百姓。今光武循行河北，除莽苛政，吏民亦争以牛酒迎劳，光武亦却之。此可见光武之宽仁能得民心，同符于高祖，而帝王之施为气象，自与寻常不

同也。

今评 张居正特意以高祖入咸阳与光武至河北类比,以见光武传统之正,才略之高。

南阳邓禹杖策追秀,及于邺。秀曰:"我得专封拜,生远来,宁欲仕乎?"禹曰:"不愿也。但愿明公威德加于四海,禹得效其尺寸,垂功名于竹帛耳!"秀笑,因留宿;禹进说曰:"今山东未安,赤眉、青犊之属动以万数。更始既是常才而不自听断,诸将皆庸人崛起,志在财币,争用威力,朝夕自快而已,非有忠良明智、深虑远图,欲尊主安民也。明公素有盛德大功,为天下所向服,军政齐肃,赏罚明信。为今之计,莫如延揽英雄,务悦民心,立高祖之业,救万民之命,以公而虑,天下不足定也。"秀大悦,因令禹常宿止于中,与定计议;每任使诸将,多访于禹,皆当其才。

邺(yè):县名,今河北临漳县。
竹帛:竹指竹简,帛指白绢,古代初无纸,用以书写文字。亦用以指史册。

张居正讲评 策,是马棰,即今之马鞭,古时以竹木为之,故谓之策。邺,是县名,即今彰德府地方。赤眉、青犊,是当时诸贼的名号。南阳人邓禹,从小时就认得光武非常人,与他结识。光武初起南阳,邓禹未及随从。及光武领兵抚定河北,邓禹闻知,乃杖马策慌忙追赶,渡河到邺县地方才赶上了。光武见他远来,问他说:"我奉诏书,以便宜行事,得径自封爵除官。你今远来,莫非要官做么?"邓禹对说:"不是要做官,只愿明公威德加于四海,禹随侍左右,亦得少效尺寸之劳。干些功业,他日书在竹帛上,流芳千载,不枉了平生所学耳!"光武喜笑,就留他同宿。邓禹因乘间劝光武说道:"如今山东未安,盗贼群起,赤眉、青犊之类动辄啸聚数万人。更始既是常才,不能自家听断,而委政于下。他手下的诸将,又都自庸人暴起,所志不过图些财帛,争用威力以凌人,只求朝夕快意而已。何曾有个忠良明智之士,深虑远谋,欲上以尊君,下以安民者乎?君臣如此,其亡可立而待。明公素有盛德大功,为天下所归服;又军令整肃,赏罚明信,举动自与凡人不同。今能平定天下者,非公而谁?为今之计,莫如礼贤下士,延纳天下的英雄;除残去暴,务悦天下的人心;复立高帝之业,以救万民之命,却不是好?且以明公之才图取天下,天下不难定也。何必屈身于更始,虚用其力于无成之地哉?"光武听了大喜,因命邓禹常宿歇帐中,与他私定计议。每任用诸将,多访问于禹。凡禹所荐的,一一都当其才,其知人如此。尝观萧何之劝高帝,有养民致贤人一言,高帝用之以成帝业。今邓禹亦劝光武以延揽英雄,务悦民心,其意正与之合。萧何有发踪指示之功,而邓禹亦能举用诸将,各当其才。此其所以为佐命之元功,而与萧何并称也欤。

今评 能于刘秀弱小之时,透过纷乱的政局,看到发展的态势,是邓禹高人一筹处。

平帝

芜蒌亭：地名，在今河北饶阳县东。

下曲阳：县名，在今河北晋县。

大司马秀至蓟，会王子接起兵蓟中，以应王郎，城内扰乱。秀趣驾而出，不敢入城邑，舍食道傍，至芜蒌亭，时天寒烈，冯异上豆粥。至下曲阳，传闻王郎兵在后，从者皆恐。至滹沱河，候吏还白："河水流澌，无船，不可济。"秀使王霸往视之。霸恐惊众，欲且前，阻水还，即诡曰："冰坚可度。"官属皆喜。秀笑曰："候吏果妄语也！"遂前，比至河，河冰亦合，乃令王霸护渡，未毕数骑而冰解。

【张居正讲评】蓟，是县名。芜蒌亭、下曲阳、滹沱河，都在今真定府地方。澌，是水上流冰。这时光武为大司马，安辑河北，行到蓟县地方，适遇着邯郸王郎作乱。蓟中有个宗室王子刘接，起兵要与王郎连合，以此城内扰乱。光武急忙乘车走出，所过地方不敢复入城邑，只歇息在路边人家吃饭。行到芜蒌亭，时天甚寒冷，又无粮米，冯异煮豆做粥，进与光武充饥。又行到下曲阳县，听得王郎的车马在背后赶来，那从行的人个个惊恐。行至滹沱河，探候的吏回报说："河水里流下冰来，不曾冻合，没有船只，怎生渡得过去？"光武使其将王霸前去打探。王霸看了，果是难渡，恐怕惊了众人，不如权且说渡得，以安众人之心。且要诸将士都到河边，临着河水以为险阻，待那贼兵到时，众人见前面没走处，只索与他死战，这就是韩信背水阵的意思。于是回还，对众假说："河冰坚固，人马都过得去。"官兵听得这说话，个个喜欢。光武笑说："先间候吏的言语，果是谎说。"即便前去。及到河边，那河水真个也就冻合了，光武便着王霸监护众军渡过河去。刚刚渡得数骑人马到岸，冰已开了，此时光武甚见窘迫。偶遇河冰，幸而得免，岂不是天意？然亦因光武能除暴安民，有此盛德，感格上天，故扶持保佑之如此。若不能修德，徒靠天命，欲侥幸于或然之数，岂有此理哉！

【今评】张居正增益王霸"韩信背水阵"云云数语，以见光武非仅天佑，亦有人谋。

舆地图：就是地图，一般指疆域图。

秀披舆地图，指示邓禹曰："天下郡国如是，今始乃得其一；子前言以吾虑天下不足定，何也？"禹曰："方今海内淆乱，人思明君，犹赤子之慕慈母。古之兴者在德薄厚，不以大小也！"

【张居正讲评】披，是阅视。舆地图，是天下地里之图。那时天下郡国，多为盗贼所据。光武一日阅视天下地图，指示邓禹说道："天下郡国这等广大，如今才收复了河北数郡，是十分中才得了一分，怎能勾便得各处平定？你前日见我时，就说以我去图虑天下，指日可定，莫不忒看得容易了，此是何故？"邓禹对说："自汉室中衰，盗贼并起，四海之内，纷纷扰乱，只以劫掠为事，无有能替百姓们做主者。这时人心思想要得个圣明之君，以为依归，就如初生的孩儿要得个慈母,靠他乳哺一般。自古以来,兴王之君,只看他德之厚薄如何,不在地之大小。若是德厚,人心归之,虽无尺土,亦可以成大业;如其德薄,人心离散,虽有天下,亦必至于亡。今只宜论德,何必论地?"前此邓禹曾劝光武延揽英雄,务悦民心,这就是修德的事,所谓天下不足定者此也。中兴诸将,识见未有能及此者,故邓禹战伐之功,虽不加于诸将,而独为一代元勋,岂非以其能识天下之要务哉!

今评 邓禹所论,即孟子有德者"虽百里者亦可以王矣"之意,用以鼓励刘秀不要灰心。

五月,王霸追斩王郎。秀收郎文书,得吏民与郎交关谤毁者数千章;秀不省,会诸将烧之;曰:"令反侧子自安!"

> 交关:串通;勾结。

张居正讲评 反侧子,是反覆无定,怀二心的人。更始二年五月,光武既连破王郎之兵,王郎战败逃走,王霸追击斩之。光武入邯郸,收王郎遗下的文书,捡得当时河北官吏百姓们与王郎往来交通及谤毁光武的言语,有数千纸。光武通不查看,即时聚会诸将,对众烧之。说道:"这书我若查他的姓名,未免人心疑惧。不如尽行烧毁,泯其形迹,使反侧之徒得以自安。"盖帝王以天下为度,不修私怨,不计旧恶。况当时祸乱初平,人心未定,若复究其交通之罪,则将人人自危,而益生动摇之变矣。故光武之烧文书,一则能容人过,见他度量广大;一则务安人心,见他智虑深远。此所以能有天下也。

今评 刘秀此举一则收人心,二则广部众。是在对形势的发展有把握的前提下的高明之举。

更始遣使立秀为萧王,悉令罢兵。耿弇进曰:"百姓患苦王莽,复思刘氏。今更始为天子,而诸将擅命,贵戚纵横,虏掠自恣,元元叩心,更思莽朝,是以知其必败也。公功名已著,以义征伐,天下可传檄而定也。天下至重,公可自取,毋令他姓得之!"萧王乃辞以河北未平,不就征,始贰于更始。

> 元元:庶民;众民。
> 檄(xí):古代官府用以征召、晓喻或声讨的文书。
> 贰:背叛;有二心。

张居正讲评 光武既诛了王郎,更始见他威名日盛,有疑忌之意。遂遣使者到河北,封他为萧王,就命他罢了兵,与将士们都回京师,盖欲借此以收其兵权耳。那时,光武的意思犹豫未决,欲从更始之命,罢兵回去,又恐失了河北地方,人心离散,汉室难以兴复。于是耿弇进谏说道:"当王莽篡汉时,政令烦苛,百姓们怨苦王莽,复思汉家,所以一闻汉兵之起,莫不争先归顺,望其能除暴救民也。今更始本是庸才,不可以为天下之主,又不能钤束群下。诸将

平帝

们都专权擅令，不知有朝廷；后妃之家，恃宠使势，不循法度，纵横于京师；甚至虏掠人家财帛子女，放恣无忌，与盗贼一般。其暴虐害人，有甚于王莽者，所以元元之民，困苦无聊，都捶胸呼冤，反想起王莽之朝，以为不如彼时之为安。百姓离心如此，以此知更始决然成不得大事。虽欲辅之，亦何益乎？明公先破王莽百万之众于昆阳，今又平定了河北，功名已著，天下归心。若仗大义以行征伐，谁不响应？只消传一道檄文，分投告喻，而天下可定矣。天下至重，公本汉之宗室，可乘时自取，勿令异姓得之，绝了汉家的宗祀。"光武感悟，乃托辞说："河北地方尚未平定，未可罢兵回朝。"不赴更始之召。始初更始杀了光武之兄刘縯，光武一向隐忍，屈己而为之臣。至是见得天命人心，不在更始，乃与他分为两家，各自行事，不复用其命令矣。未几更始果败，而光武遂自河北即帝位焉。大抵天下大器，非庸才所能堪，而人心已离，天命必去，不待成败之既形，而智者能预见之矣。观王莽已篡而诛，更始已立而败，其故皆由于失人心。而光武之德，为人心所归，卒能兴复汉业。孟子说："得天下有道，得其民也；得其民有道，得其心也。"岂不信哉！

今评 古今成大器者都以"能忍"见长。更始杀刘縯，刘秀一味屈己隐忍。必待彼消我长，羽翼丰满，方断然另立门户。

卷之十 汉纪

铜马：首领东山荒秃、上淮况等。尤来：首领樊崇。富平：首领徐少。获索：首领古师郎。有些则史无记载。

鄡(qiāo)：古县名，在今河北束鹿县。

青阳：古县名，在今河北清河县。

馆陶：县名，即今山东馆陶县。

是时，诸贼铜马、铁胫、尤来、大枪、上江、青犊、富平、获索等各领部曲，众合数百万人，所在寇掠。秋，萧王击铜马于鄡，吴汉将突骑来会青阳，士马甚盛。铜马食尽，夜遁，萧王追击于馆陶，悉破降之，封其渠帅为列侯。诸将未能信，贼降者亦不自安；王知其意，敕令降者各归营勒兵，自乘轻骑按行部陈。降者更相语曰："萧王推赤心置人腹中，安得不投死乎！"由是皆服，悉以降人分配诸将，众遂数十万，故关西号秀为铜马帝。

张居正讲评 铜马、铁胫、尤来、大枪、上江、青犊、富平、获索，都是盗贼的名号。突骑，是冲锋的马军。渠帅，是贼首。此时天下无主，盗贼纵横，于是铜马、铁胫、尤来、大枪、上江、青犊、富平、获索等贼，各领部曲，大众会合，约有数百万人，到处劫掠，扰害百姓。这年秋间，光武为萧王，领兵征剿铜马贼于鄡县。将军吴汉发幽州突骑，来会于青阳县，军马甚盛。那铜马贼以此不敢散出打抢，粮食尽了，乘夜逃去。光武统兵追赶到馆陶县地方，把这伙贼都杀败了，尽数投降。光武因他来降，赦而不诛，就收在部下为用，封其头领为列侯。一时诸将见这伙贼以战败来降，未知其诚伪，萧王如何就这等收用他，心里都疑而未信。那贼来投降的也自危惧，心下不安。光武知道他们这意思，乃下令着投降的各回本营，勒习兵马，光武独一个骑着一匹马，径到各营中，按行部陈，观看营伍，示之以不疑。于是来降的人，转相传说："我等新来投降，意思好歹尚未可知，萧王就这等待我，把一片赤心，推出来放在人的腹中，没有一毫猜忌，他以

至诚待人如此,我等安得不倾心归向,愿为效死乎!"由是数万之众,无不悦服。光武乃尽以投降的人,分派在诸将营中,各自管辖。因此光武的军马众盛,至数十万。此时虽未称尊号,然从此威名大著,远近归心。关西百姓因他能收服铜马诸贼,遂号他为铜马皇帝,一时人心皆愿戴以为主矣。

今评 此与前录焚部下通敌文书同一机杼,所谓"推赤心置人腹中"果然不差。但更须有识——对形势的分析把握;有胆——甘冒可能的风险。

卷之十一

东汉纪

光武帝

是景帝七世孙。举兵诛王莽,兴复汉室,为中兴一代之始祖。故庙号世祖皇帝。

> 光武帝(前6—57):即刘秀,东汉王朝的建立者。公元25—57年在位。字文叔,南阳蔡阳(今湖北枣阳西南)人。更始三年(25)称帝自立,改元建武。至建武十二年,完成统一。
>
> 攀龙鳞,附凤翼:喻依附有声望的人而立名。后来特指依附帝王以建立功业。

还至中山,诸将请上尊号;王不听。行到南平棘,诸将固请之;王不许。耿纯进曰:"天下士大夫,捐亲戚、弃土壤,从大王于矢石之间者,其计固望攀龙鳞,附凤翼,以成其志耳。今大王留时逆众,不正号位,纯恐士大夫望绝计穷,则有去归之思,无为久自苦也。大众一散,难可复合。"王深感曰:"吾将思之。"

【张居正讲评】中山,即今定州;平棘,即今赵州:都属真定府。光武此时为萧王,剿平群盗回到中山地方。诸将马武等料度更始必败,又见光武功德日盛,因劝光武即帝位,称尊号。名号既正,乃可以声罪讨贼。光武谦让不肯听从。又行到南平棘地方,诸将再三劝进,光武尚不肯从。于是耿纯进前说道:"如今众将士每都是各处地方的人,所以抛舍了亲戚,离别了乡土,来从大王于战阵矢石之间,冒死而不顾者,他的算计也只指望大王一旦立为天子,他们就都是佐命之臣。如攀着龙鳞,附着凤翼,乘此机会立些功业,以成就平生的志气,也不枉了相从这遭。如今天时已至,而迟留不决;众心共戴,而违逆不从。不早正天子的位号,臣恐众将士每失了指望,差了计算,个个都灰心解体,思量回去了,何故久抛了乡土亲戚,空自在这里受许多辛苦,为着甚么?将见大众一散,难以再合,大王手下的谋臣猛将既都散去了,却与谁共取天下乎?"光武乃深自感悟,说道:"你这话也说的有理,待我仔细思量,再作区处。"当是时光武所以逊避而不敢当者,以有更始在也。然更始虽在,不过徒拥虚名耳。天下祸乱,岂庸才所能平定乎?观三辅吏士,喜见威仪;王郎追急,滹沱冰合;人心天命,已属光武

久矣。继汉家之统者,舍光武其谁?乃犹不得已而后从,此可见真主之气度,与寻常盗名器者,不可同日而语也。

今评 刘秀自早就企图称帝自立;群臣劝进他不从,是认为条件还不成熟。张居正从正统观念出发的溢美之词,不足为训。

行至鄗,召冯异,问四方动静。异曰:"更始必败,宗庙之忧在于大王,宜从众议!"会儒生强华自关中奉《赤伏符》来诣王曰:"刘秀发兵捕不道,四夷云集龙斗野,四七之际火为主。"群臣因复奏请。六月,王即皇帝位于鄗南;改元,大赦。

鄗(hào):古县名,在今河北柏乡县。
赤伏符:汉代流行的一种谶语。

张居正讲评 鄗,是县名,即今真定府高邑县。光武因诸将耿纯等劝即帝位,心里尚踌躇未决。行到鄗县,以将军冯异镇守孟津,必探听得长安中的消息,乃使人去召他来,密问他四方动静如何。冯异对说:"更始政事荒乱,必然败亡。汉家宗祀无托,大王既汉家宗室,又且功德隆盛,今宗庙之忧,在于大王,不可拘小节而忘大计。宜勉从众议,早正位号,以奉宗庙之统,以安亿兆之心。"正商议间,适有个书生姓强名华,自关中奉个谶书,叫做《赤伏符》,来见光武。那谶书上说道:"刘秀发兵捕不道",刘秀是光武的姓名,这句是说,光武起兵,剿灭那无道之人;"四夷云集龙斗野",这句是说,四方兵起如云之聚,群雄战争,如龙斗于野一般;"四七之际火为主",四七,是二十八,自汉高祖开国,至光武起兵,凡二百二十八年,故曰四七,汉以火德王天下,故曰火为主,这句是说,汉家天下,中间虽遭一厄,到二百二十八年之间,又有真主中兴,还是汉家作主。看这符谶,都是光武受命、汉家复兴之兆,于是群臣以光武名应图书,又再三劝进。六月,光武乃即皇帝位于鄗县之南,改年号做建武元年,大赦天下。夫以光武之功德,又当更始垂亡,天下无主,其正尊位以系人心宜矣。但不必借《赤伏符》以为受命之征。盖谶记之书,乃圣人所不道,多出于方士妖人假造出来,不可尽信。光武既以《赤伏符》即位,遂加尊信,其后用王梁为司空,亦决之于谶语,而郑兴、桓谭,皆以非谶被谴,则惑之甚矣。后世妖书、妖言,实自此始,岂非盛德之一累哉!

今评 问冯异四方动静,是刘秀决策的基础,来献《赤伏符》,则是时机。张居正的批评抓住了问题的根本,警诫小皇帝莫蹈正德、嘉靖帝崇道迷信以误国之覆辙。

二年,悉封诸功臣为列侯,阴乡侯阴识,贵人之兄也,以军功当增封,识叩头让曰:"臣托属掖亲,仍加爵邑,不可以

示天下。"帝从之。

张居正讲评 贵人,是妃嫔的官号。掖,是掖庭,指后宫说。建武二年,光武以天下初定,念诸将征伐之功,乃尽封众功臣邓禹、吴汉等为列侯。那时功臣里面有个阴乡侯,叫做阴识,是后宫贵人阴丽华的兄。前此已受封了,他有军功,又该加封。阴识乃叩头辞让说道:"臣妹在后宫,臣既附托于掖庭为亲属,若再加爵邑之赏,人不说陛下是赏功,只说是偏厚亲戚,有所私于臣,恐不可以昭示天下,使人心服。"光武因他说得有理,就准其辞免。夫外戚之家,不患不富贵,但患富贵太过,盛满难居耳。观前汉吕氏、霍氏及王莽家,皆以亲戚滥封,满门贵盛,终致祸败,大则乱国,小则破家。阴识之辞让,岂非有鉴于前车之覆辙乎?光武从之,亦所以爱厚而保全之也。

今评 西汉外戚之祸至为剧烈,结果都没有好下场。阴识看到前车之覆,有所收敛,要求光武不要再加封他,也算是比较明智的了。

卷之十一 东汉纪

陇右:指陇山以西地区,约当今甘肃陇山、六盘山以西和黄河以东一带。

不怿(yì):不喜欢,不乐意。

五年,帝使来歙持节送马援归陇右。隗嚣与援共卧起,问以东方事,曰:"前到朝廷,上引见数十,每接燕语,自夕至旦,才明勇略,非人敌也。且开心见诚,无所隐伏,阔达多大节,略与高帝同;经学博览,政事文辩,前世无比。"嚣曰:"卿谓何如高帝?"援曰:"不如也。高帝无可无不可;今上好吏事,动如节度,又不喜饮酒。"嚣意不怿,曰:"如卿言,反复胜邪!"

张居正讲评 陇右,是地名,在今陕西巩昌临洮等府地方。光武即位之五年,此时西州上将军隗嚣尚占据陇右,使其宾客马援至洛阳朝见光武,以通归顺之意,且欲窥看光武之为人。光武既管待了马援,使来歙持节伴送他回陇右。隗嚣因马援初回,乃引他入卧内,与他同睡同起,私问他以东方事体。盖陇右在西,洛阳在东,故称京师为东方。马援对说:"前到朝廷,主上引入相见,凡数十次。每接燕谈,辄自夜至明,亹亹不倦。窃见主上之才明勇略,皆非常人所能敌也。且开心见诚,把心腹的话都直说出来,无所隐伏。阔达多大节,有帝王之度,略与汉高帝相同。至如博览经学,通知古今,其政事与文章辩论,则近代帝王无可比者。"隗嚣问说:"卿看今上比高帝优劣何如?"马援说:"今上若比高帝,还不及些。高帝豁达大度,不拘小节,随时应变,无可无不可。今上好亲理吏事,一言一动,必循着规矩,不肯一些差错,又不肯饮酒,似不如高帝之雄略。"隗嚣见马援这说,以为褒美光武太过,意下不乐,乃应说:"如卿所言,动有节度,又不善饮酒,这正是帝王的美德,然则今上反更胜于高帝邪?"此时隗嚣虽遣使纳款,而其心实持两端,所以一闻马援以光武比高帝,便不乐如此。以今论之,汉高帝天资极高,弘模大略,非光武所及,但不好学,故每事有粗疏处。光武

之规模虽不及高帝,而博览经学,动合古法,故事事精密,少有过举。可见帝王聪明,虽得于天纵,而学问之功,亦不可无也。

今评 《直解》结末论高祖、光武短长及天分与学力关系,宜细参。

冯异治关中,出入三岁,上林成都。人有上章言:"异威权至重,百姓归心,号为咸阳王。"帝以章示异;异惶惧,上书陈谢。诏报曰:"将军之于国家,义为君臣,恩犹父子,何嫌何疑,而有惧意!"

> 上林:即上林苑,秦都咸阳时置,武帝时,周围至三百里,宫观壮丽,司马相如《上林赋》极言其侈。故址在今陕西西安市西及周至、户县界。

张居正讲评 关中,即今陕西地方。咸阳,即今西安府。征西将军冯异,既代邓禹镇守关中,剿除群盗,安集百姓。出入三年,光武一意委任他。关中有个上林苑,原是车驾游幸的去处,冯异屯兵在里面,百姓归附得多,便成一个大都会。那时朝中有人奏他说:"冯异在关中,专制一方,威权太重,百姓们的心都归服他,号他做咸阳王。关中地方只知有冯异,不知有朝廷,其得人心如此,势不可测,须用提防。"这正是谗邪小人离间冯异的说话。光武心里却信得冯异是忠诚为国的人,初不因人言而生猜忌,就把这章奏封去与冯异看。冯异见了惶惧不自安,即上书表白心事,自陈谢罪。光武手诏批答说:"将军于我国家,义虽有君臣之分,恩则犹父子之亲。将军忠义,朝廷备知。纵有谗言,岂能离间?何嫌何疑,而怀恐惧之意哉!"这是光武慰安冯异的意思,所以保全功臣者至矣。尝观韩信、彭越具有开国之功,然高祖一闻疑似之言,便加诛戮;而光武乃能保全如此。虽冯异之谦让不伐,自与韩、彭不同,而光武之以礼御臣,过于高祖远矣。

今评 专制帝王,最忌讳臣下的权力过大或专权一方,动摇自己的统治。所以一般进谗言者,多从此下手。此事可作为君主用人者之戒。

冯异自长安入朝,帝谓公卿曰:"是我起兵时主簿也,为吾披荆棘,定关中。"既罢,赐珍宝、钱帛,诏曰:"仓卒芜蒌亭豆粥,滹沱河麦饭,厚意久不报。"异稽首谢曰:"臣闻管仲谓齐桓公曰:'愿君无忘射钩,臣无忘槛车。'齐国赖之。臣亦愿国家无忘河北之难,小臣不敢忘巾车之恩。"留十余日,令与妻子还西。

> 主簿:官名。汉代中央及郡县官署均置此官,以典领文书,办理事务。
>
> 射钩:指春秋时管仲射齐桓公事。
>
> 槛(jiàn)车:装载猛兽或囚禁罪犯的车子。此指囚车。

张居正讲评 披荆棘,是削平僭乱的意思。钩,是带钩。槛车,是囚车。巾车,是乡名。此时冯异镇守关中年久,思慕朝廷,乃自长安入朝。光武见了冯异,因指示与公卿说:"此人是我起兵时主簿也,相从最久。关中

连经更始、赤眉之乱,盗贼纷起,道路不通,如荆棘一般。他能替我削平僭乱,芟除荆棘,以定关中,收复我祖宗的旧都,其功大矣。"朝罢,又特赐他珍宝、钱帛等物,传旨与他说:"先年在河北为王郎所追,仓卒困饿之时,你于芜蒌亭进我豆粥,到滹沱河又进我麦饭,幸得免于艰危,致有今日。你这厚情,久未酬报,今特以此物相报。"夫光武之赐冯异,不专为一饭之德,盖念其相从于患难耳。冯异叩头谢恩对说:"臣闻昔齐桓公与其弟子纠争国,此时管仲臣事子纠,将兵堵截桓公,不使入齐,射中桓公的带钩。及桓公既立,求管仲于鲁。鲁人把管仲缚在囚车里,解送与齐桓公,知他是贤人,亲解其缚,用以为相。其后管仲相桓公霸诸侯,齐国富强。乃告桓公说:'愿吾君无以今日佚乐,忘却前日射钩之危;臣无以今日显荣,忘却前日槛车之辱。君臣上下,常念念如在患难之中而后可。'管仲与桓公以此交相警戒,而齐国卒赖其福。臣昔为郡吏,替王莽坚守父城,偶出行至巾车乡,被汉兵拿获,荷蒙陛下圣恩,赦而不诛,以有今日。臣今亦愿国家不要忘了河北窘辱之难,而常兢业以图存;小臣亦不敢忘了巾车赦罪之恩,而必感激以图报,庶几无愧于齐之君臣矣。"光武留冯异住京师十余日,命他与妻子仍回长安镇守。自古有国家者,每能忧勤于艰难多事之秋,而不能不侈肆于宴安无事之日。惟逸能思危,安能惟始者,然后可以履盛持盈,永保天命。故管仲之警桓公以射钩,冯异之动光武以河北,其意一也。然桓公竟以骄侈不终,而光武之恭俭忧勤三十年如一日,其贤于桓公远矣。

今评 语云:共患难易,共安乐难。刘秀总算还没有忘记旧情;冯异也不敢居功,君臣才相安无事。

大司农江冯上言:"宜令司隶校尉督察三公。"司空掾陈元上疏曰:"臣闻师臣者帝,宾臣者霸。故武王以太公为师,齐桓以夷吾为仲父,近则高帝优相国之礼,太宗假宰辅之权。陛下宜修文、武之圣典,袭祖宗之遗德,劳心下士,屈节待贤,诚不可使有司察公辅之罪。"帝从之。

张居正讲评 大司农、司隶校尉,都是官名。司农掌出纳钱谷之任,司隶校尉专以督察奸邪。汉家以司马、司徒、司空为三公,即是宰相之职。其后王氏以外戚相继为大司马,专擅国政,王莽因之而移汉祚。到光武时,大司农江冯惩鉴前弊,建议奏说:"三公位尊权重,他的罪过无人纠举,恐养成祸乱。今司隶校尉本是京师督察的官,可着他访察纠举三公的罪过,则大臣知所警畏,不敢为非。"这虽是防患的意思,然人君信任辅相,优礼大臣,岂宜如此?于是司空衙门有个掾史陈元,上疏说道:"臣闻人君于臣,有大贤可为师的,能以师礼尊之,法其道德,便可以兴帝业;有次贤可为友的,能以宾礼敬之,资其谟议,便可以图霸功。故周武王以太公望为尚父,这便是师臣者帝;齐桓公以管夷吾为仲父,这便是宾臣者霸。若论近世,则我朝高祖也曾优厚相国之礼,如赐萧何剑履上殿,入朝不趋是也;太宗文帝也曾宽假宰辅之权,如容申屠嘉召治邓通是也。

周家之典如彼，祖宗之德如此，今陛下只宜法周文王、武王，修其圣典，法我高祖、太宗，袭其遗德。劳心以下士，无有傲慢；屈节以待贤，无有猜疑。则宾师之礼既尽，帝王之治可兴。今既以为贤，立他为三公辅相，上佐天子，下统百僚。那司隶校尉，一有司官耳，乃又使之访察公辅的罪过，得以持其长短，成甚体统？尚何以为天子之股肱、百僚之师表乎？臣以为断不可如此。"光武因陈元说的有理，即从其言，而待辅相之礼加隆矣。大抵人主任相，只当审择于未任之先，不可致疑于既任之后。前时王莽所以能为祸乱者，乃是信任外戚之过，非信任三公之过也。若缘此故一概猜疑，苛求备责，谗谮易生，虽有太公、管仲之贤，亦岂得行其志哉！贾生有言："陛九级上，廉远地，则堂高。"又曰："鼠近于器，尚惮不投。"而况贵臣之近主乎？待大臣者，所宜深思也。

今评 张居正所云"只当审择于未任之先，不可致疑于既任之后"，堪称用人要道。对于所用之人，也要有一定的礼貌尊重，不可随意高下之。

赵王良从帝送歙丧还，入夏城门，与中郎将张邯争道，叱邯旋车；又诘责门候，使前走数十步。司隶校尉鲍永劾奏"良无藩臣礼，大不敬"。良贵戚尊重，而永劾之，朝廷肃然。永辟扶风鲍恢为都官从事，恢亦抗直，不避强御。帝常曰："贵戚且敛手以避二鲍。"

夏城门：洛阳十二城门之一。
旋车：掉转车头回去。
抗直：坦率耿直。
强御：横暴有势力的人。

张居正讲评 中郎将，是官名，主宿卫侍从之事。门候，是守城门的官。辟，是举用。强御，是豪强抗拒的意思。来歙领兵伐蜀，卒于军中，还葬洛阳。光武亲率群臣与他送殡出城。有赵王名良，随驾送殡，回来入夏城门，与中郎将张邯争路，赵王怒，喝令张邯退回车子，让他先入，又怪责城门官，不该先放张邯进城，城门官既叩头谢罪，赵王仍着他当马前走行数十步以辱之。那时司隶校尉鲍永，是个刚正执法的人，就劾奏说："赵王良位在侯王，本是国家的藩臣，乃不尊朝廷，斥辱天子之命吏，无藩臣之礼，大不敬！"赵王是光武之叔，贵戚尊重，而鲍永乃敢据法劾奏之，朝廷之上因此都肃然敬畏，不敢犯法。鲍永又举扶风人鲍恢做都官从事。都官从事，是司隶的属官，专访察百官之过失。鲍恢为人也刚直敢为，百官但有犯法，即行举奏，就是势要人家，能抗拒有司的，他亦依法纠举，无所畏避。光武常戒谕皇亲外戚家说："你们各人且当敛手以避那鲍永、鲍恢二人，不要犯法取他劾奏。"夫人臣必能为君执法，而后朝廷之势尊；人主必能容其臣执法，而后朝廷之法行。今鲍永劾奏亲王，鲍恢攻击强御，光武不惟能容，且常举之以戒贵戚，此岂待贵戚之厚，不若一臣哉？盖容二臣者，所以正法也；正法者，所以尊朝廷也。使当时于执法之臣，一犯贵近，即从而加罪之，则人臣孰肯以身守法，而朝廷又安有肃然之治哉！史称光武明慎政体，总揽权纲，观于此益信矣。

今评 皇帝不循私情,支持臣下以法办事,有利于整肃纲纪。刘秀在这一方面,比其他皇帝要高明。

<small>太守:官名。本为战国时郡守的尊称。汉景帝时,改郡守为太守,为一郡行政的最高长官。历代沿置不改。</small>

帝以睢阳令任延为武威太守,亲见,戒之曰:"善事上官,无失名誉。"延对曰:"臣闻忠臣不私,私臣不忠。履正奉公,臣子之节;上下雷同,非陛下之福。善事上官,臣不敢奉诏。"帝叹息曰:"卿言是也!"

张居正讲评 睢阳,是县名。武威,是郡名。雷同,是同声附和,如雷声之相应一般。光武知道睢阳令任延是好官,升他做武威郡太守。召来面见,戒谕他说道:"郡县官的名誉,全凭上司官荐举。你今去到地方,好生承事那监临的上司官,不可违拂了他的意思,以致损失了你的名誉。"这是光武故意试问任延,以观其意向何如。任延却以正对说:"臣闻古语说:'忠臣不私,私臣不忠。'盖人臣实心为国为民,不顾自身的毁誉荣辱,这叫做忠。若只为身图,不顾国与民的休戚利害,这叫做私。二者相反,所以忠的便无私,私的便不忠,此必然之理也。故为臣者,所履而行的,必是正理;所奉而守的,必是公法。但观理法之是非,不徇上官之喜怒,这方是人臣的大节。若上官道可,我也道可,上官道不可,我也道不可;更不顾正理公法如何,同声附和,如出一口;似这等的人,虽是做了好官,要了名誉,却把国家的事都废坏了,百姓的困苦都不相关,岂陛下之福哉?今臣受国家厚恩,唯知奉公守法,上为国家,下为生民而已。毁誉祸福,岂暇顾哉!善事上官之言,臣实不敢奉命。"于是光武叹息说道:"卿所言是也。"其后任延在武威,内搏豪强,外御羌虏。置水官以理沟渠,置校官以兴儒雅,列名循吏,真可谓不愧其言矣。大抵郡县官务求声名,必善事上官;善事上官,必刻剥百姓。故上官好贿赂,则郡县必取民以馈遗之;上官好逢迎,则郡县必劳民以奔走之;上官好自尊大,则郡县必承望风旨,颠倒是非以阿顺之。于是监临官视此以为贤否,而举劾因之;铨曹视此以为优劣,而黜陟因之。故雷同者往往得美官,而履正奉公之士,为世所讥笑。吏治之日坏,有由然也。要必严敕监司督察之官,崇奖悃愊无华之吏,无为声名所眩然后可。

今评 "善事上官",就是把上司巴结好,这几乎是过去官场的"箴言"。张居正评议中申论官场情状,更曲尽内幕,鞭辟入里。本节可为一切为官者戒。

十三年,时异国有献名马者,日行千里;又献宝剑,价直百金。诏以剑赐骑士,马驾鼓车。上雅不喜听音乐,手不持珠玉。 <small>雅:很。</small>

张居正讲评　骑士，是扈驾的马军。鼓车，是载鼓的车。光武即位十三年，外国有以良马来献者，其马一日能行千里；又献宝剑，其价可值百金。光武虽以远人之意，受而不却，然未尝以之为宝。即以剑赐骑士悬带，以马驾鼓车，都不留自用。光武为人，素性不喜听音乐，手里并不曾持着珠玉为玩，其简淡俭约如此。盖人君好尚虽微，关系甚大。凡珠玉狗马音乐等事，一有所溺，皆足以妨政害治，而贻生民之祸。汉武帝只为好大宛之善马，南越之珠玑、玳瑁，而穷兵远讨，坏了多少生灵；唐明皇只为好《霓裳羽衣》之曲，终日流连，废却政事，天下几至于亡。故古之圣王，抵璧于山，投珠于渊，不畜珍禽奇兽，不近淫声乱色，所以防其渐也。若光武者，诚可为万世之法矣。

今评　"宝珠玉者，殃必及身"（《孟子·尽心下》），光武可谓善事斯言。

　　尝出猎，车驾夜还，上东门候郅恽拒关不开。上令从者见面于门间，恽曰："火明辽远。"遂不受诏。上乃回，从东中门入。明日，恽上书谏曰："昔文王不敢盘于游田，以万民惟正之供。而陛下远猎山林，夜以继昼，如社稷宗庙何！"书奏，赐恽布百匹，贬东中门候为参封尉。

盘：回旋，游乐。

张居正讲评　上东门、东中门，都是洛阳城门。参封，是县名。光武一日曾出去打猎，到夜深方回，那时城门已闭。光武至上东门，有个守门的官，姓郅名恽，闭门不开，不放车驾进入。光武只道他不认得，着左右随从的人，见面于门间，使他识认。郅恽对说："这等深夜，火光辽远，怎么辨得真伪？"终不开门。光武不得已，转从东中门进入回宫。至次日早，郅恽又上书谏说："昔日周文王不敢以出游打猎为乐，使那万民只供正经的赋税，未尝无故滥费。且陛下以万乘之尊，远猎山林，昼日不足，以夜继之。陛下纵自轻，其如社稷宗庙付托之重何？臣未见其可也！"书奏，光武深嘉其言，赏郅恽布百匹，反将那守东中门的官，降为参封县尉。盖罪其门禁之不严也。夫当郅恽拒关时，他岂不认的是光武？但京城门禁，最宜严谨，深夜启闭，当备非常。故虽天子之诏，且不敢奉，况其他乎？光武之赏郅恽，诚悔其夜猎之过，而为社稷宗庙自爱重也。且郅恽以忤旨蒙赏，东中门候以顺旨被罚，惟论事之当否，不徇情之喜怒。赏罚如此，非明主其孰能之！

今评　张居正归结为"惟论事之当否，不徇情之喜怒"，是警句。

光武帝

息肩：卸去负担。
"昔卫灵公"二句：见《论语·卫灵公》：卫灵公问陈于孔子，孔子对曰："俎豆之事，则尝闻之矣；军旅之事，未之学也。"陈同阵。

帝在兵间久，厌武事，且知天下疲耗，思乐息肩，自陇、蜀平后，非警急，未尝复言军旅。皇太子尝问攻战之事，帝曰："昔卫灵公问陈，孔子不对。此非尔所及。"

张居正讲评 光武自起兵以来，身经百战，在兵间日久，已厌苦武事。又知道天下遭战争之苦，疲敝虚耗已极，都愿休兵罢战，得以息肩无事。只为隗嚣据陇右，公孙述据蜀中，二方未定，不得已用兵征讨。自嚣、述既灭，陇蜀既平之后，即专意休息，非有警急的边报，未尝说起军旅，恐其生事以劳民。皇太子曾一日问及攻战之事，光武说："昔卫灵公问陈法于孔子，孔子以'军旅之事，非为国之急务'不肯答他。今攻战事非尔所能及，可勿问也。"盖兵乃凶器，战乃危事，圣人不得已而用之。若天下已定，而用武不已，则不惟国家多事，而民命亦不能堪矣。光武既平陇蜀，不言军旅，实有得于先王偃武修文之意。其身致太平，不亦宜乎？

今评 天下纷争时，不得不用武力戡平祸乱，天下太平时，就应考虑兴文教、致太平。这才是长治久安之策。

卷之十一 东汉纪

陈留：汉时郡名，即今开封一带。
颍川：郡名，以颍水得名。治所在阳翟（今河南禹县）。**弘农**：郡名。治所在弘农（今河南灵宝北）。
虎贲将：官名。皇宫中卫戍部队的将领。

时诸郡各遣使奏事，帝见陈留吏牍上有书，视之云："颍川、弘农可问，河南、南阳不可问。"帝诘吏由，吏不肯服，抵言"于长寿街上得之"。帝怒。时皇子东海公阳年十二，在幄后言曰："吏受郡敕，当欲以垦田相方耳。"帝曰："即如此，何故言河南、南阳不可问？"对曰："河南帝城，多近臣；南阳帝乡，多近亲；田宅逾制，不可为准。"帝令虎贲将诘问吏，吏乃实首服，如东海公对。上由是益奇爱阳。遣谒者考实二千石长吏阿枉不平者。

张居正讲评 陈留、颍川、弘农、河南、南阳，都是汉时郡名。谒者，是近侍官。二千石，是郡守。国相、长吏是正官。此时光武方踏勘核实天下开垦地亩，照地起科，各郡太守都差人到京奏报地亩粮差的规则。陈留郡差一个吏来，他奏书板上写着两句说道："颍川、弘农可问，河南、南阳不可问。"光武偶然看了，不晓得这意思，就诘问那差来的吏："为何写这两句？"吏不敢承认，只支吾说："从洛阳长寿街上拾得这奏牍，不知其意。"光武恼怒。此时光武第四子，封东海郡公名阳的，年才十二岁，在御幄背后说："这吏是受他本府官分付，叫他把各处垦田的事体相比方耳。"光武问说："即如此，何故说河南、南阳不可问？"东海公对说："河南是京城地方，多有左右贵幸功臣田土；南阳是父皇的乡里，多有族属亲戚人家的田土。近臣近亲，这两样人家倚恃权势，占种地土往往违越法制，朝廷不知，人不敢言，所报数目不可为定准，所以说颍川、弘农与他郡中事体相同，可问；河南、南阳事体不同，不可问。"光武就着面前侍卫的虎贲郎将，诘问那差来的吏。那吏乃自首输服，说委是这意思。光武见东海公聪明

如此，越发奇爱他。因遣谒者官往各处地方，考察核实那郡守、国相、县令等官，但有阿谀奉承势要人家，及亏枉平民，不得均平的，都治以罪。自古国家要立法度，必须先从左右贵戚人家为始，若这两样人家任从豪横放纵，无所稽查，朝廷法度如何得行？因循日久，僭乱之祸皆由此起，不独垦田一事为然也。东海公方在冲年便能知此，可谓资禀不凡者矣。其后竟立为太子，即位为孝明皇帝，岂非天启之哉！

今评 张居正所云"近臣近亲"多"倚恃权势"，足为百代在上位者戒。

陈留董宣为雒阳令。湖阳公主苍头白日杀人，因匿主家，吏不能得。及主出行，以奴骖乘。宣于夏门亭候之，驻车叩马，以刀画地，大言数主之失；叱奴下车，因格杀之。主即还宫诉帝，帝大怒，召宣，欲棰杀之。宣叩头曰："愿乞一言而死。"帝曰："欲何言？"宣曰："陛下圣德中兴，而纵奴杀人，将何以治天下乎？臣不须棰，请得自杀！"即以头击楹，流血被面。帝令小黄门持之。使宣叩头谢主，宣不从；强使顿之，宣两手据地，终不肯俯。主曰："文叔为白衣时，藏亡匿死，吏不敢至门；今为天子，威不能行一令乎？"帝笑曰："天子不与白衣同！"因敕："强项令出！"赐钱三十万，宣悉以班诸吏。由是能搏击豪强，京师莫不震栗。

骖（cān）乘：陪同乘车，居于尊者之右。
亭：秦汉时乡以下的行政机构。夏门：洛阳北城靠西边的城门。
小黄门：资历尚浅的宦官。
白衣：指平民。
强项：硬脖梗儿，意思是说倔强不屈。

张居正讲评 雒阳，是县名。苍头，是家奴。楹，是柱。文叔，是光武的字。光武时，陈留人董宣，做在京雒阳县令。光武之姊湖阳公主，有家奴白日行凶杀人，因藏躲在公主家里，官府拿他不得。一日公主出来游行，那家奴跟随在车上，董宣探知，先往夏门亭伺候他。公主车到，就拦驻了车，叩着马，不放过去，以刀画地，大声数责公主的过失，说他不该纵容家人，窝藏罪犯，乃喝奴下车，就亲手击杀之。公主即时回宫告诉光武，光武大怒，唤董宣来要打杀他。董宣叩头请说："愿容臣一言而后死。"光武问说："你要说甚么？"董宣对说："陛下圣德中兴，当以法度治天下。若纵家奴杀人，不使偿命，是无法度了。家奴犯法，尚不能治，将何以治天下乎？臣不须棰杖，请得自杀。"就以头撞柱，流血满面。光武见他说得有理，急令小黄门持定他，不要他撞死，只着他与公主叩头谢罪便罢。董宣不从，光武使人将他头按下，董宣两手撑地，终不肯低头一叩。公主见光武有容董宣之意，从旁谮说："文叔做白衣庶人时，曾藏亡命的、匿死罪的，官吏畏文叔之威，也不敢上门拿人。如今做了天子，其威反不能行于一令，而任其杀家奴乎？"光武笑说："做天子却与白衣人不同。"盖布衣任侠使气，犹或可以妄为，若天子则法度所自出，若任意容私，是自家先坏了法度了，又何以正朝廷，而正万民？光武喜董宣如此鲠直，以其强了头项而不屈，遂称他做"强项令"。传旨着这强项令且出，既饶了，又赐钱三十万，以奖励之。董宣把钱尽分与手下诸吏，盖彰君之恩，欲诸吏皆效其所为，不畏强御也。董宣既受知于上，因

此能搏击豪强，无所畏避，京师中莫不震栗，无敢倚势以犯法者。光武这一事，与戒贵戚避二鲍的意同。夫亲王至尊，一与朝臣争道，则司隶得以劾其罪；公主至贵，一纵家奴杀人，则县令得以数其失；而为司隶与县令者，又或以见称或以受赏。然则国法安有不行，而人心安有不肃者乎？故终光武之世，宗藩贵戚皆知循礼守法，保其禄位，有由然矣。

今评 "强项令"的故事早已被编为中国的传统戏剧，家喻户晓。可见公理之在人心，未可用强权泯灭之。

莎车：西域国名，治今新疆莎车县。
车师：西域国名，治今新疆吐鲁番县西北。

二十一年，莎车王贤欲兼并西域，诸国愁惧。车师等十八国俱遣子入侍，愿得都护。帝以中国初定，北边未服，皆还其侍子，厚赏赐之。

张居正讲评 莎车、车师，都是西域国名。贤，是莎车王名。都护，是总领属夷之官。光武二十一年，莎车王贤恃其强大，要兼并西域诸国。诸国自度弱小，敌他不过，恐为所并，都忧愁惧怕，要借大汉的兵力以为助。于是车师、鄯善、焉耆等十八国，一时都遣其嗣子入侍汉庭，以为质当。情愿请朝廷都护官一员，出去镇抚西域诸国，使莎车不能侵害。光武自思：中国祸乱方才平定，北边匈奴尚未归服，兵戈始息，防御尚多，何暇又远及西域？于是将那各国侍子都发遣回去，仍厚加赏赐，以答其来意。至于都护之请，则寝而不行，恐劳费兵力也。夫西域诸国，武帝频年遣使出兵，糜费中国，以求其通而不得，今诸国自来纳款、质爱子、求都护，而光武不许。然武帝不免于虚耗，而光武不失为治平。由是观之，中国之轻重，固不在戎狄之去来，又何必徒敝吾民以事无益哉！

今评 汉武、光武，两时期与匈奴关系的态势不同，战与和的方略亦自不同，不可简单以"虚耗"与"治平"论之。

五原：汉郡。治所今内蒙古包头市西北。
孝宣：汉宣帝刘询。故事：指甘露三年（前51），匈奴呼韩邪单于亲自朝汉。

二十四年，匈奴八部大人共议立日逐王比为呼韩邪单于，款五原塞，愿永为藩蔽，捍御北虏。事下公卿，议者皆以为"天下初定，中国空虚，夷狄情伪难知，不可许"。五官中郎将耿国独以为"宜如孝宣故事，受之，令东捍鲜卑，北拒匈奴，率厉四夷，完复边郡"。帝从之。

张居正讲评 大人，是虏中各部落的头领。鲜卑，是东胡国名。光武时，匈奴中有个日逐王名比，是呼韩邪单于之孙，管领匈奴南边八个部落。这日逐王自以不得立为单于，常怀怨恨，欲与单于相图。至建武二十四年，那八个部落的头领，共议立比为呼韩邪单于，仍袭他祖公的名号。以他祖公呼韩邪尝依汉得安，如今也要自附于汉，以求中国之助。于是率众到五原郡塞上，自请称臣内属,愿永为汉之藩蔽,替中国堵截北虏。光武将这事情,下与公卿每会议。那时会议的都说:"若受了匈奴之降,须用金帛赏赉他;万一他国内有难,又须出兵去救他。今天下初定,中国空虚,岂可复费中国之力,与夷狄作主?且夷狄狡诈,真伪难知,不可许也。"独有五官中郎将耿国议说:"昔孝宣帝受呼韩邪之降,边境无事者数十年。自中兴以来,匈奴骄慢,屡为边患。今幸他国内分离,他的孙子又来纳款,宜如孝宣帝时故事受他,就使他近塞居住。东边捍蔽着鲜卑,北边抗拒着匈奴,以夷狄而御夷狄,最为中国之利。且以倡率勉励诸四夷,都效他这般归顺,又乘边境无事之时,得把那沿边诸郡被匈奴残破的,渐渐修复,却不是好?"光武以耿国之说为是,遂从其计,立日逐王为单于,号做南匈奴。于是匈奴遂分为二矣。尝观西域诸国,各请内属,光武不受,今南匈奴请降,而光武受之,何也?盖先时中国初定,匈奴方强,故却西域之请,而专意北虏,所以安中国也。至此时匈奴有分争之衅,而我得以乘其敝,故受南匈奴之降,以共制北虏,亦所以安中国也。且西夷北虏,其势不同:西域之去来,不足为中国之轻重;而北虏之分合,则有关于边境之安危。故制御之策,不同如此。其后南北匈奴互相攻击,而中国晏然,累世无兵革之警,斯其效昭然可睹矣。

今评 彼却而此纳,唯达形势、通经权者能明之。耿国即其人,张居正即其人。

二十六年,初作寿陵。帝曰:"古者帝王之葬,皆陶人、瓦器、木车、茅马,使后世之人不知其处。今所制地不过二三顷,无为山陵陂池,裁令流水而已。使迭兴之后,与丘陇同体。"

裁:通"才",仅仅。

张居正讲评 建武二十六年,光武自家预先造下生坟,叫做寿陵。谓之寿者,盖取考终之意。光武说:"上古时,帝王丧葬,其礼甚简。陵前摆列人物,都是土烧成的,冥器之类,都是瓦的。以素木为车,茅草为马,不用金银珠玉,其葬之薄如此;所葬之地,又都只因地势之高下,不另起山陵丘冢,所以然者,不但节省财力,亦欲后世之人,不知其处,免于发掘之患也。今我所制造的寿陵,其地不过用二三顷,不必太广,亦略仿古人之制,因山为高,因地为下,不必又筑土为山陵,凿地为陂池,止通沟渠,令可流水便罢。庶使继汉迭兴之后,虽朝代不同,此坟陵体制,与丘阜陇阪一般,人莫知其处,可以保全而无患也。"夫死者,人情所忌讳也,而光武预作陵寝于生前。穷奢极费,以厚葬为礼者,秦汉以来之敝俗也。而光武务从简俭,比那秦家骊山之制,用徒七十万,耗费天下财力,不数年而遭发掘者,何其愚之甚哉!以此益知光武见之明,而虑之远也。

今评 帝王多行厚葬,张居正借光武故事告诫万历不要厚葬。但万历皇帝从二十二岁时就营建寿宫,前后五年时间,耗银八百万两,是历代帝王中较豪奢的。

臧宫、马武上书曰："匈奴贪利，无有礼信，穷则稽首，安则侵盗。今人畜疫死，旱蝗赤地，疲困乏力，不当中国一郡。今命将临塞，厚悬购赏，北虏之灭，不过数年。"诏报曰："《黄石公记》曰：'柔能制刚，弱能制强。舍近谋远者，劳而无功；舍远谋近者，逸而有终。故曰：务广地者荒，务广德者强。'今国无善政，灾变不息，而复欲远事边外乎！诚能举天下之半，以灭大寇，岂非至愿！苟非其时，不如息民。"自是诸将莫敢复言兵事者。

> 《黄石公记》：当指《黄石公三略》。"柔能制刚，弱能制强"二句见《三略·上略》，其余见《下略》。黄石公是传说中的秦隐士，曾向张良传太公兵法。

张居正讲评　黄石公，是秦时有道之士，曾授书于张良，叫做《素书》。光武二十七年，北匈奴屡被南匈奴抄掠，不能自安，也要与汉家和亲。那时汉朝有两个猛将，叫做臧宫、马武，齐上本说道："匈奴之性，惟知贪利，没有礼法与信义。穷迫时，则稽首投降；及安乐时，又侵犯为寇。不可以恩信结得。今闻房中地面，人畜遭瘟疫多死，又有大旱蝗虫之灾，数千里尽成空地，一无所收，疲困乏力，不能当我中国的一郡，此天亡匈奴之时也。今若乘此时，遣将临边，悬厚赏之格，以告谕东胡、西羌诸国，使他左右夹攻，则北虏亡灭之期，不出数年耳。岂可舍而不诛，以养寇遗患乎？"光武下诏答他说道："黄石公书上说：'天下之事，柔者偏能制刚，弱者偏能制强。舍近而谋远者，徒劳而无功；舍远而谋近者，安逸而有终。所以说，务广辟其土地者，必致荒乱；务广施其德泽者，乃能强盛。'这几句都是黄石公的格言，大抵恶刚强而戒远图，真有国家者之所当念也。今我国内自无善政，天降灾变，也连年不息。方自忧之不暇，而又欲穷兵远讨，从事于边外乎？假如时势可为，就是用天下一半之力，以灭此大寇，岂不是我的至愿！苟非其时，不如且休息民力，保守中国，以遵黄石公守弱谋近之戒可也。"自此以后，诸将知光武有休兵之意，莫敢再言兵事者。盖帝王之制御夷狄，于其来降，则以恩抚之，至其有侵犯之衅，亦不过预修武备，固守边疆，使之不能为大害而已。若怒其难驯，乘其衰敝，遂欲发兵深入其地，将见虏未必灭，而中国之疲耗，已不可胜言矣。光武引黄石公之说，以却臧、马二将之请，何其识明而虑远哉！

今评　刘秀考虑当时汉朝无力征北匈奴，采取舍远谋近的政策，首先安抚南匈奴，对北匈奴则无与交恶，以保持和平关系。张居正申论其义，更透彻明白，可细参。

京师醴泉涌出，又有赤草生于水涯，郡国频上甘露。群臣奏言："灵物仍降，宜令太史撰集，以传来世。"帝不纳。帝自谦无德，郡国所上，辄抑而不当，故史官罕得记焉。

> 太史：古代掌管修史与历法之官。

张居正讲评 光武之末年，京师有醴泉涌出，其味甘美，如酒醴一般；又有赤色瑞草，生于水滨，各处郡国常奏上有甘露之瑞。于是群臣奏说："灵异之物频仍而降，这都是圣德所感，非偶然也，宜宣付史馆，令太史官撰集成书，以传示来世。"光武不听，每自谦己无功德可致祥瑞，凡郡国所进上的，辄抑止之而不敢当，往往不曾宣布。所以当时祥瑞虽多，然史官少得记载焉。夫水泉雨露、草木鸟兽，或色味稍别，或形质特殊，此皆出于气化之偶然，不足为瑞。惟人主一好之，则天下之搜求假饰以中其欲者，纷纷而至，甚有指菌为芝，指雀为鸾者，记在史书，徒取后世之嗤笑耳。尝观汉文帝之世，不闻祥瑞而天下称治；至于武帝，白麟、赤雁、芝房、宝鼎之瑞，史不绝书，而竟无补于海内之虚耗。然则祥瑞果何益乎？光武抑祥瑞而不书，非独谦让，盖其所见者远矣。

今评 此示光武识见高于汉武处。

三十年，车驾东巡。群臣上言："即位三十年，宜封禅泰山。"诏曰："即位三十年，百姓怨气满腹，'吾谁欺，欺天乎！''曾谓泰山不如林放乎！'何事污七十二代之编录！"于是群臣不敢复言。

"吾谁欺"二句：《论语·子罕》："子疾病，子路使门人为臣，病间，曰：久矣哉，由之行诈也。无臣而为有臣，吾谁欺，欺天乎？"
"曾谓"句：出《论语·八佾》。

张居正讲评 封，是加土于山上；禅，是设坛于山下。泰山，是东岳山名。自秦汉以来，相传古者帝王在位年久，天下太平，则于东岳泰山上，行封禅祭天之礼，以告成功，而延福祚。自书传所记，曾封禅泰山者，有七十二君，这都是世俗夸诞之言，非圣明明王兢业守位之道也。光武即位之建武三十年，车驾出去巡狩东方。此时天下无事，群臣因而献谀说道："自古帝王都曾封禅，今陛下即位三十年，功德茂盛，礼当封禅泰山，好趁此东巡而行之。"光武不许，说道："封禅泰山，是因天下太平而告成功。今我即位虽三十年，当战伐疮痍之后，无德于民，百姓每未免愁苦，怨气满腹。若说太平，我将谁欺，敢要欺天乎，天如何欺瞒得？孔子说：'曾谓泰山不如林放乎？'言林放尚能知礼之本，泰山必不享非礼之祭。今何必务此虚名，载在史书上，徒污辱那七十二代圣君所编的图录，以取天下后世讥笑乎！"于是群臣乃不敢复言封禅事矣。按：封禅之礼，不见于圣经，惟秦始皇尝为之。至于汉武帝信方士祷祀之说，登泰山，禅梁父，而侈心日肆，卒之海内虚耗，汉业几倾，安在其为太平有功乎？夫自古圣王兢兢业业，日慎一日，然后能永保天命。三代以后，惟汉文帝功德最盛，然观其临终遗诏说："朕在位二十余年，嗣守先帝洪业，常恐其不克终。"是其心未尝敢一侈然自放也。而天下后世称文帝之德者不衰，又何必封禅以夸世俗哉。今光武之拒群臣，止是谦让未遑，尚未能明言其非礼也，故未几而又信谶文以行之，盖信道不笃之过也。

今评 封禅之举，秦始皇、汉武帝都做过，劳民伤财，贻讥后世。汉光武迷信谶纬，两年之后，当有谶语，说上天命刘邦的九世孙到泰山封禅时,他就立即决定去泰山封禅了。

　　帝每旦视朝,日昃乃罢,数引公卿、郎将讲论经理,夜分乃寐。皇太子见帝勤劳不怠,乘间谏曰:"陛下有禹、汤之明,而失黄、老养性之福,愿颐爱精神,优游自宁。"帝曰:"我自乐此,不为疲也!"虽以征伐济大业,及天下既定,乃退功臣而进文吏,明慎政体,总揽权纲,量时度力,举无过事,故能恢复前烈,身致太平。

张居正讲评　　这一段,是史臣总叙光武的好处:光武每日天明时,便出来临朝,直到日西时,才罢朝回宫,其勤政如此。罢朝之后,又时常引见公卿大臣及宿卫的郎将,与他讲论经书中的义理,直到夜半才去歇息,其勤学如此。皇太子见光武这等劳苦,恐过用了精神,每乘空进谏说:"陛下励精图治,固有大禹、成汤之明,而形神过劳,恐失了黄帝、老子所以养性之福,愿且颐养爱惜自家的精神,使常安闲自在,何必这等朝夕勤苦?"光武说:"我自己喜欢与群臣讲论,考求经典,启发志意,以此为乐,不觉疲倦。"其勤劳出于天性如此。虽值衰乱,起于民间,百战而有天下,用征伐以成大业。及天下既定,便偃武修文,功臣退奉朝请,文吏进而用事,以武取之,以文守之,其文武并用如此。又且明慎政体,悉得其枢要,总揽权纲,无失其操柄,量其时之所宜,度吾力之所能,务在可行,不为迂阔,凡所举动,一无过差,故能恢复前烈,于高祖有光,而身致太平,成建武之盛治也,光武之为君如此。规模弘远,而节目精密,此所以能振炎运于中衰,而垂东汉二百年之统欤!

今评　一个帝王,于日理万机之余,能勤于学习,乐此不疲,是难能可贵的。张居正谓光武"规模弘远、节目精密",恐怕与他勤于学习有关。

明　帝

名庄,是光武之子。在位十八年,庙号显宗。

冬十月,上幸辟雍,初行养老礼;以李躬为三老,桓荣为五更。礼毕,引桓荣及弟子升堂,上自为辩说,诸儒执经问难于前,冠带缙绅之人,圜桥门而观听者,盖亿万计。

> 明帝(28—75):光武帝第四子,幼名阳,后改名庄。母亲阴皇后。58—75在位,在位期间谨守建武制度,勤于理政。

明帝

张居正讲评

辟雍,是古时太学之名,即今国子监。缙,是插,绅,是大带,插笏于带间,叫做缙绅。亿,是十万。明帝即位之二年冬十月,车驾临幸太学,初行先王养老之礼。古时养老,于公卿中选年高有德的,号做三老。又选年高更历世事,号做五更。天子以父师之礼事之,迎之以安车,授之以几杖,又亲自割牲、执酱、执爵,供奉他饮食。所以敬老尊贤,帝王之盛节也。自秦汉以来,此礼久废,至明帝始举行之。以其贤臣李躬为三老,师傅桓荣为五更,而飨之于太学,凡一应迎送供奉的仪节,都照依古礼。行礼既毕,又引桓荣及其门下弟子,同上讲堂,明帝亲自与诸弟子辩论经义。诸弟子各手执经书,在帝座前质问疑难处,明帝一一与他讲解。此时大礼初行,人所创见,冠带缙绅之人,罗列在桥外,观礼听讲者有亿万多人,其崇尚教化而感动人心如此。自古帝王莫不以礼乐教化为急务,然三代而下,尊师重傅,好学崇儒,未有如明帝之甚者。固是他天性过人,又为太子时,曾受经于桓荣者十余年,所以道理讲明得多,慨然有慕古之志,至降天子之尊,宾礼老更,而不以为厌。故永平之治,粲然可观,岂非务学之效哉!

今评 东汉比较重视学术文化,首先是帝王起了带头作用。明帝亲身参加儒生们对经书的讲解与讨论,大大推动了社会重儒的风气。这也是东汉政治的一个特色。

三年,立贵人马氏为皇后。后,援之女也。德冠后宫,既正位宫闱,愈自谦肃,好读书。常衣大练,裙不加缘。朔望诸姬主朝谒,望见后袍衣疏粗,以为绮縠,就视,乃笑。后曰:"此缯特宜染色,故用之耳。"

张居正讲评

大练,是粗厚的丝帛。绮,是文锦。縠,是绉纱。明帝永平三年,册立后宫贵人马氏为皇后,后乃功臣马援的少女。光武时,选入太子宫,上事皇太后,下接同列,曲尽道理,其贞淑之德,在后宫为第一。故明帝以母后之命,立为皇后。既正中宫之位,尊贵已极,越发谦谨整肃,无一毫奢侈放纵的意思。平日无他嗜好,只喜好诵读书史;寻常穿的袍服,不尚华美,只是粗厚的纻丝绢帛之类;裙裳下边,不加缘饰。每月朔望,众妃嫔公主们都来朝谒,望见皇后袍服疏粗,只道是锦绮罗縠奇丽之物,及就而视之,乃笑道:"这样粗衣,岂是皇后所服的?"马后不好自说是节俭,只权词解说:"这丝帛虽粗,却耐得浣洗,好染颜色,故用以为衣服耳,岂可以为朴陋耶?"大抵宫闱服御虽微,而风化所关甚大。自皇后安于俭朴,则六宫妃主必不敢以华靡相高,而凡戚里人家亦莫不敛奢矣。民间传闻,以为宫中尚然如此,又岂有不安于布素者乎?由是绮縠之物将无所用,淫巧之工自不肯为,天下物力必然滋殖。其所以助成德政者,岂小补哉?此马后之贤,所以为东汉首称也。

今评 汉明帝的马皇后,乃古代有名的贤后。她朴素节俭的作风,可

明帝

与汉文帝所幸的慎夫人衣不曳地相提并称,而知书达理又过之。上行下效,风被一代。

椒房之亲:汉皇后所居的宫殿,以椒和泥涂壁取温、香、多子之义。后以椒房代称后妃。马援为明帝皇后之父,故称椒房之亲。

帝思中兴功臣,乃图画二十八将于南宫云台,以邓禹为首,次马成、吴汉、王梁、贾复、陈俊、耿弇、杜茂、寇恂、傅俊、岑彭、坚镡、冯异、王霸、朱祐、任光、祭遵、李忠、景丹、万修、盖延、邳彤、铫期、刘植、耿纯、臧宫、马武、刘隆;又益以王常、李通、窦融、卓茂,合三十二人。马援以椒房之亲,独不与焉。

张居正讲评 椒房,是皇后住的宫,以椒和泥涂壁,故名椒房。明帝追思光武时中兴功臣,乃图画二十八将的形像于南宫之云台,传示后世。以邓禹之功最多,列居第一。其次马成、吴汉、王梁、贾复、陈俊、耿弇、杜茂、寇恂、傅俊、岑彭、坚镡、冯异、王霸、朱祐、任光、祭遵、李忠、景丹、万修、盖延、邳彤、铫期、刘植、耿纯、臧宫、马武、刘隆,这二十八人或从光武起南阳,或从光武定河北,都有佐命之功。此外又加添王常、李通、窦融、卓茂四人,盖王常、李通之推戴,窦融之归顺,卓茂之不仕王莽,皆有功德可称故也。凡所画的共三十二人。有伏波将军马援,南征北伐功劳甚多,本当在图画之列,只因他是马皇后之父,明帝不欲己有私外戚之名,故舍马援而不与焉。夫马援平陇蜀,征交阯,其功不在吴、贾诸臣之下,即使图形云台,藏名太室,天下后世孰议明帝之为私?而帝乃以外戚之故,遂不敢录,其亦避嫌之过矣。然帝能不私后家,终其世,后之兄弟未尝改官,而后亦能仰体此意,不为外家少求恩泽,此皆可为后世法也。

今评 "内举不避亲,外举不避仇"固然是经,而不图马援则是权。但正如张居正所说,"其亦避嫌之过矣",不足为法。

穆穆:庄严肃敬。
皇皇:美盛貌。

帝性褊察,好以耳目隐发为明,公卿大臣数被诋毁,近臣尚书以下至见提曳。常以事怒郎药崧,以杖撞之;崧走入床下,帝怒甚,疾言:"郎出!"崧乃曰:"天子穆穆,诸侯皇皇,未闻人君,自起撞郎。"帝乃赦之。是时,朝廷莫不悚栗,争为严切以避诛责,唯钟离意独敢谏争,数封还诏书,臣下过失,辄救解之。

张居正讲评 汉时尚书秩二千石,是掌管文书的官,与今尚书不同。郎,是直宿的郎官。明帝天性褊急苛察,喜以耳目窥人隐微处,而发其阴私,以是为聪明。在朝公卿大臣,稍有过失,往往当面数说耻辱。近侍官员,自尚书以下,稍不如意,或以物掷击,或左右拖拿,殊不能优容。当时有个郎官叫做药崧,曾因事触忤明帝恼怒,自持杖去打他。药崧走入御床下躲避,明帝越发恼怒，急呼药崧快出来。药崧乃从床下说道："闻之古礼说：天子之容，穆穆然深远；诸侯之容，皇皇然和美，这才是上人的气象。几曾闻为人君的，乃自起持杖而击郎，无乃失穆穆皇皇之体乎？"明帝感悟，始赦其罪。此时朝廷上大小官员，无不悚惧战栗，惟恐稍有疏失，以至得罪，争为严切，求免罪谴，谁敢进谏？独有尚书姓钟离名意的，他敢上书谏争，说："当务宽大，不可严急如此。"纵是诏书已下，若事体不可的，往往封还不行。臣下但有过误，或被谴责，辄为从容救解之。使明帝释怒而后已，不敢阿谀承顺，以遂君之非。若钟离意者，亦可谓忠直矣。自古君德贵明不贵察。明，如日月在天，万物皆照；察，如持火照物，用力劳而不免有蔽。盖其所见者小，而所失者大也。然人主恃聪明，则必流于察；喜苛察，则必伤于急；上愈急，则下愈欺。人无所措手足，且相率而为诞谩矣。又或乐宽大之名，而优游姑息，以至长恶容奸，废时失事，亦非所以为明也。古语云："宽猛相济，政是以和。"惟明君能辨之。

今评 对于帝王，正如张居正所说：应贵明不贵察。像汉明帝那样的中主，也好窥探他人隐私，当众进行指责，以为自己高明，这种做法往往因小失大。

初，帝闻西域有神，其名曰佛，因遣使之天竺求其道，得其书及沙门以来。其书大抵以虚无为宗，贵慈悲不杀；以为人死精神不灭，随复受形；生时所行善恶，皆有报应，故所贵修炼精神，以至为佛。善为宏阔胜大之言，以劝诱愚俗。精于其道者，号曰沙门。于是中国始传其术，图其形像。而王公贵人，独楚王英最先好之。

天竺：古印度。
沙门：又称桑门，佛教的修道者。

张居正讲评 天竺，是西域国名。沙门，即今之僧人。这一段，记佛法入中国的缘由。初明帝闻西域天竺国有神，名叫做佛。佛字，即是觉字，言众生迷失了本性，能觉悟的乃是佛也。明帝因此就遣使臣往天竺国去，求其道术，始得佛书。及其弟子为沙门的，同到中国来，从此中国始有佛法。这佛书上所说的，大略以虚无为主，言天地万物都是幻妄。他所崇尚，只要慈悲不肯杀生，所以常持斋素。说人死后，灵性还在，随即受形，又复托生，即是轮回之说。人生时所行，或善或恶，死去都有报应。善者升天堂，受快乐；恶者入地狱，受苦楚：即是因果之说。所以只要勤下功夫，守戒习静，修炼自家的精神以至觉悟而为佛，方脱得生死轮回之苦。又善为宏阔胜大之言，以见佛力神通无边无量，古今世界，唯我独尊，使人一意信向他，以劝化引诱那世俗愚蒙的人，同归于善。就中有深得这道术的，号为沙门。沙门译做息字，言能正息妄念而为佛也。于是中国始传其道术，图其形像以奉事之，而铸像建寺，皆从此起。当时王公贵人，独有明帝的兄楚王英最先喜好，敬奉其道，然其后竟以谋反诛，则佛法之不足信亦明矣。大抵古圣相传，只是此心，祸福之几，惟心所造。一念之善，福不求而自至；一念之

明帝

恶,祸欲避而不能。自生人以来,未有易此者也。究观佛氏之说,其意也只是劝人为善,禁人为非。其言之精粹而近理者,则中国圣人如尧、舜、禹、汤、文、武、周公、孔子,已自说尽。初无异指,而其流之弊,乃至欲弃父母、离妻子、灭人伦、废本业,以求所谓佛者,斯大乱之道也。世人往往惑于其说,至于縻费财力,兴建塔庙,以广福田;毁坏身体,捐弃骨肉,图生净土。然毕竟世间几人成佛?几人为仙?岂如尧、舜、周、孔之道,明白正大,近足以正心修身,得天人之祐助,远足以平治天下,措斯世于康宁,顾不简易而切实欤?此学道者所当明辨也。

今评 张居正所论大抵本于韩愈、朱熹。

期门:官名,执掌兵出入护卫。羽林:皇帝的侍卫军。

九年,帝崇尚儒学,自皇太子、诸王侯,及大臣子弟,功臣子孙,莫不受经。又为外戚樊氏、郭氏、阴氏、马氏诸子立学于南宫,号"四姓小侯"。置五经师,搜选高能以授其业。自期门、羽林之士,悉令通《孝经》章句。匈奴亦遣子入学。

张居正讲评 期门、羽林,都是扈卫禁军的名号。明帝崇尚儒学,自皇太子、诸王侯,及大臣的子弟,功臣的子孙,莫不教他从师受经,欲其通于学问,以为他日治天下国家之用也。又以贵戚之家,多不知书,往往溺于骄奢以失富贵;乃为皇亲樊氏、郭氏、阴氏、马氏四家诸年幼子弟,立个学馆于南宫,号"四姓小侯",置五经之师,求选经术精通、行能高洁的人充之,与小侯每讲授学业。下至期门、羽林之士,虽是介胄武夫,也都着他习通《孝经》章句,其崇尚儒学如此。那时声教远被,匈奴君长也慕中国文明之化,遣子来入太学,而学校之盛至此极矣。自是礼乐修,明儒先辈出,济济洋洋,几同三代,至于东汉之衰,而余风未殄,则崇儒劝学之明验也。

今评 东汉由于皇帝的提倡,儒家经典的学习大大普及了,国家建立的太学,太学生多至三万余人。上下内外,都在学习儒家经典,堪称一代风气之盛。

十一年,东平王苍来朝,月余还国。帝遣使手诏赐东平国中傅曰:"日者问东平王:'处家何事最乐?'王言:'为善最乐。'其言甚大。今送列侯印十九枚,诸王子年五岁已上能趋拜者,皆令带之。"

张居正讲评 东平王苍,是明帝同母弟。光武十一子,惟苍最贤,明帝极爱重之。中傅,是官名。永平十一年,东平王苍从本国来朝,明帝留住月余方遣归国。既归,仍思念他,又手写一诏书,遣人持赐东平王辅导官中

卷之十一 东汉纪

傅说道："近日东平王来朝，曾从容询问他：'你处家以何事最为快乐？'王答说：'只有为善一事，最为快乐。'夫藩王处富贵之极，苟纵其欲，何求不遂？而人之常情，所以快意适心者，不过是声色、财货、盘游、弋猎之娱而已。今王乃以为善为乐，而别无所好，可见他志向高迈，识度深远。其所以保国家而贻子孙之道，实在于此。其言包括甚大，非浅陋之见所能及也。今送列侯印一十九颗，但是王的子孙，年五岁以上，能趋走跪拜的，都着悬带此印，比于列侯以旌赏之。"按：东平王此语诚为格言。古语说："五色令人目盲，五音令人耳聋，五味令人口爽，驰骋田猎令人心发狂。"今世人之所谓可乐者，不过只是这几件。然至其流荡忘返，乐极生哀，或身婴疾患，而夭折其寿命；或荒废政务，而覆亡其国家：向之所谓乐者，乃天下之至苦耳。智者而能觉悟于此，制节谨度，清心寡欲，爱惜精神，动循礼法，则身体康健而有乔、松之寿，国家治安而有圣哲之名。庆流子孙，声施万世，天下之至乐，孰大于是！奈何人之常情唯求取快于目前，而不能图虑于久远。往往弃此而取彼，至于堕落苦海，不能救拔，身殁名丧，虽悔何追？殊可悲也。然则东平之言，岂独为藩王者所当深思哉！

今评 东平王刘苍以"为善最乐"，这在帝王贵胄中实属少见。

帝遵奉建武制度，无所变更，后妃之家不得封侯与政。馆陶公主为子求郎，不许，而赐钱千万，谓群臣曰："郎官上应列宿，出宰百里，苟非其人，则民受其殃，是以难之。"公车以反支日不受章奏，帝闻而怪之曰："民废农桑，远来诣阙，而复拘以禁忌，岂为政之意乎！"于是遂蠲其制。是以吏得其人，民乐其业，远近畏服，户口滋殖焉。

反支日：古代术数星命之说，以月朔为正，如戌亥朔一日为支，申酉朔二日为反支，反支日为凶。

蠲(juān)：通"捐"，除去。

张居正讲评 建武，是光武的年号。公车，是掌受章奏之官。反支日，是历书上禁忌的日子。汉家相传，凡遇反支日，便停封不奏事。明帝在位凡十八年，所行的事，都只遵守着光武立下的制度规模，无所更改。盖以光武圣德中兴，百凡制度都熟思审处，至明至备，为子孙者，只当谨守成宪，不可妄意纷更也。又鉴于王氏五侯之祸，凡后妃贵戚人家，只是优之以恩礼，并不得辄封为侯爵，亦不许他干预朝政。光武之女馆陶公主，尝为其子求做郎官，入备宿卫，明帝不许，但赐钱一千万，又对群臣说："天上太微垣中，有二十五个星，叫做郎位星，可见这郎官职位虽卑，然上应列宿，非同小可，出补外任，便是县令，宰制百里，一方生灵之命寄托于他，苟非其人，百姓们便受其祸，岂可容易与人？所以不敢轻许也。"公车官以每月反支日例有禁忌，不受章奏。明帝闻而嗔怪说："百姓们抛弃了农桑，远到阙下，进本陈诉，指望即日替他奏闻，若复拘以禁忌，耽误了他的生理，岂是朝廷宣达下情的意思？"从此便除了这禁忌，虽反支日，也受奏章。明帝之留心政务如此，所以那时官无滥授，而皆得其人；民无废时，而皆乐其业。永平之治，内自京师，外达四海，无不畏服。民间户口日见蕃殖矣。夫谨守法度，裁抑外家，慎重郎官，通达章奏，以至于吏称民安如此，此明帝之所以为明也。

今评 因为郎官是当时品级较低的官员,故而此事尤为后世传为美谈。

卷之十一 东汉纪